Filigrane Pop-up-Karten

23 schöne Projekte mit Papier und Schere

Seiji Tsukimoto

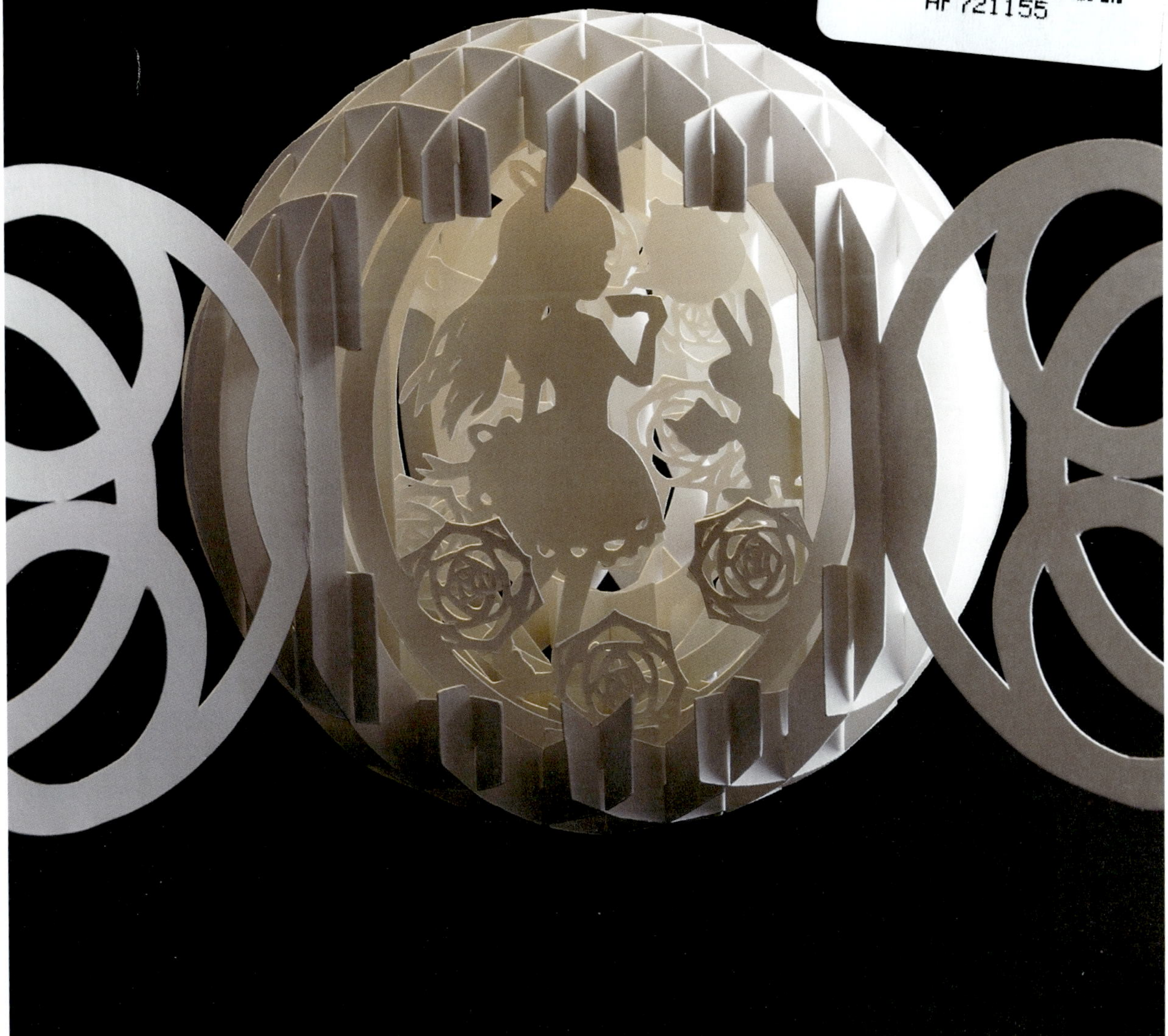

Vorwort

Seit meiner Kindheit bastle ich gern. Wenn mir früher ein Spielzeug oder etwas Gebasteltes gefiel, baute ich es lieber nach, anstatt meine Eltern zu bitten, es mir zu kaufen. Meine Basteleien hielt ich immer in Ehren. Ich weiß noch, wie viel Freude ich daran hatte, meine fertigen Projekte vor mir aufgereiht zu sehen.

Als ich zum ersten Mal Pop-up-Bilderbücher sah, war ich sehr beeindruckt. Sofort fasste ich den Entschluss, meine eigenen Pop-up-Bilderbücher herzustellen und sie so vor mir aufzubauen wie früher mein selbst gebasteltes Spielzeug. So begann ich als Erstes, eigene Pop-up-Muster zu entwerfen.

Beim Zusammensetzen meiner Pop-up-Entwürfe wollte ich möglichst wenig Klebstoff verwenden, denn ich bin fest davon überzeugt, dass Papierkunstwerke, die ohne Klebstoff zusammengesetzt werden, von Natur aus schöner sind. Ich versuchte dann, meine Pop-up-Entwürfe ohne Klebstoff auf Karten zu befestigen, aber die fertigen Ergebnisse entsprachen oft nicht meinen Vorstellungen. Ich kam zu dem Schluss, dass ich Pop-up-Karten basteln musste, bei denen das eigentliche Pop-up-Motiv zunächst nicht auf der Karte befestigt ist. So entstand die Idee mit den Kugeln.

Das kugelförmige Pop-up ist eine neuartige Form der Papierkunst, bei der durch leichten Druck aus einer flachen Ebene eine Kugel entsteht. Dafür sind keine innovativen Techniken erforderlich. Die Pop-up-Kugeln lassen sich mit den Grundtechniken basteln, die für jedes Pop-up-Bilderbuch und jede Pop-up-Karte verwendet werden, ohne Binden oder Drucken und mit nur wenig Klebstoff und Faden. Ich habe für meine Kugeln nur Materialien verwendet, die mir gefallen, und alles weggelassen, was nicht meinen künstlerischen Vorstellungen entspricht. Alle Arbeiten sind ästhetisch ansprechend und auf eine neue Art faszinierend, die sich von herkömmlichen Pop-up-Bilderbüchern und rechteckigen Pop-up-Karten unterscheidet.

Ein kugelförmiges Pop-up-Muster zu entwerfen, kann eine echte Herausforderung sein. Aber es lohnt sich, denn wenn Ihr Projekt fertig ist, werden Sie sich sehr darüber freuen, was Sie geschaffen haben. Ich habe speziell für dieses Buch kleine kugelförmige Pop-up-Karten entworfen, die ich normalerweise nicht bastele. Beginnen Sie möglichst mit den einfachen Projekten und erleben Sie, wie viel Spaß es macht, eigene Kugeln zu gestalten und ihre Schönheit zu entdecken. Ich hoffe, meine Kugelentwürfe gefallen Ihnen.

Seiji Tsukimoto

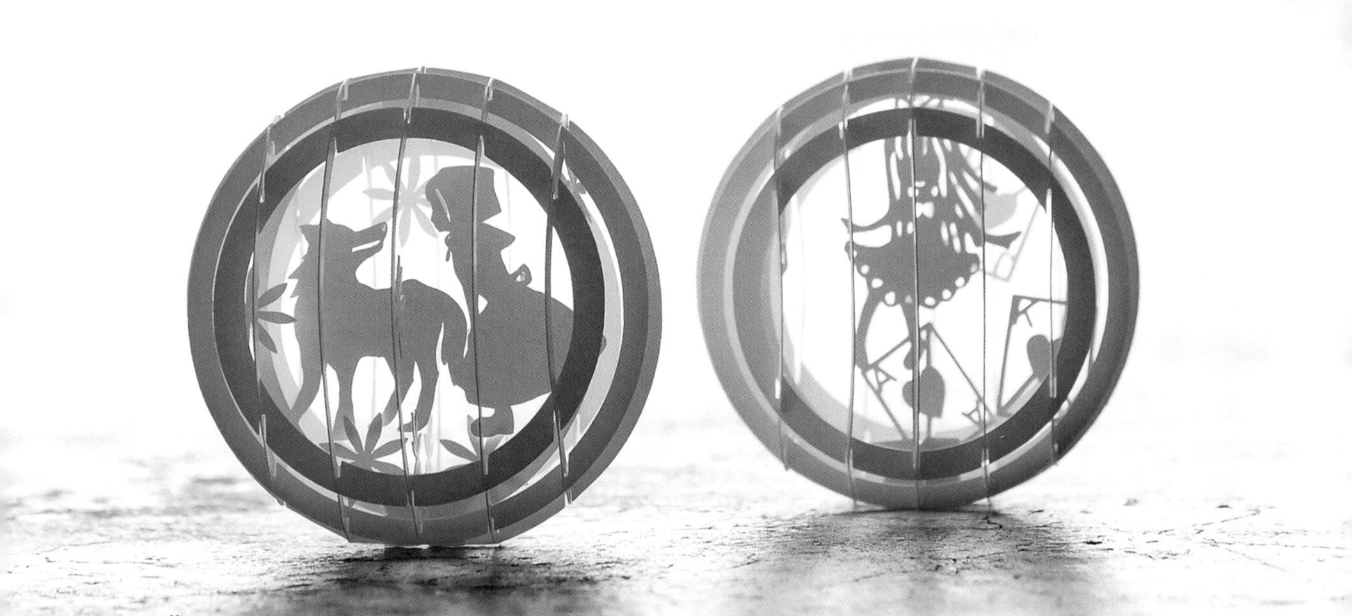

Über 3D-Kugeln

In diesem Buch stelle ich Ihnen 3D-Kugeln in vier unterschiedlichen Größen vor. Die kleinen Entwürfe haben die einfachste Struktur.
Die beiden Arten mittelgroßer Kugeln sind etwas größer als das kleine Modell. Bei Mittelgroß 1 sind die Motive in der Kugel dann zu sehen, wenn die Kugel nach vorn zeigt. Mittelgroß 2 hat schmalere Ringe, und auch hier zeigen die Motive nach vorn. Allerdings sind einige Motive schräg eingesetzt, sodass Sie sie aus verschiedenen Blickwinkeln betrachten können. Für die größte Variante brauchen Sie schließlich mehr Ringe. Die großen Kugeln sind ein ganz besonders beeindruckendes Beispiel für die Schönheit dieser Form. Die große Kugel hat den komplexesten Aufbau. Daher empfehle ich Ihnen, vor der Herstellung der ersten großen Kugel zuerst einige kleine und mittelgroße Kugeln zu basteln und sich erst dann an das große Modell zu wagen. Die Motive in Ihrer Pop-up-Kugel können Sie durch andere Motive, die Ihnen ebenso gefallen, ersetzen. Solange Sie dieselbe Anzahl der benötigten Ringe verwenden, lässt sich jede beliebige Kugel basteln. Sie können eigene Motive entwerfen und nach Lust und Laune mit den Pop-up-Kugeln experimentieren.

Klein 6

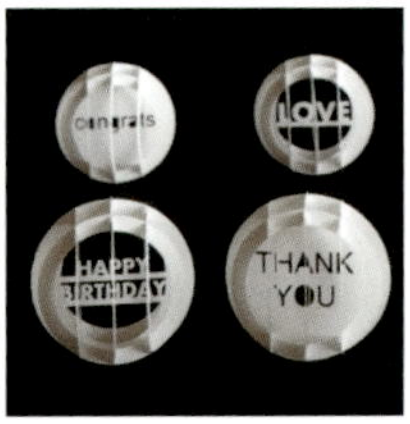

S. 8

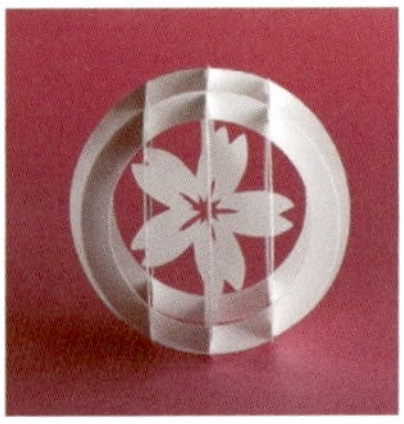
S. 10

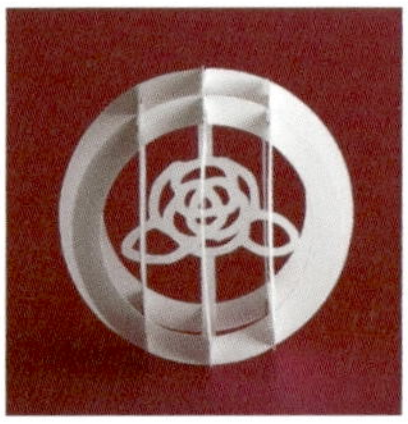
S. 10

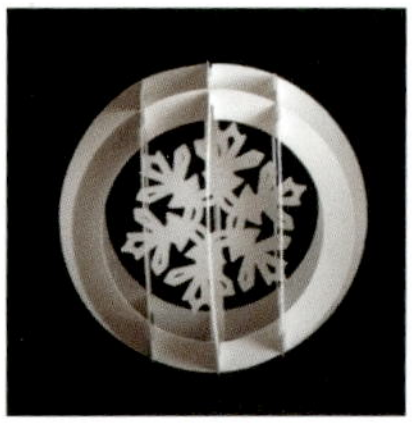
S. 12

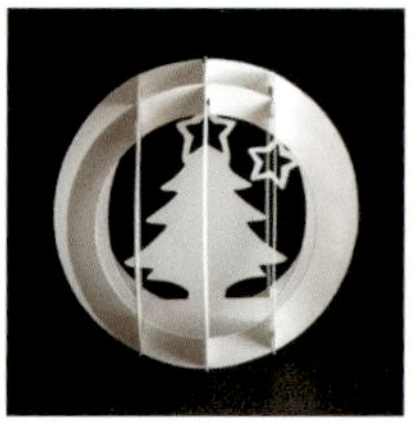
S. 12

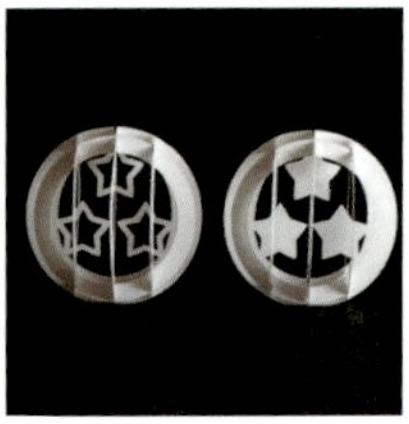
S. 13

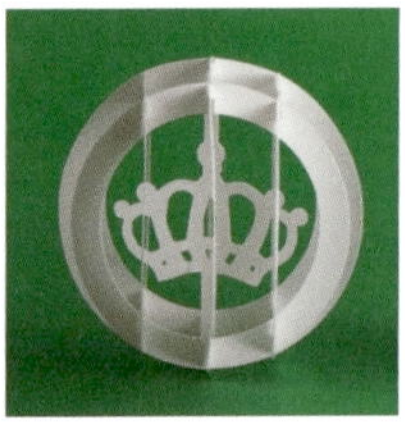
S. 14

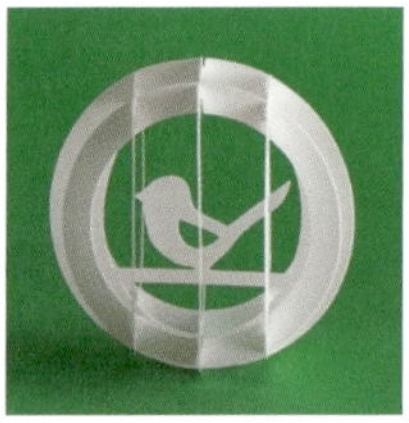
S. 14

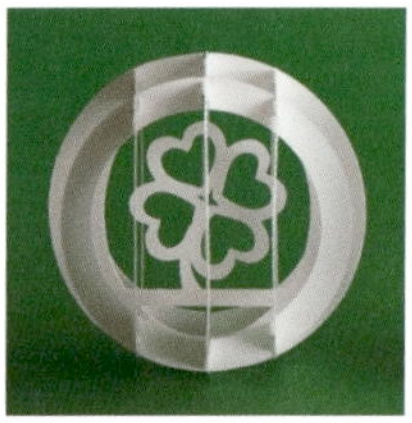
S. 15

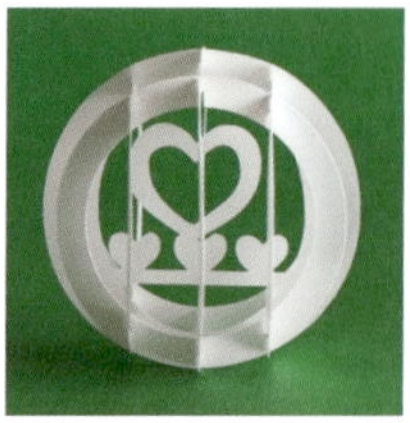
S. 15

Mittelgroß 1 20

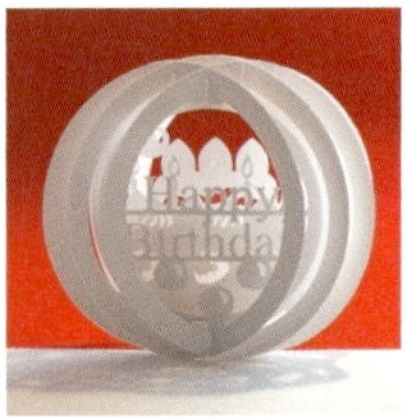
S. 22

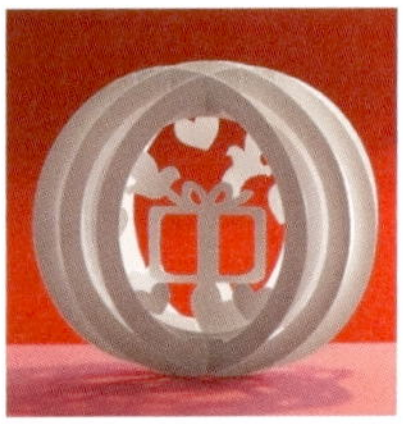
S. 23

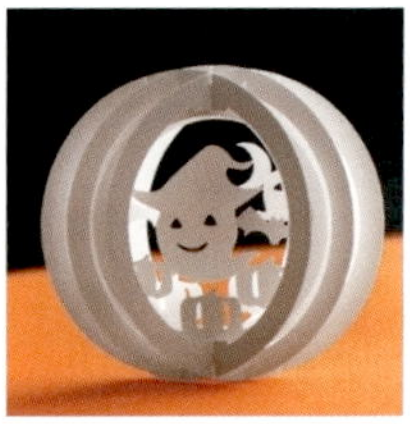
S. 24

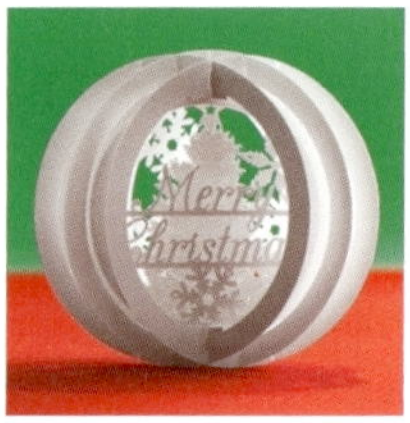
S. 25

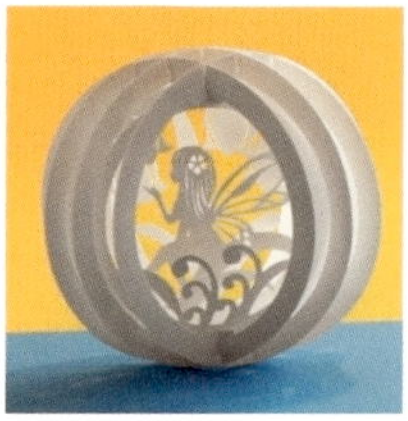
S. 26

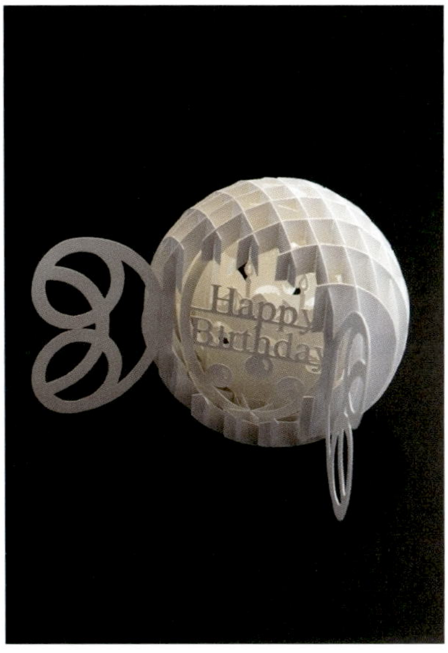
Happy
Birthday

Klein

In diesem Kapitel wird die kleine Kugel vorgestellt, die am einfachsten zu basteln ist. Sie besteht aus sechs Ringen von 7 cm Durchmesser und hat nur ein Motiv in der Mitte. Basteln Sie beliebig viele kleine Kugeln und stellen Sie sie nebeneinander auf oder bauen Sie daraus ein Mobile oder eine Skulptur, um zu zeigen, wie hübsch die kleinen Kugel-Kunstwerke sind. Normales Zeichenpapier ist für die kleinen Kugeln fest genug. Los geht's – basteln Sie so viele, wie Sie möchten!

Anleitung: siehe S. 18

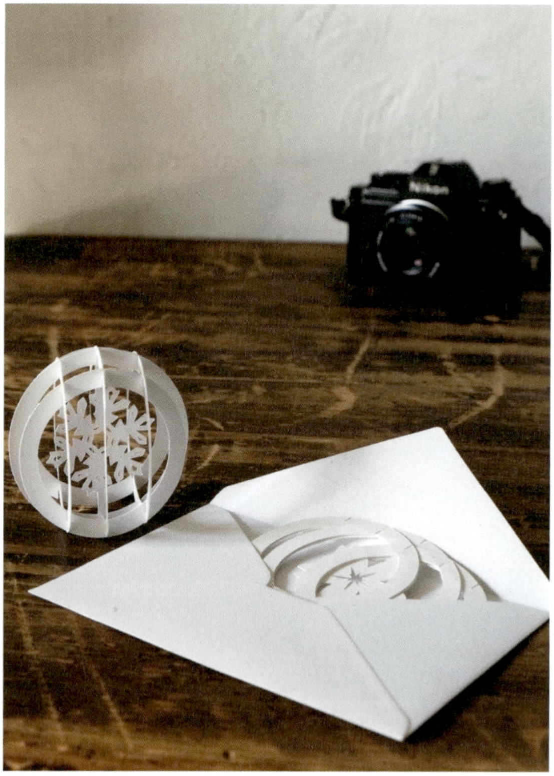

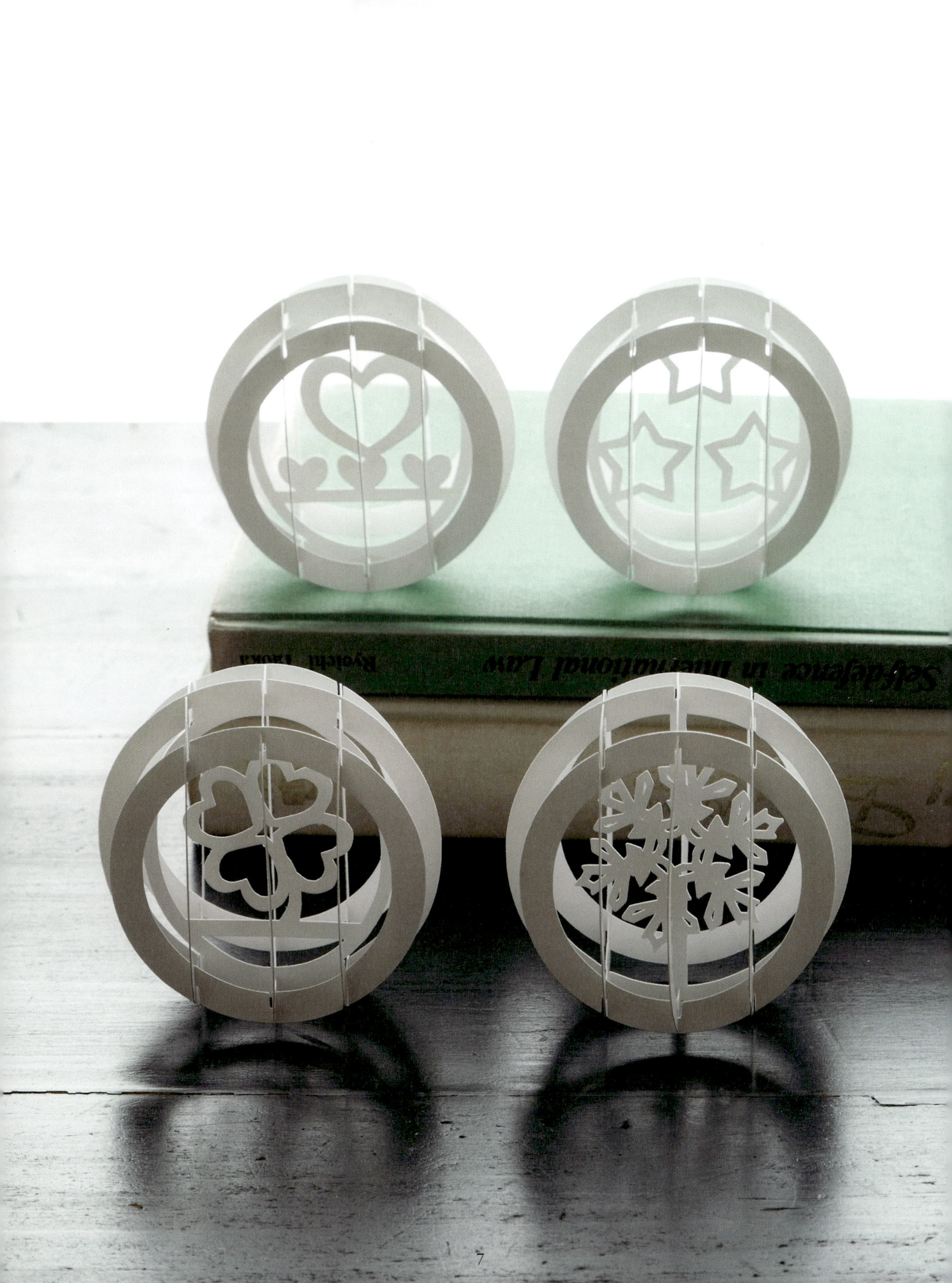
Self-defence in International Law
Ryoichi Taoka

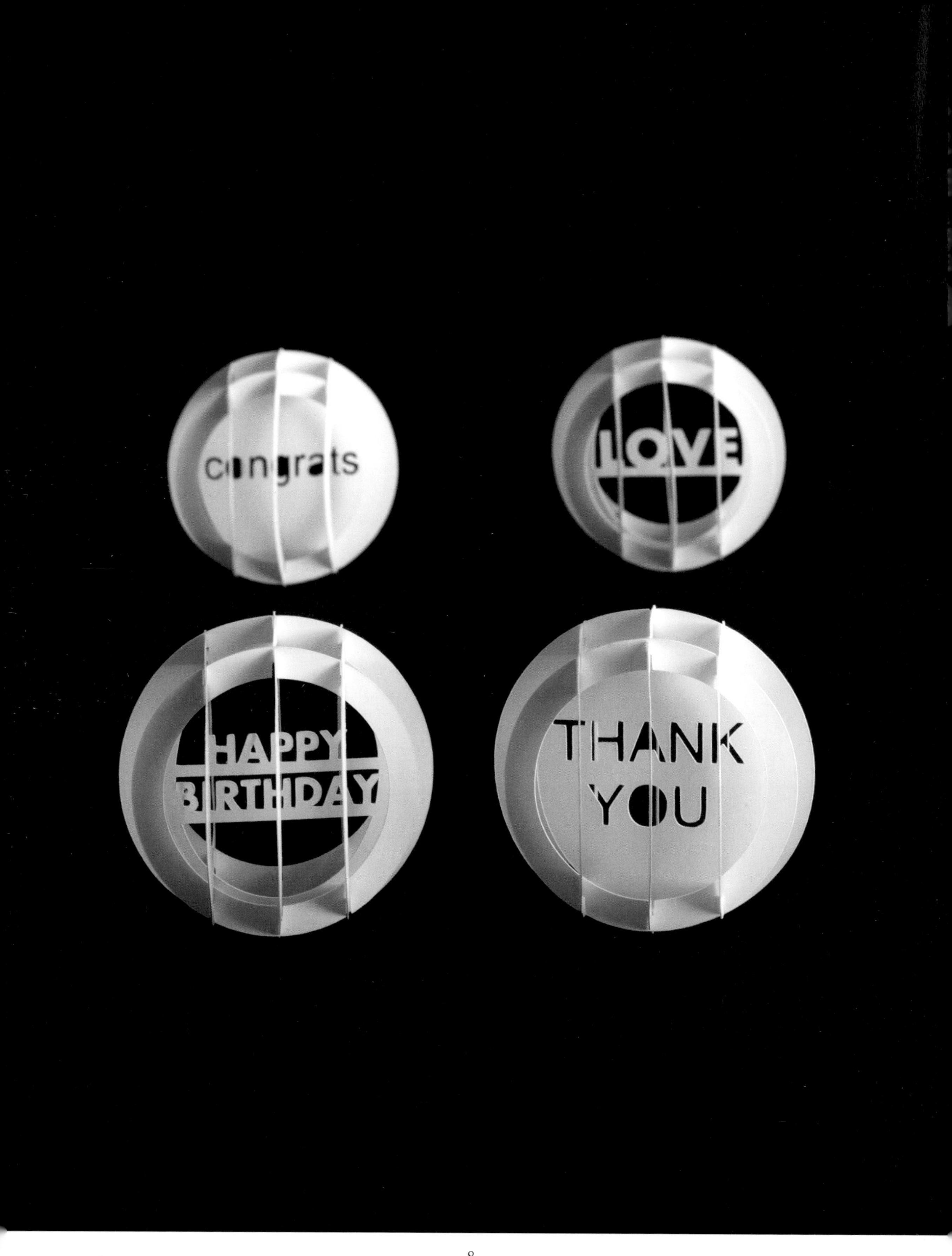

Vorlagen: S. 66, 67

Botschaften

Schneiden Sie Buchstaben aus und setzen Sie sie zu Botschaften zusammen. Dazu schneiden Sie entweder den Buchstaben selbst aus oder Sie entfernen Material so, dass nur der Umriss stehen bleibt. Dieses Projekt zeigt, wie sich die unterschiedlichen Schriftarten auf die Botschaft auswirken.

Vorlagen: S. 66, 68

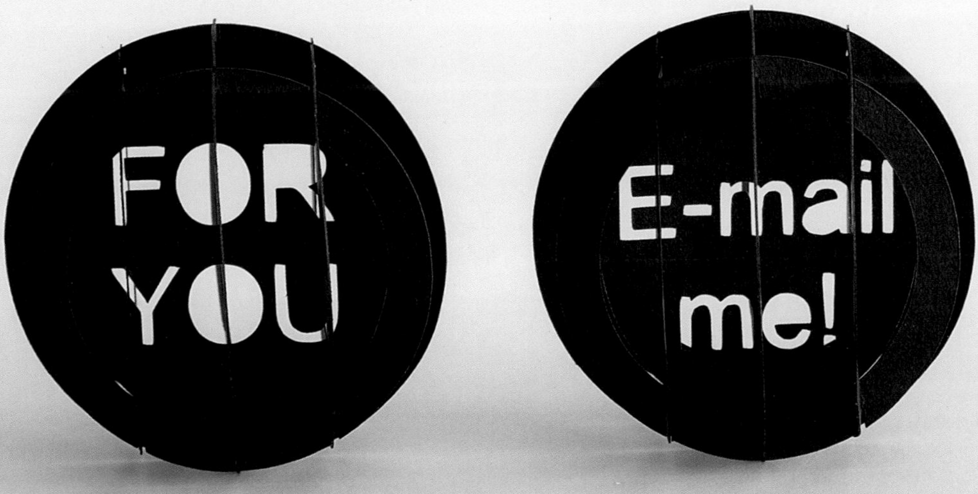

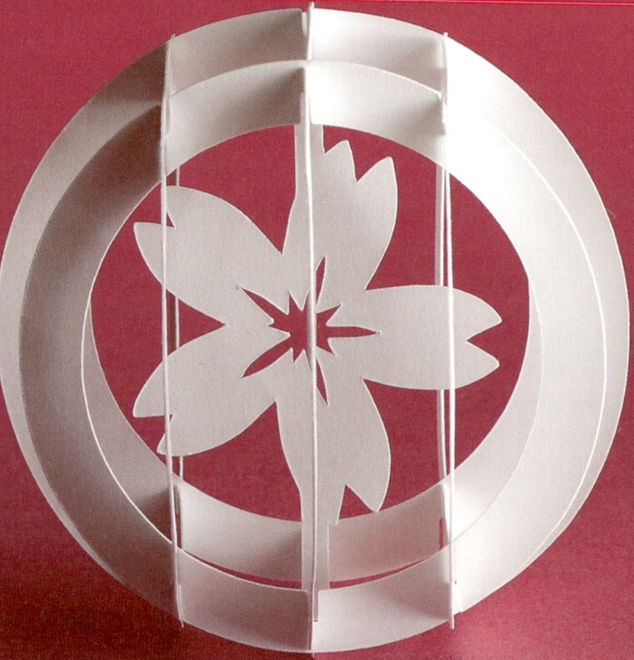

Kirschblüte

Eine einzelne Kirschblüte ist das Motiv für diese Karte. Kirschblüten sind einfach zu erkennen und ein Symbol für den Frühling. Aber Sie können diese Karte ebenso gut das ganze Jahr über verschicken.

Vorlagen: S. 66, 69, 97, 98

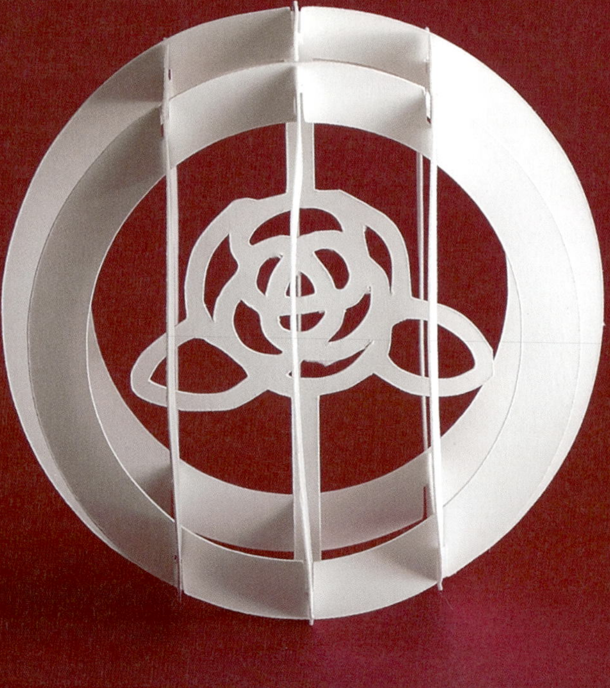

Rose

Die Rose ist in ihrem Umriss dargestellt – so, wie ein Künstler sie aus buntem Glas fertigen würde. Die Kugelform ist gleichzeitig ein Symbol für die Vollkommenheit der Rose.

Vorlagen: S. 66, 69

Hier liegt die Karte flach auf der Unterlage. Die sich überlappenden Ringe sorgen für eine symmetrische und ansprechende Optik.

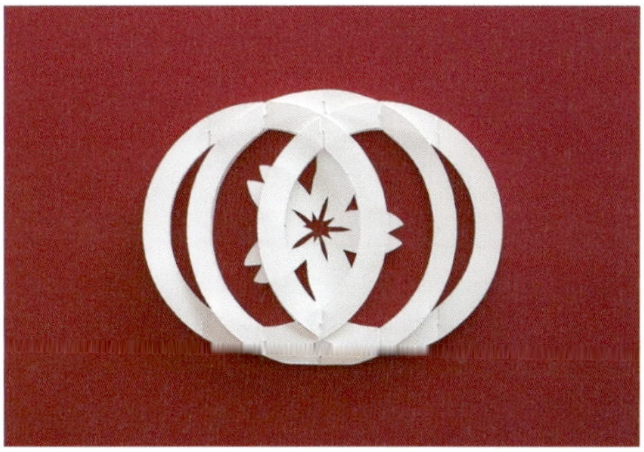

Aus diesem Winkel sind die Wirkung der Ringe und der 3D-Effekt gut zu erkennen.

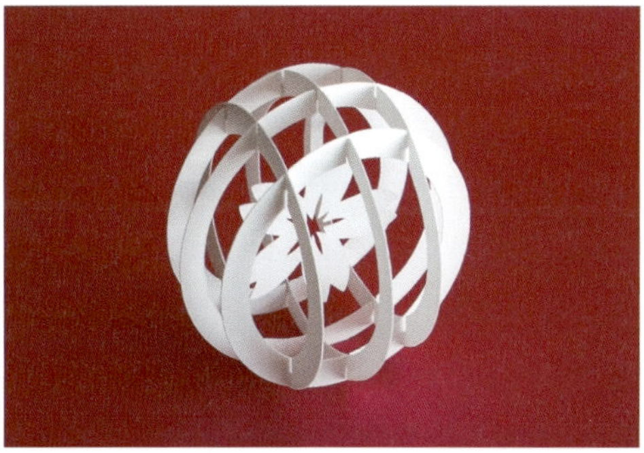

Von oben ist gut zu sehen, dass die Kugel aus sechs Ringen besteht.

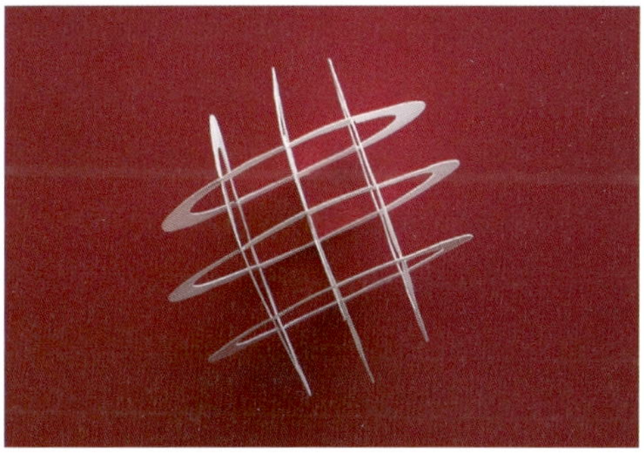

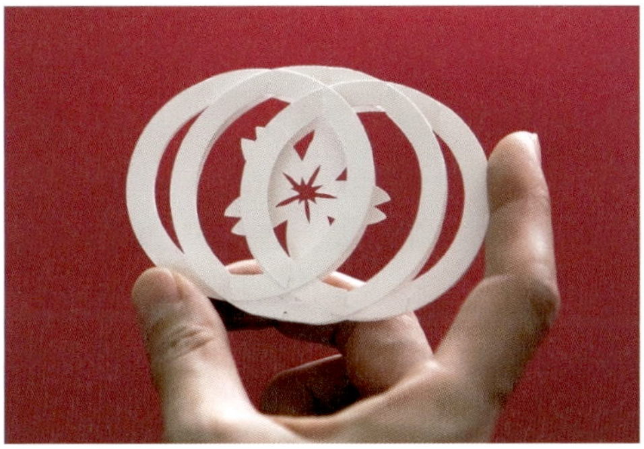

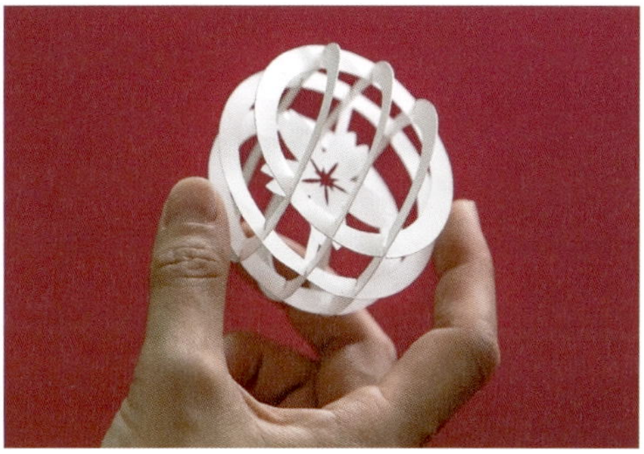

Bewegen Sie die flach liegende Karte hin und her und drücken Sie beide Seiten leicht zusammen, damit sich eine Kugel bildet.

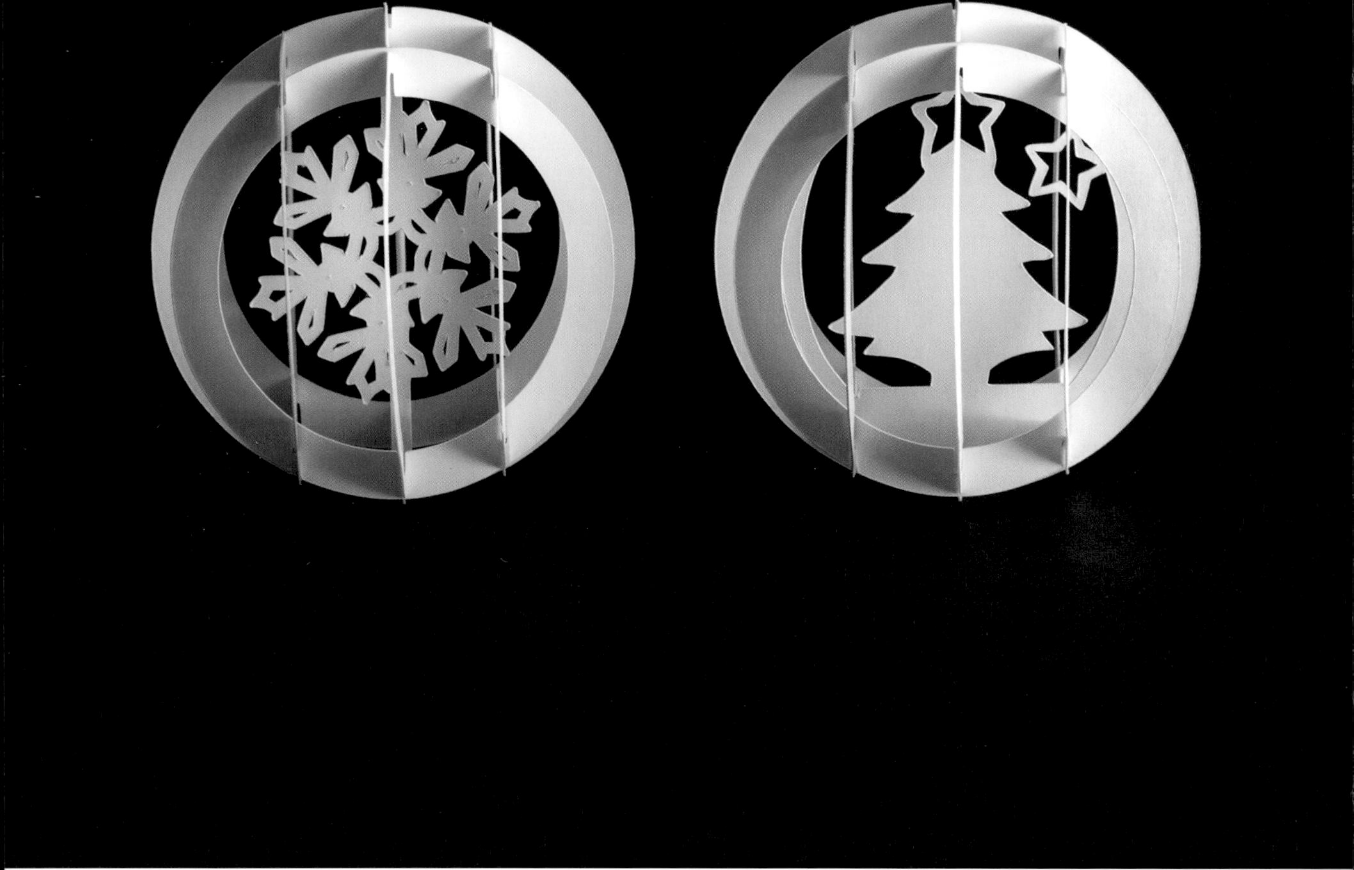

Eine Schneeflocke ist ein filigranes und romantisches Motiv. Schon kleine Schlitze und Löcher genügen, um ihre Feinheiten herauszuarbeiten.

Vorlagen: S. 66, 69

Eine Karte mit einem funkelnden Stern auf der Spitze eines Weihnachtsbaums ist leicht zu basteln, denn der schneebedeckte Baum ist ein sehr einfaches Motiv.

Vorlagen: S. 66, 69

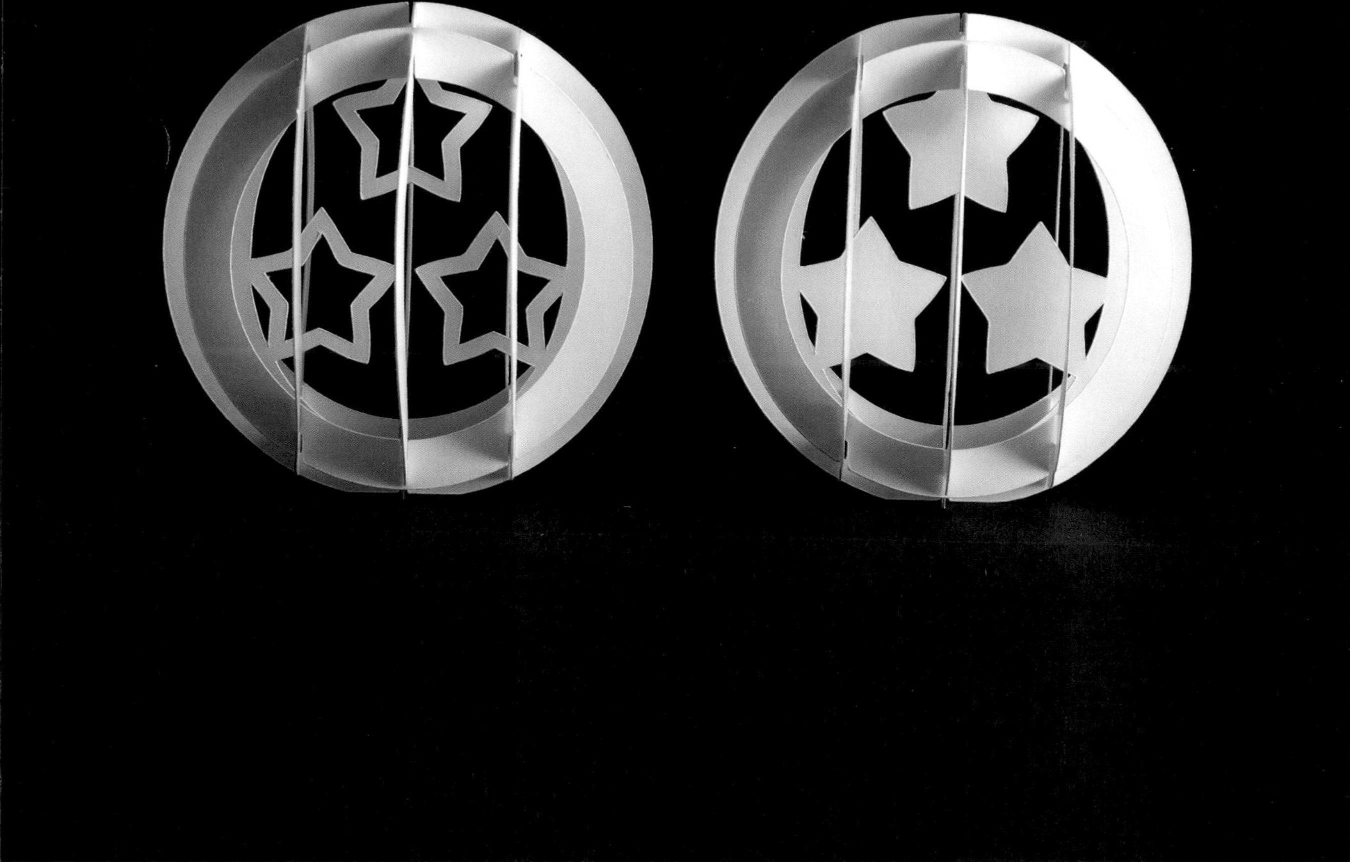

Die drei Sterne sind gleichmäßig angeordnet. Das Motiv ist bei beiden Karten dasselbe, doch die Sterne wirken anders, weil sie einmal als Umriss und einmal als Fläche abgebildet sind.

Vorlagen: S. 66, 69

Krone

Vogel

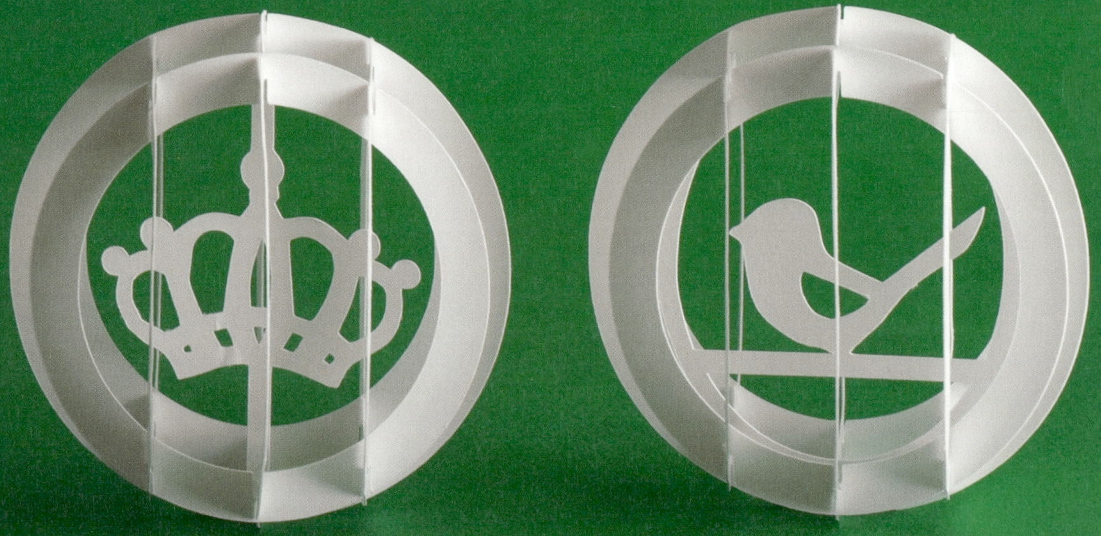

Die Krone ist eigentlich ein einfaches Motiv. Achten Sie dennoch darauf, den Entwurf ganz sauber auszuschneiden, denn es gibt viele feine und gebogene Linien.

Vorlagen: S. 66, 70, 99, 100

Ringe umschließen das Vogelmotiv wie ein Vogelkäfig. Dieser Effekt ist nur bei einer Kugelform möglich. Sie ist überall eine fantastische Dekoration.

Vorlagen: S. 66, 70

Vierblättriges Kleeblatt

Herz

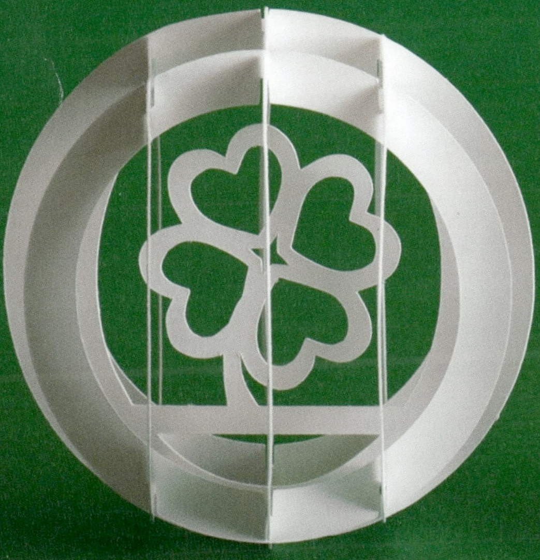

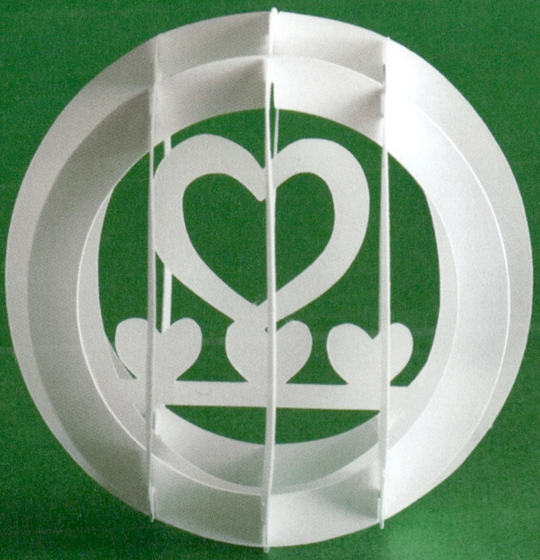

Das vierblättrige Kleeblatt soll Glück bringen. Schicken Sie die Karte an einen besonderen Menschen und wünschen Sie ihm alles Gute.

Vorlagen: S. 66, 70

Diese einfache Karte kombiniert ein großes Herz mit kleinen Herzen – perfekt für den Valentinstag.

Vorlagen: S. 66, 70

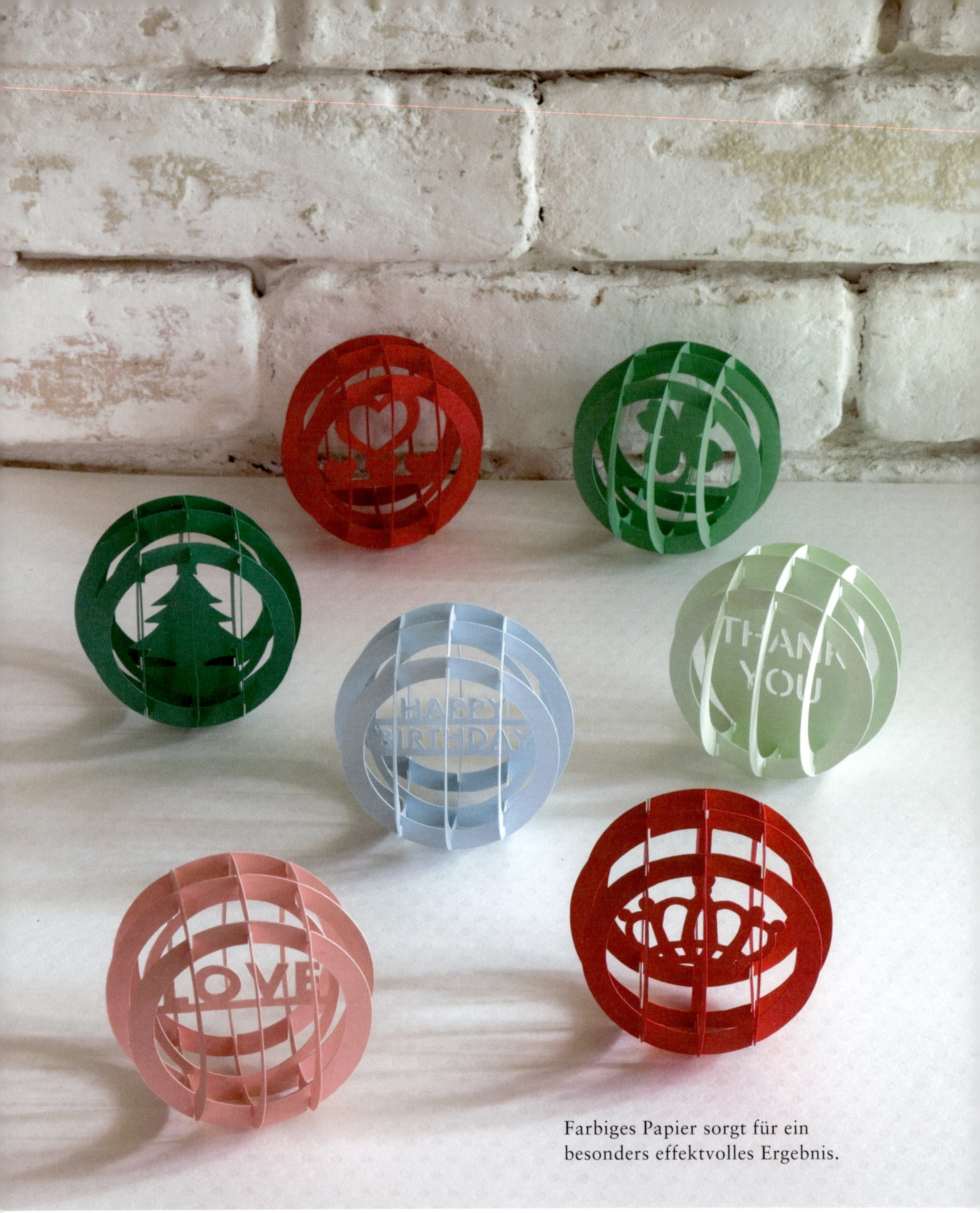

Farbiges Papier sorgt für ein besonders effektvolles Ergebnis.

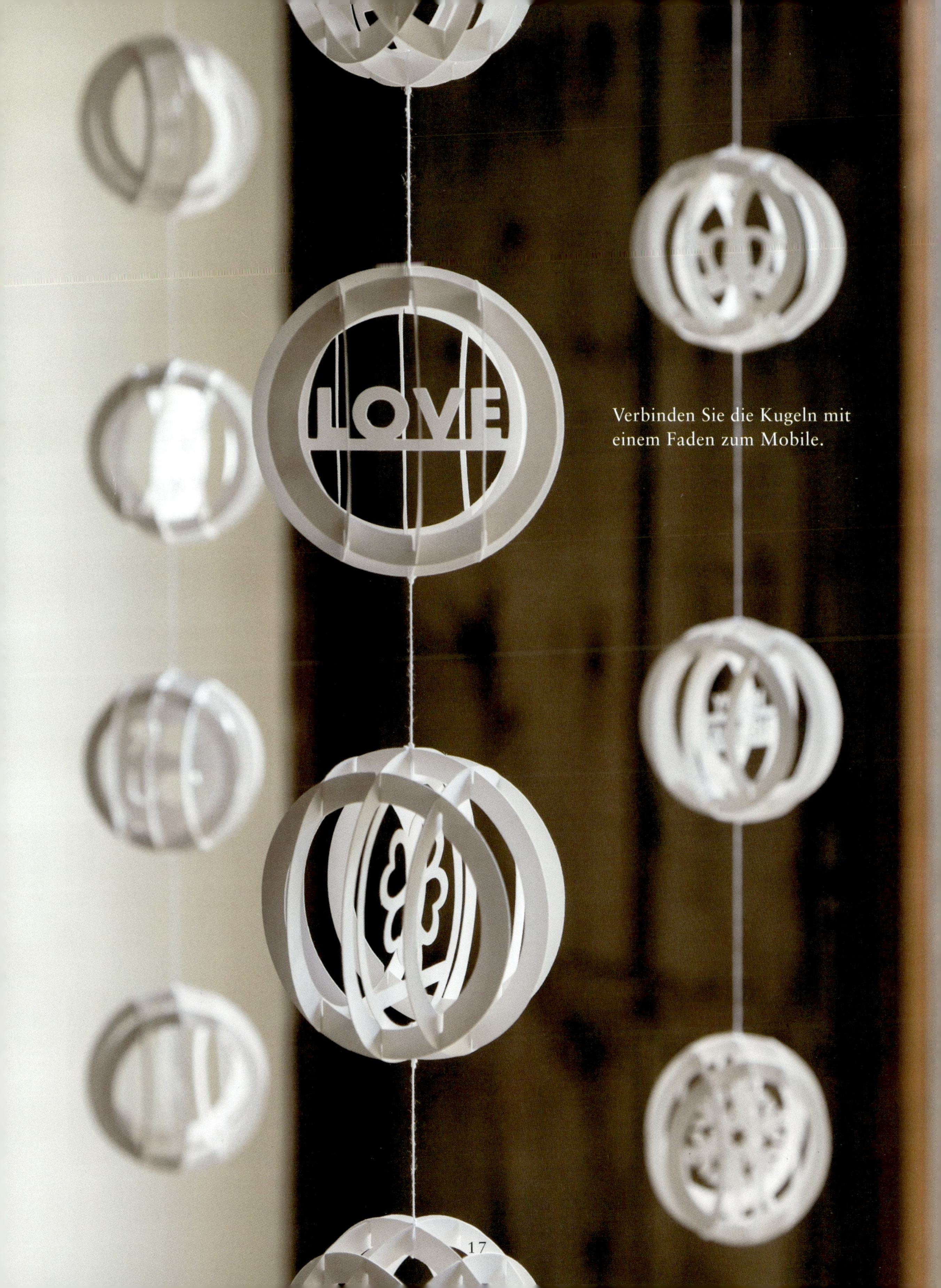

Verbinden Sie die Kugeln mit einem Faden zum Mobile.

Anleitung: Klein

Dies ist die leichteste und einfachste Art, eine Kugel zu basteln. Hierbei wird Ihnen auch das Prinzip für die Grundform der Kugel deutlich. Basteln Sie zuerst eine kleine Kugel, bevor Sie mit komplexeren Modellen weitermachen.

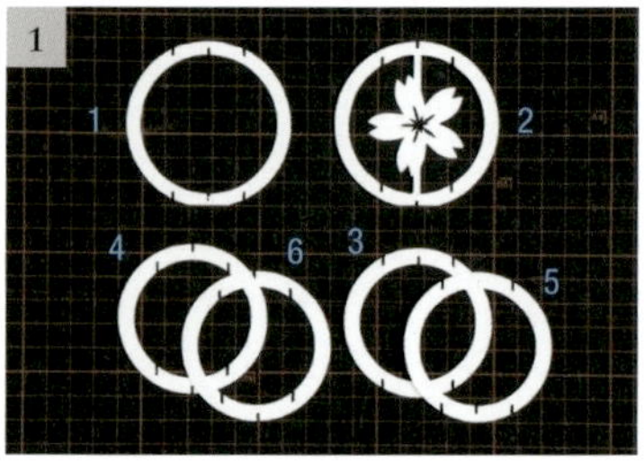

Sie benötigen sechs Ringe. Setzen Sie drei Ringe senkrecht und waagerecht zu einem Gitter zusammen. Ring 1 und Ring 2 werden für die Gittermitte gekreuzt. Setzen Sie die Ringe 3 bis 6 seitlich von Ring 1 und Ring 2 ein.

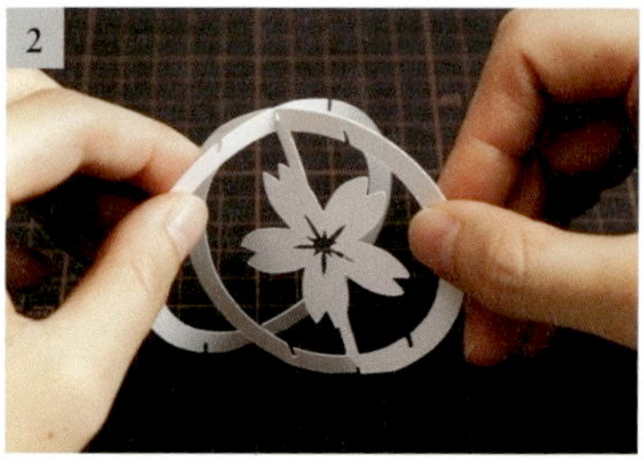

Setzen Sie Ring 1 und Ring 2 zusammen, indem Sie die Kerben der beiden Ringe ineinander stecken.

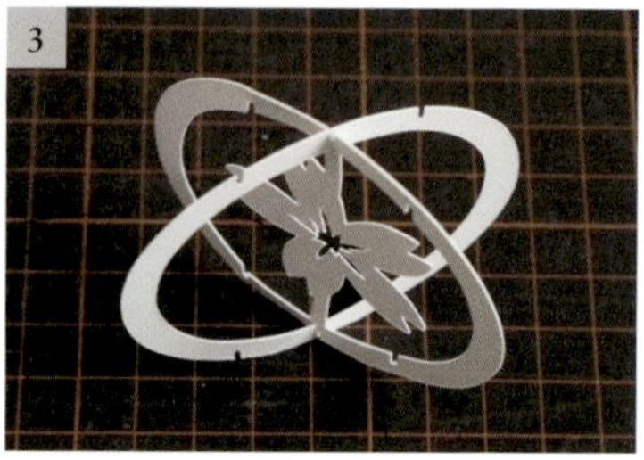

Von oben betrachtet, bilden Ring 1 und Ring 2 nun ein Kreuz.

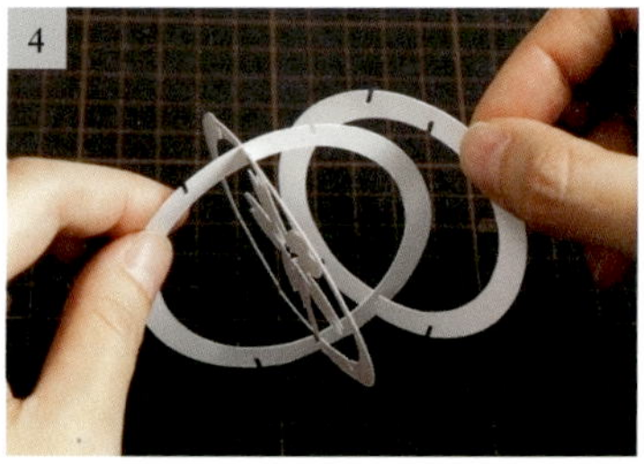

Setzen Sie nun Ring 3 ein, indem Sie ihn entweder zuerst in die obere oder in die untere Kerbe stecken.

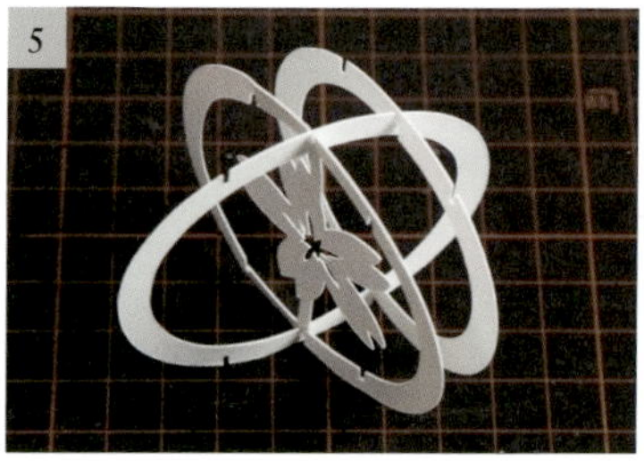

Setzen Sie Ring 3 parallel zu Ring 2 ein.

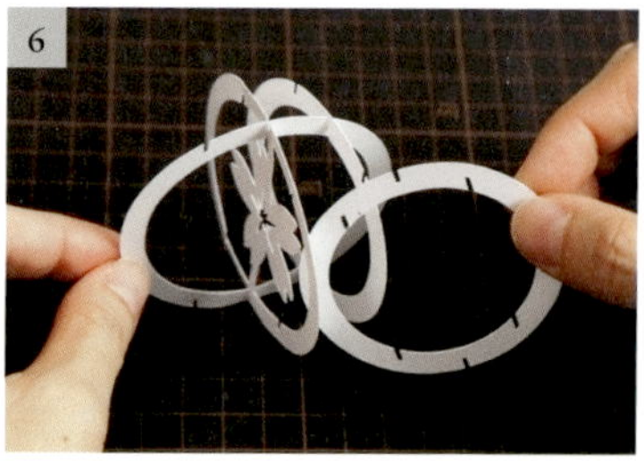

Setzen Sie Ring 4 rechtwinklig zu Ring 2 ein. Bauen Sie die Mitte des Gitters zusammen und fügen Sie dann den Ring ein, der die gekreuzten Ringe umschließt.

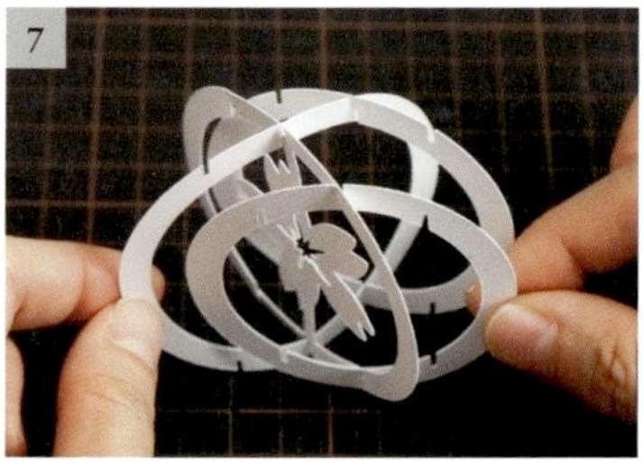

Stecken Sie die mittleren Kerben von Ring 4 und Ring 2 ineinander.

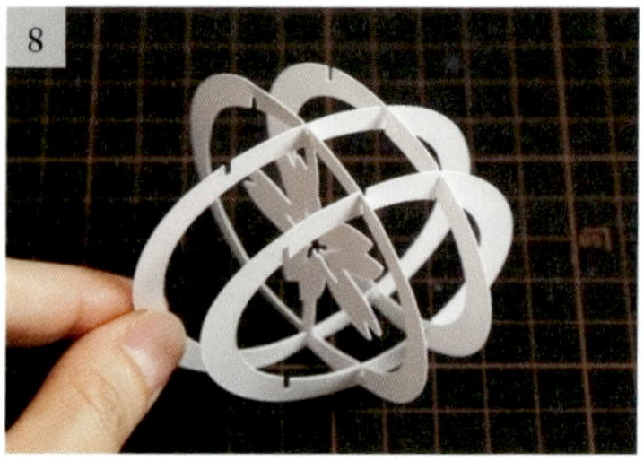

Stecken Sie die seitlichen Kerben in den benachbarten Ring 3. Je zwei senkrechte und waagerechte Ringe sind verbunden.

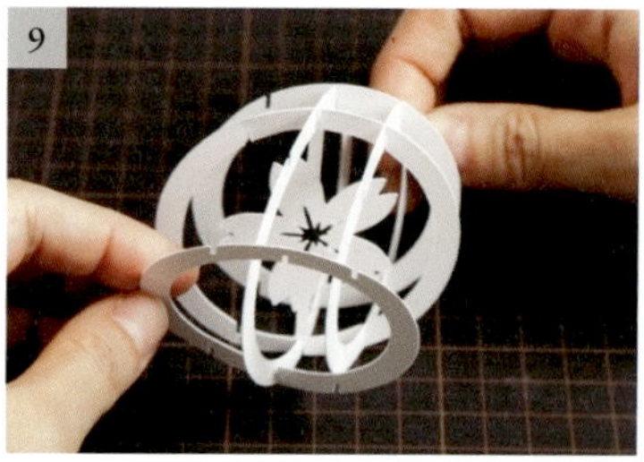

Setzen Sie nun Ring 5 parallel zu Ring 2 ein. Achten Sie dabei auf die gleiche Reihenfolge.

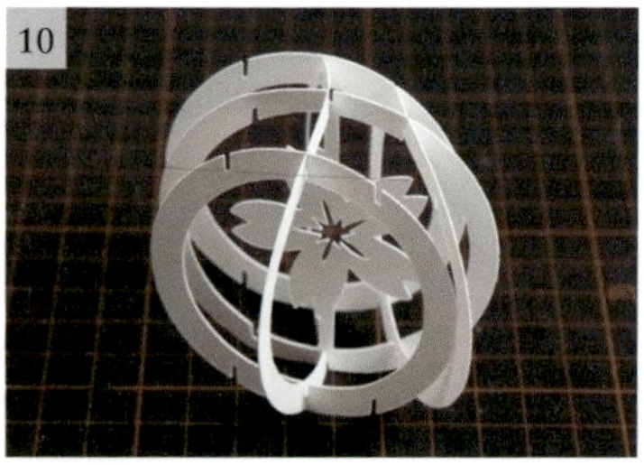

Die mittleren Kerben sind nun ineinander gesteckt.

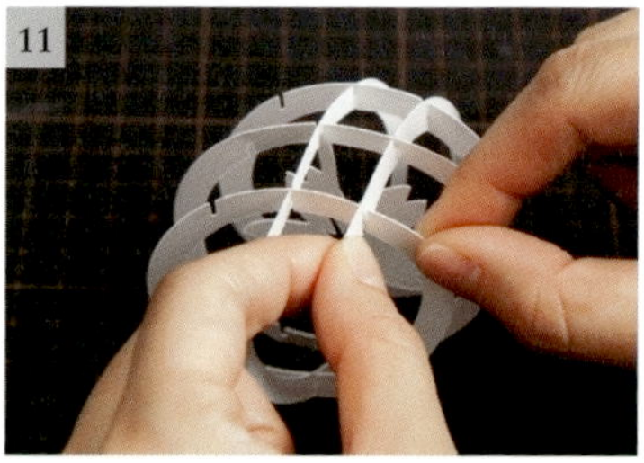

Achten Sie darauf, dass die Kerben akkurat miteinander verbunden sind.

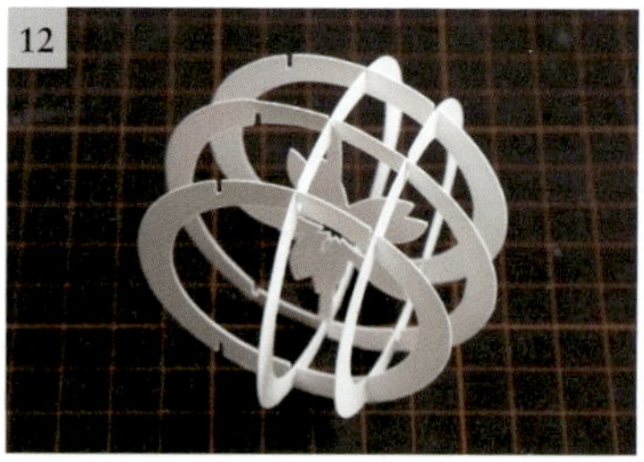

Alle waagerechten Ringe sind nun zusammengefügt. Ein Ring ist noch übrig.

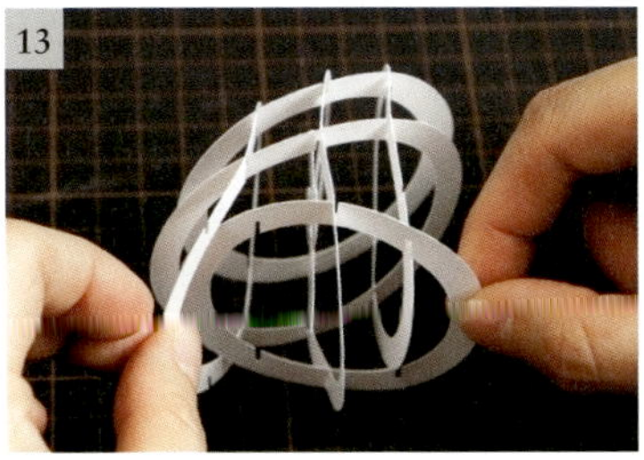

Setzen Sie zum Schluss Ring 6 ein. Verbinden Sie die mittleren Kerben und dann die Seiten.

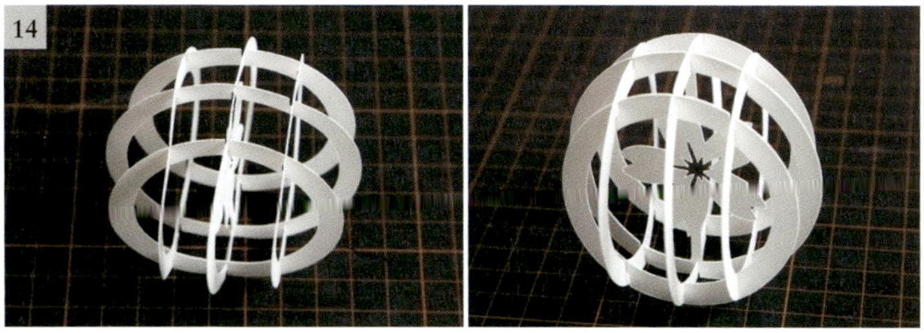

Alle Ringe sind nun zu einer Art Gitter zusammengesetzt.

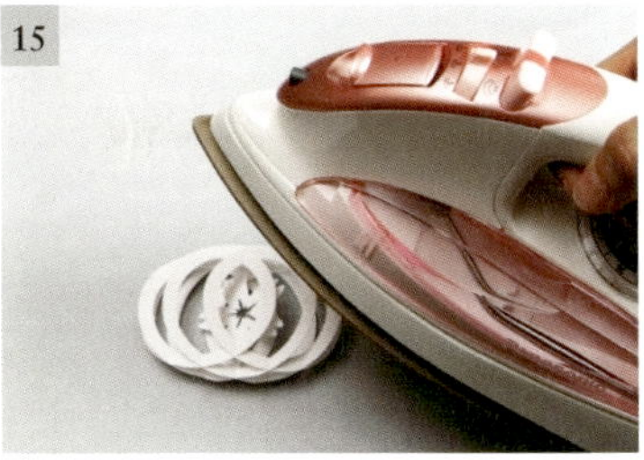

Falten Sie die Ringe nach unten und bügeln Sie sie kurz auf höchster Stufe, dann sind sie schön fest und glatt.

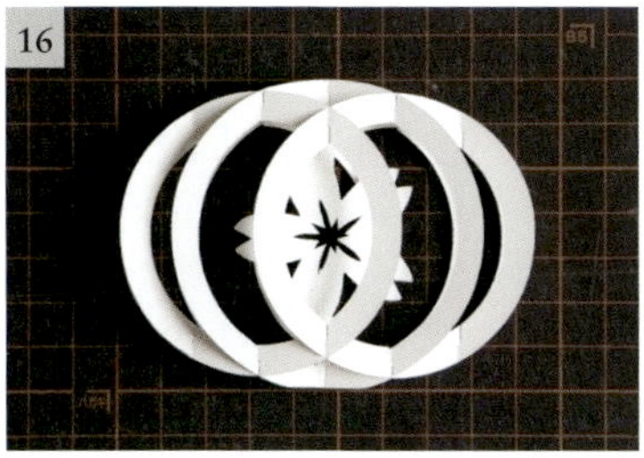

Fertig.

Bei den kleinen und mittelgroßen Kugeln setzen Sie zuerst die Ringe für die Mitte zusammen und arbeiten sich nach außen vor. Sobald die Mitte des Gitters zusammengesetzt ist, gibt es keine spezielle Reihenfolge für die waagerechten und senkrechten Ringe mehr. Denken Sie nur daran, die Richtung, senkrecht und waagerecht, zu wechseln. Bei Fehlern beginnen Sie wieder von vorn. Die Ringe können leicht herausgenommen werden, da sie nur durch die Kerben verbunden sind.

Mittelgroß 1

In diesem Kapitel wird die Kugel der Größe Mittelgroß 1 vorgestellt. Der Durchmesser des Rings beträgt 8 cm und ist damit nur 1 cm größer als bei der kleinen Kugel. Allerdings haben die Modelle in Mittelgroß 1 mehr Ringe und eine komplexere Struktur; die Kugel besteht aus insgesamt neun Ringen. Das Motiv in der Kugelmitte besteht aus drei der neun Ringe. Durch die drei hintereinanderliegenden Ringe für das Motiv entsteht eine gewisse Tiefe. Da die Ringe diagonal zusammengesetzt sind, ist das Motiv in der Mitte von vorn gut zu erkennen.

Anleitung: siehe S. 28

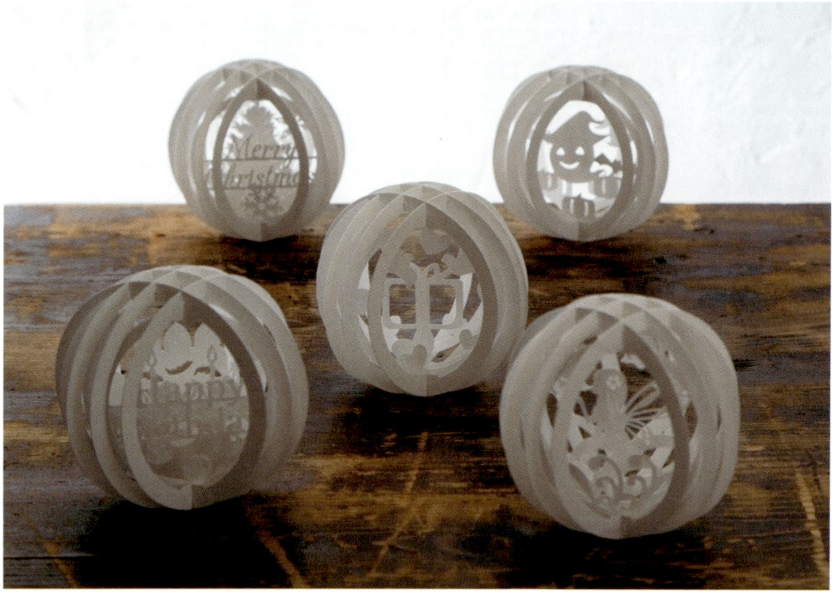

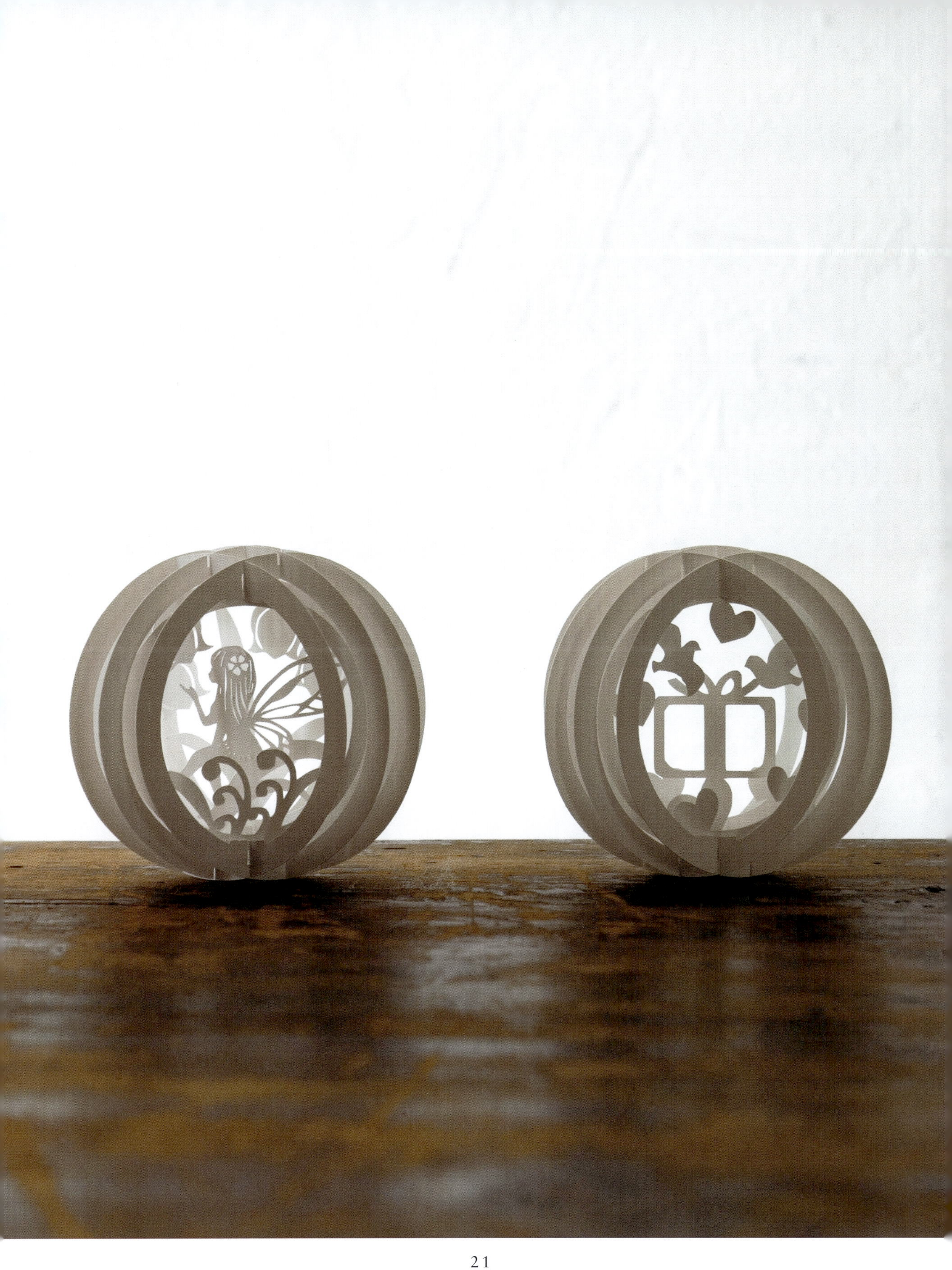

Happy Birthday

Geburtstagskugeln sind die perfekten Grußkarten. Benutzen Sie zum Ausstechen der Löcher einen scharfen Gegenstand wie eine Ahle oder eine Nadel. So entstehen die feinen Samen der Erdbeeren.

Vorlagen: S. 71, 72

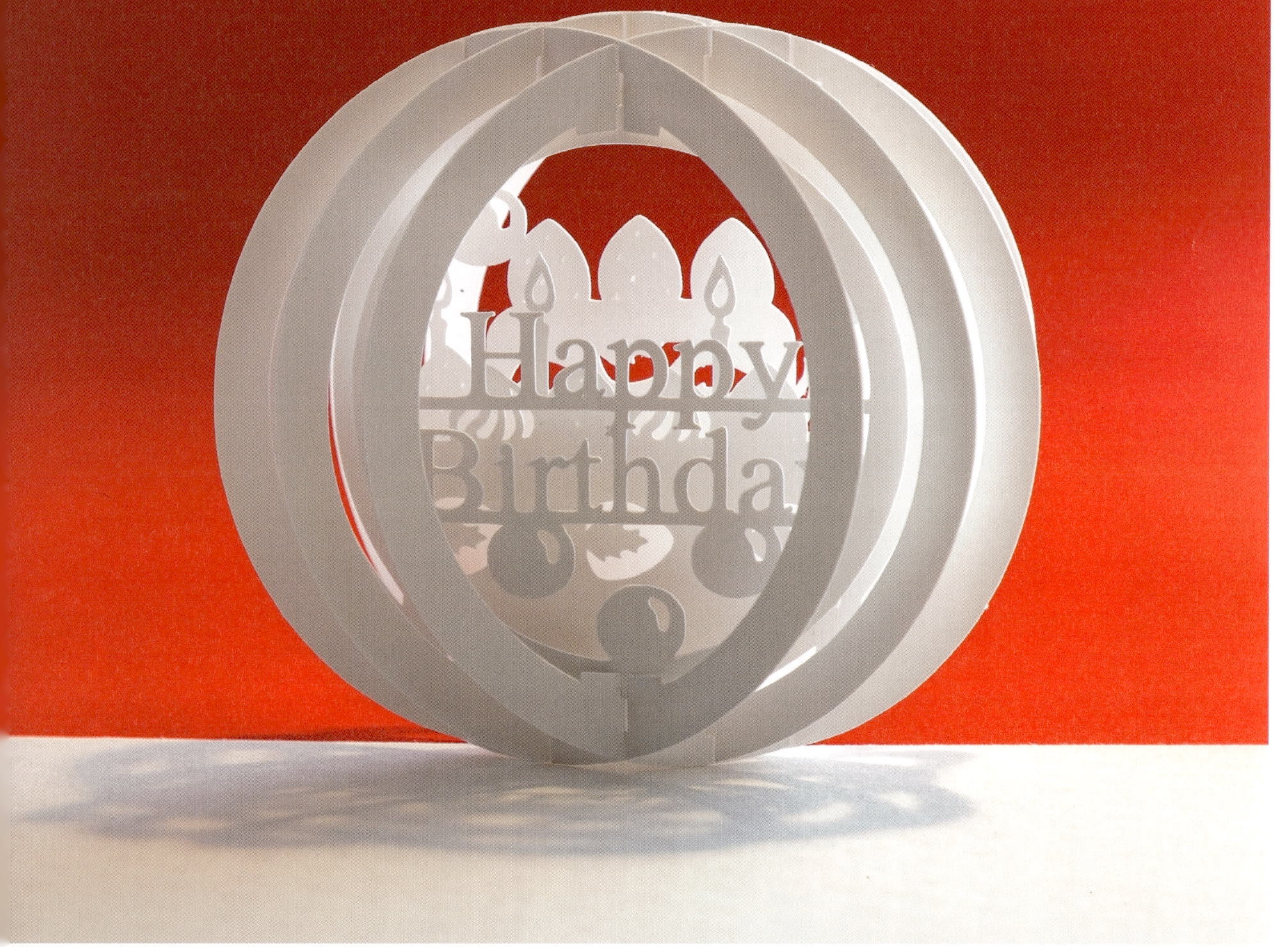

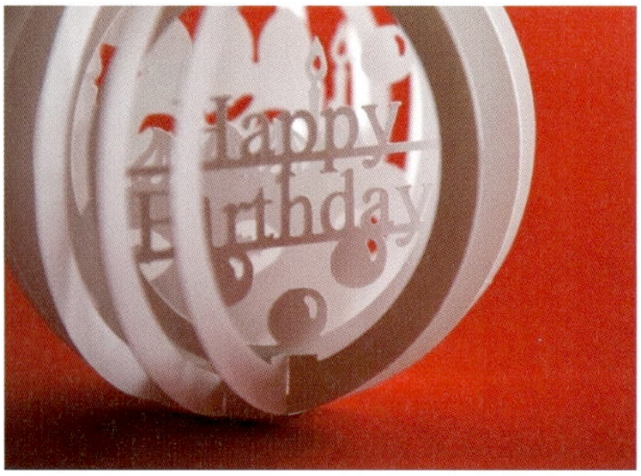

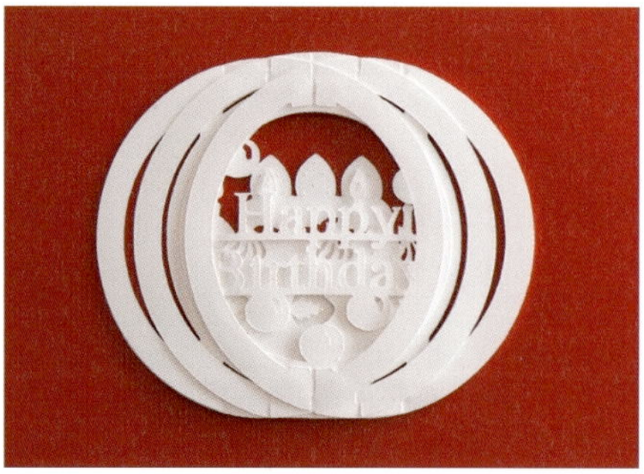

Das Motiv ist gut zu erkennen, auch wenn die Kugel flach gefaltet wird.

Geschenk

Dieser Entwurf für eine vielseitig verwendbare Grußkarte kombiniert ein Päckchen und Vögel. Die Kugel ist ideal für festliche Anlässe.

Vorlagen: S. 71–73

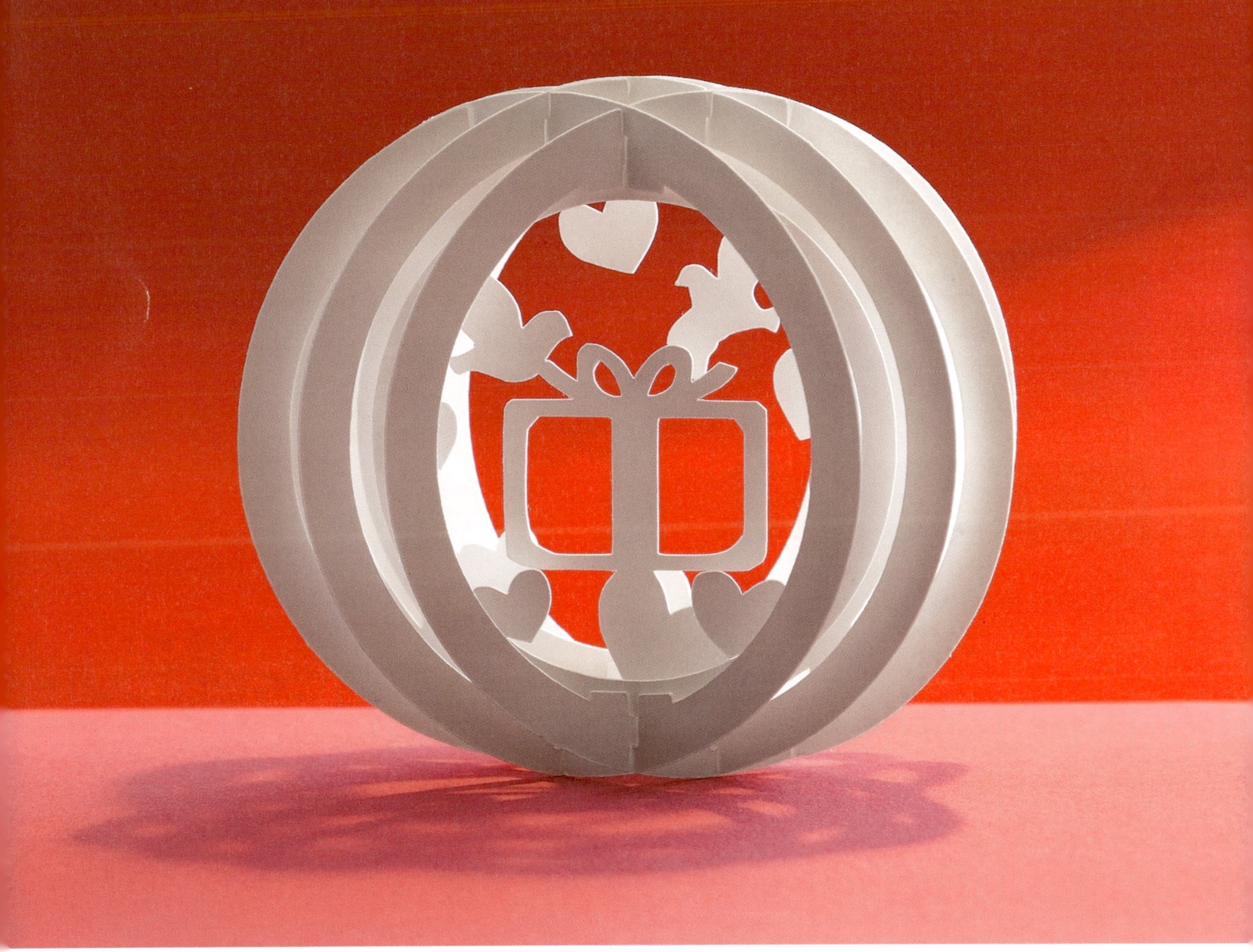

Dieser einfache Entwurf zeigt deutlich die Form und Tiefe jedes Motivs, wie es nur bei einer kugelförmigen Karte möglich ist.

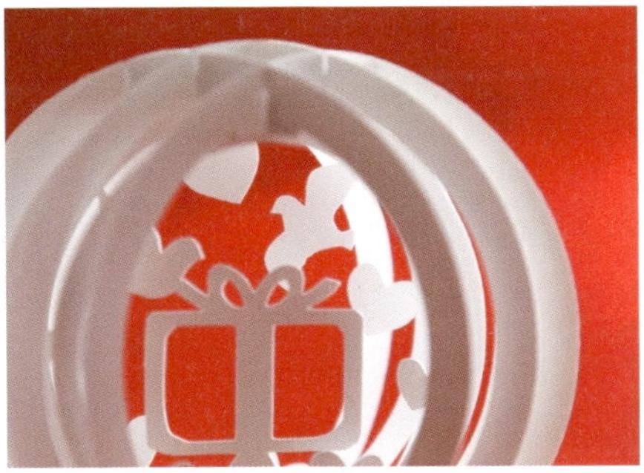

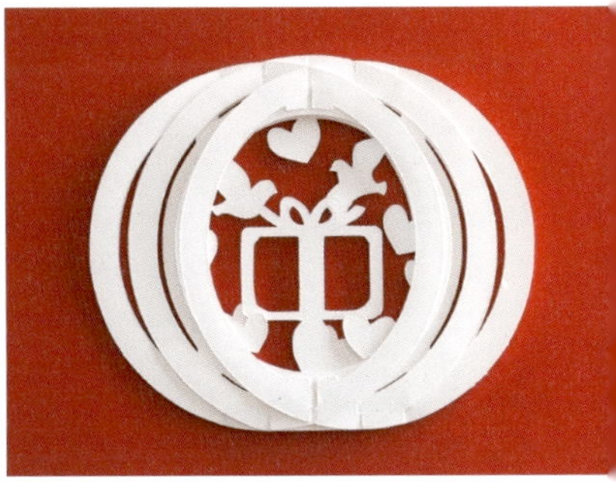

Halloween

Diese Kugel ist eine lustige Dekoration für jeden Raum. Das Motiv aus Gespenstern und Kürbissen können Sie auch auf die Wand projizieren, wenn Sie die Kugel mit einer Kerze oder einer anderen Lichtquelle anstrahlen.

Vorlagen: S. 71, 72, 74

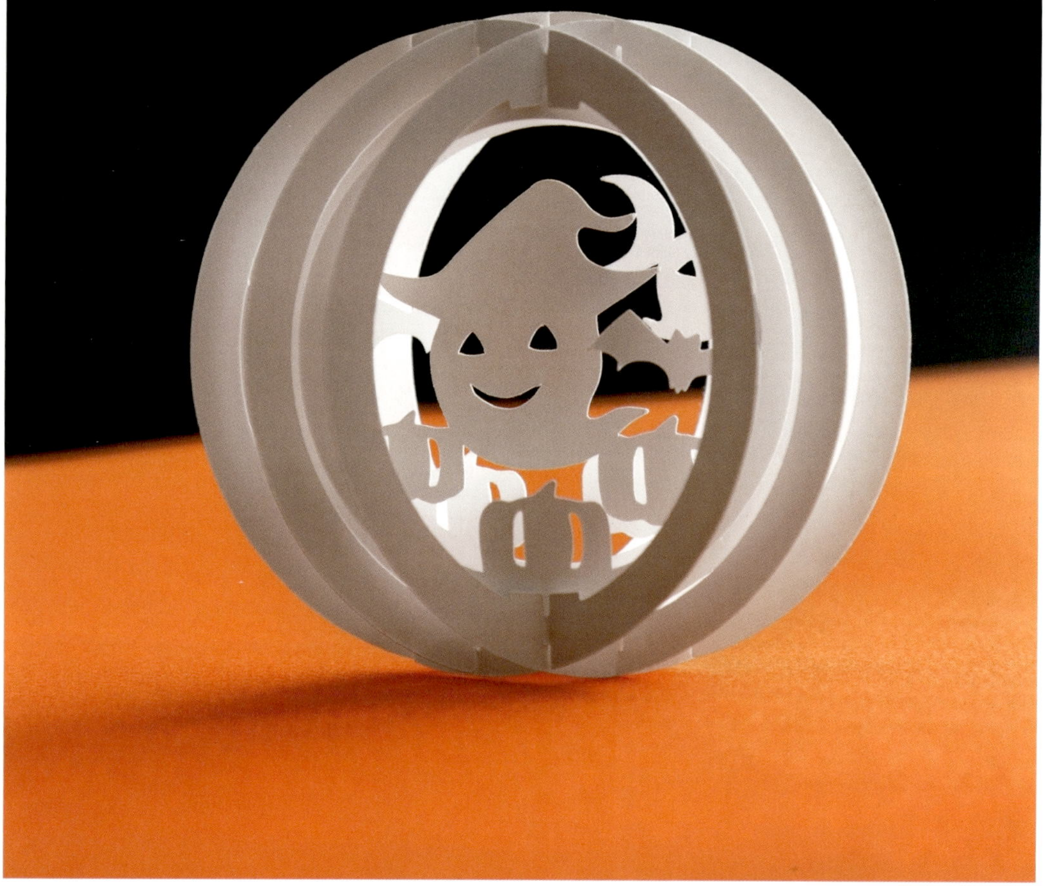

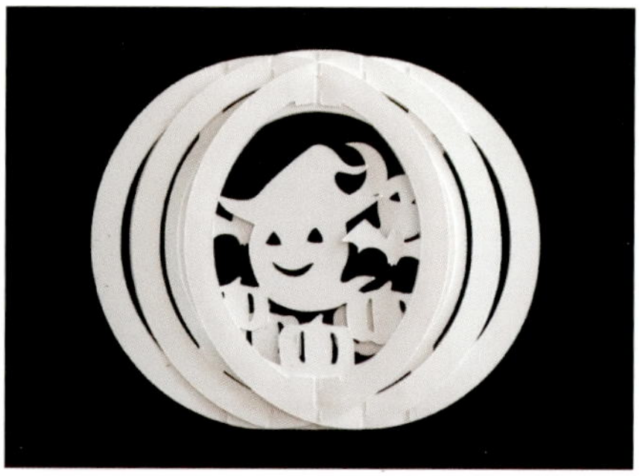

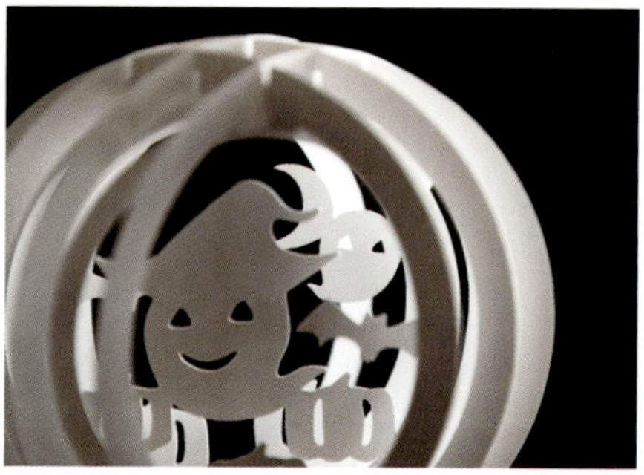

Aus einem bestimmten Winkel betrachtet, sehen Sie das Gespenst auf der Rückseite.

Merry Christmas

Die Weihnachtskarte ist aufwändig gestaltet. Es müssen nicht unbedingt alle Schneeflocken und Tannennadeln im Baum herausgearbeitet werden. Einige wenige Schlitze genügen bereits, um das Motiv komplex und realistisch aussehen zu lassen.

Vorlagen: S. 71, 72, 75, 101–104

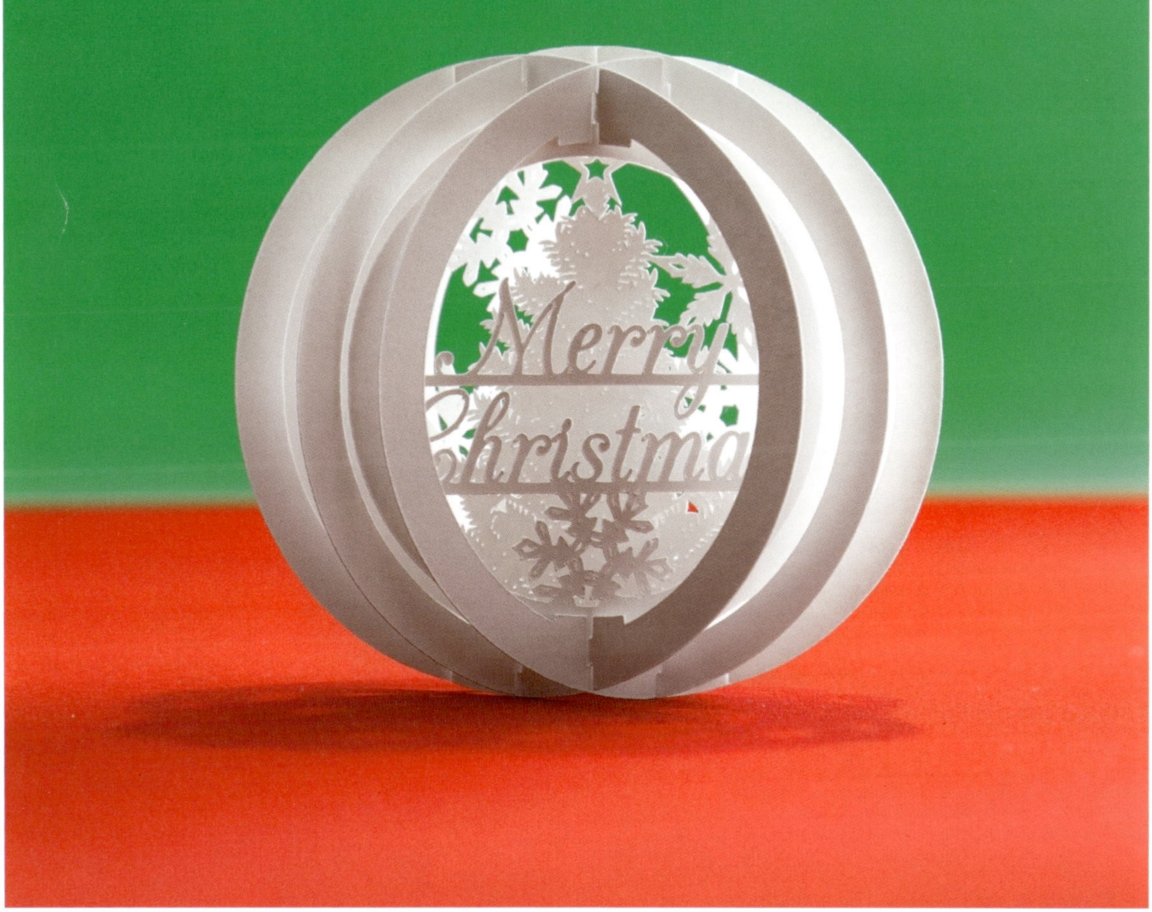

Einige Schneeflocken verstecken sich auf der Rückseite. Durch die Kugelform sieht die Karte von allen Seiten hübsch aus.

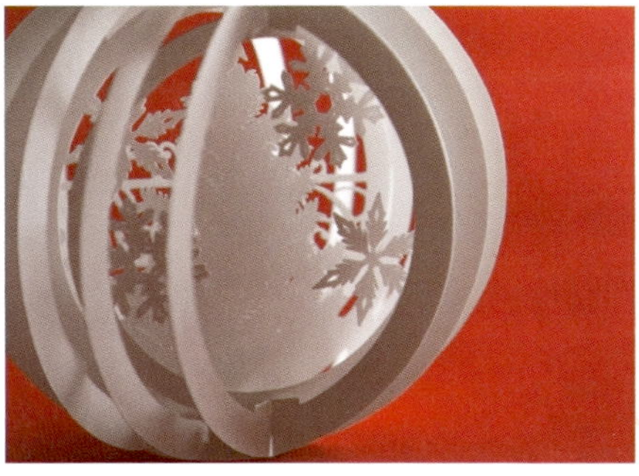

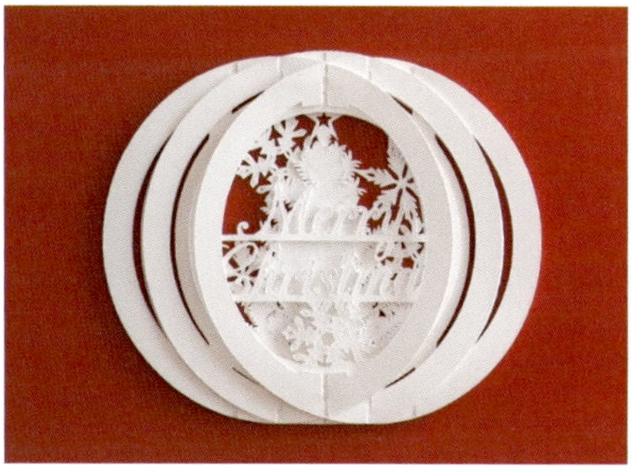

Maiglöckchen und Fee

Dieser märchenhafte Entwurf scheint direkt einem Blumenfeld entstiegen zu sein. Verwenden Sie feine und kräftige Linien für die filigran herausgearbeiteten Haare und Flügel.

Vorlagen: S. 71, 72, 76

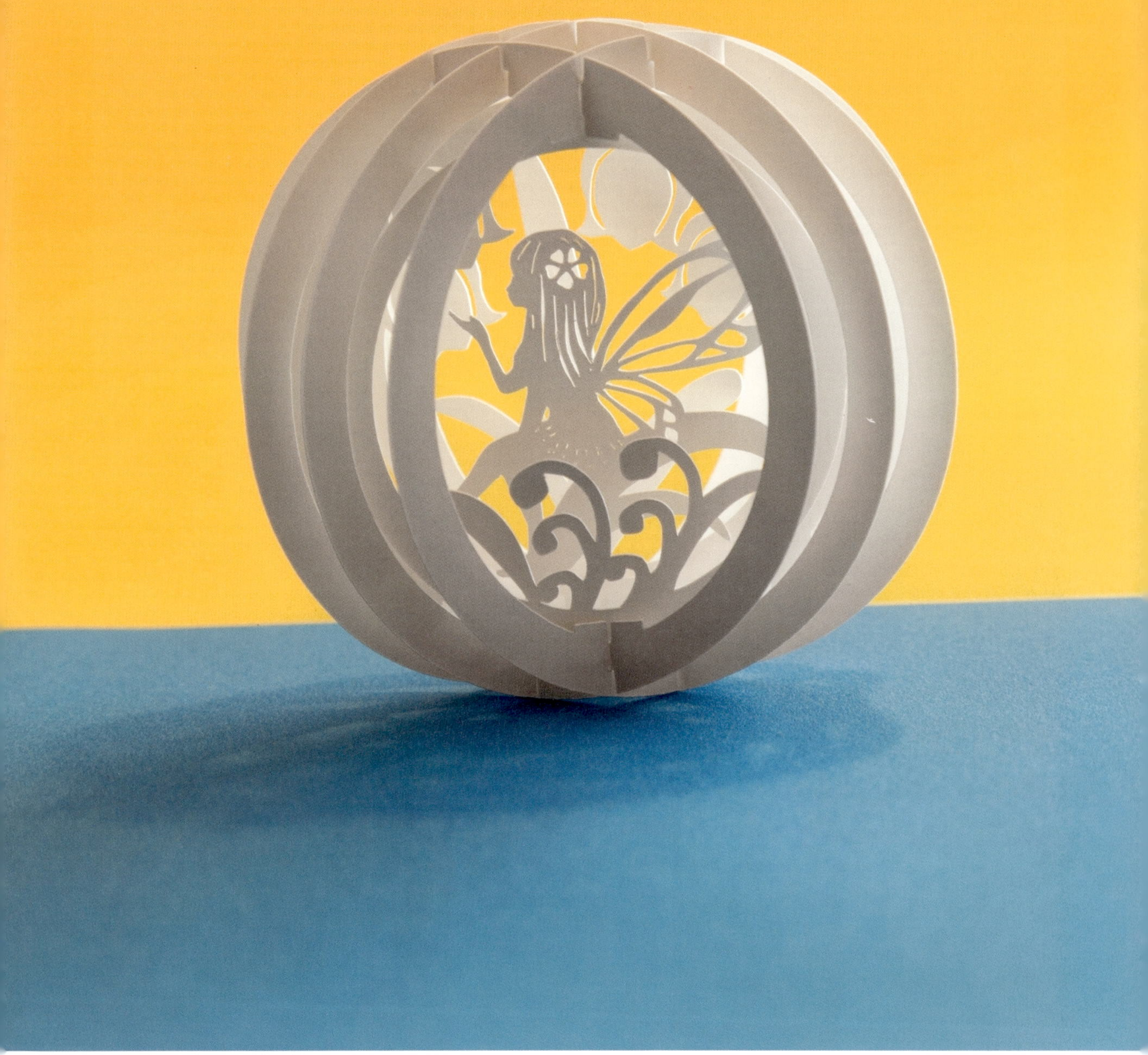

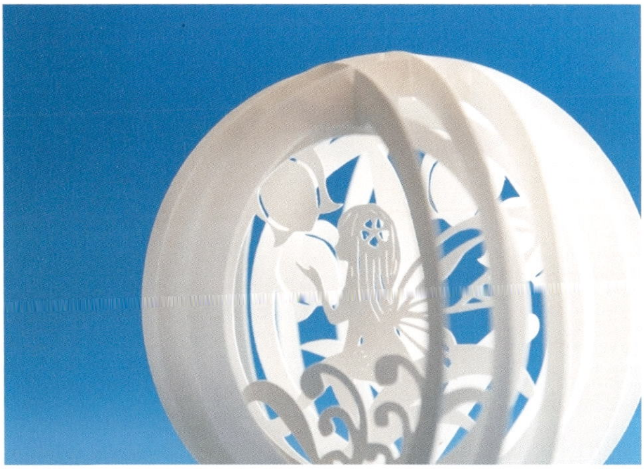

Die hinter dem Ring versteckten Blumen werden sichtbar, wenn sich der Blickwinkel ändert.

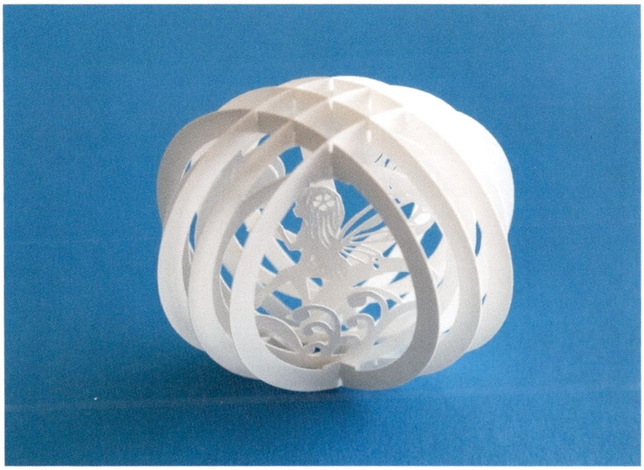

Die Ringe werden diagonal zusammengesetzt, die Motive zeigen nach vorn.

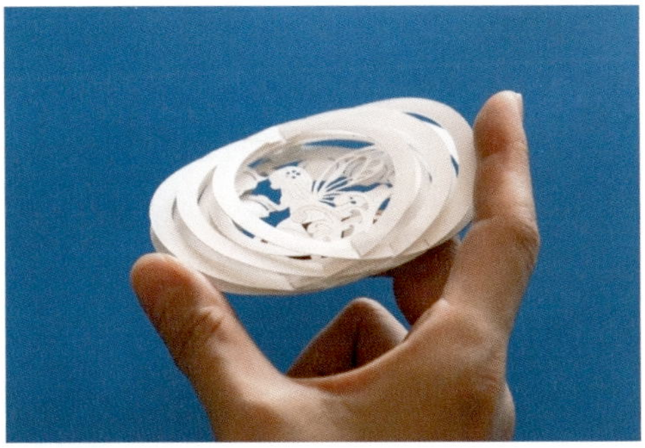

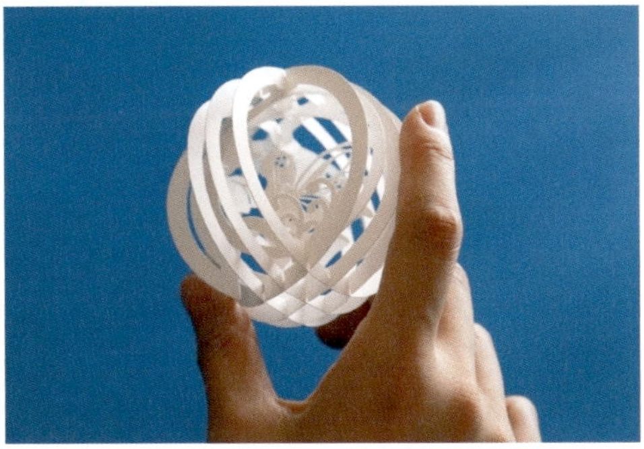

Wenn Sie die Kugel zusammenfalten, passt jeder benachbarte Ring auf den anderen. Durch seitlichen Druck springen die übereinanderliegenden Ringe auf und bilden eine Kugel.

Anleitung: Mittelgroß 1

Für die mittelgroße Kugel brauchen Sie mehr Ringe als für die kleine, aber das Zusammenbauen ist einfach. Von vorn betrachtet, liegt das Motiv zwischen den diagonal gekreuzten Ringen.

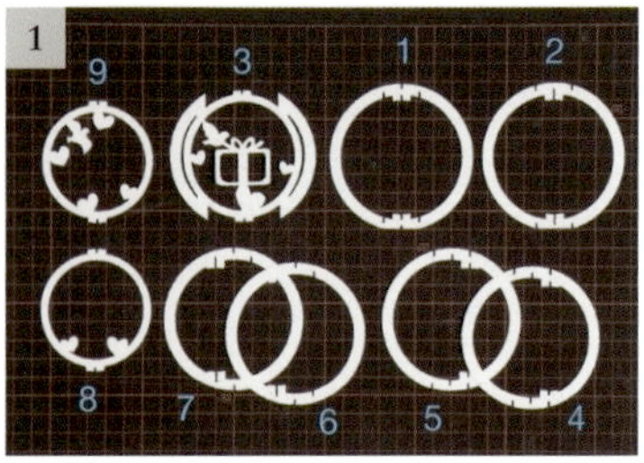

Sie brauchen neun Ringe. Drei Motivringe werden zwischen die diagonal liegenden gesetzt. Die Ringe 1 und 2 werden gekreuzt und bilden die Mitte. Dann werden die Ringe 4, 5, 6 und 7 eingesetzt. Die Ringe 3, 8 und 9 bilden das Motiv in der Mitte.

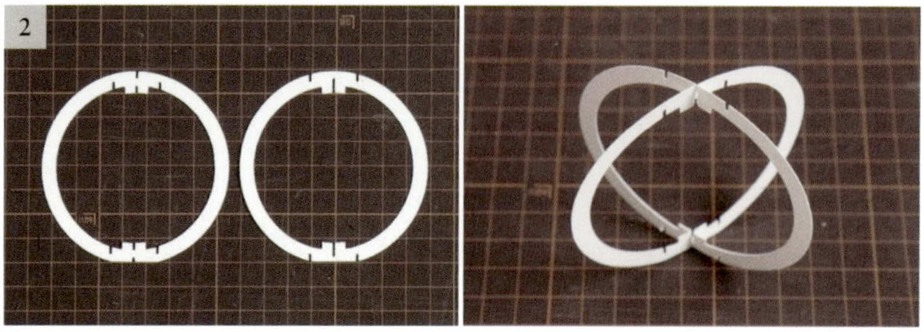

Stecken Sie die Ringe 1 und 2 an den Kerben zusammen.

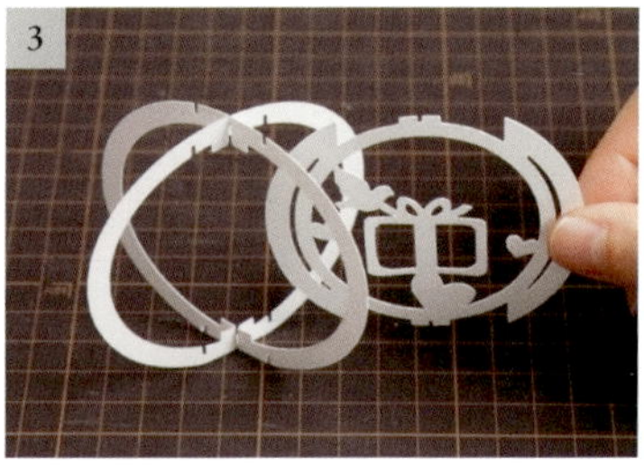

Setzen Sie Ring 3 mit dem Motiv ein. So liegt das Motiv in der Mitte.

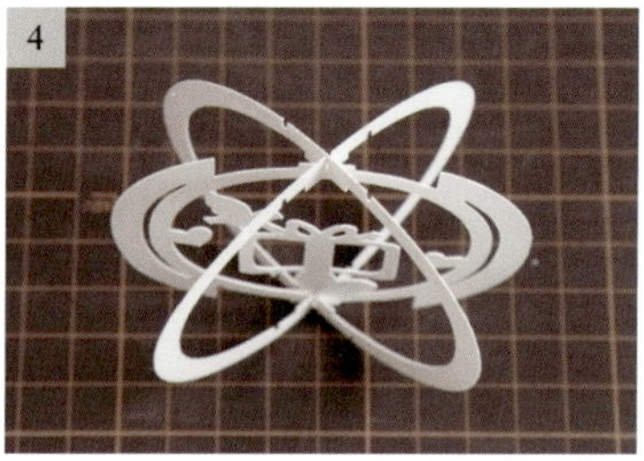

Setzen Sie Ring 3 zwischen Ring 1 und Ring 2 ein und stecken Sie die Kerben fest ineinander, um die Ringe zu stabilisieren.

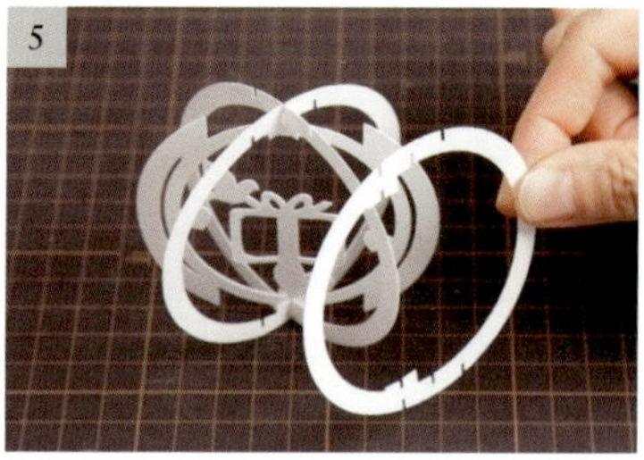

Setzen Sie Ring 4 parallel zu Ring 1 ein. Richten Sie Ring 4 so aus, dass die herausstehende Kerbe nach oben zeigt.

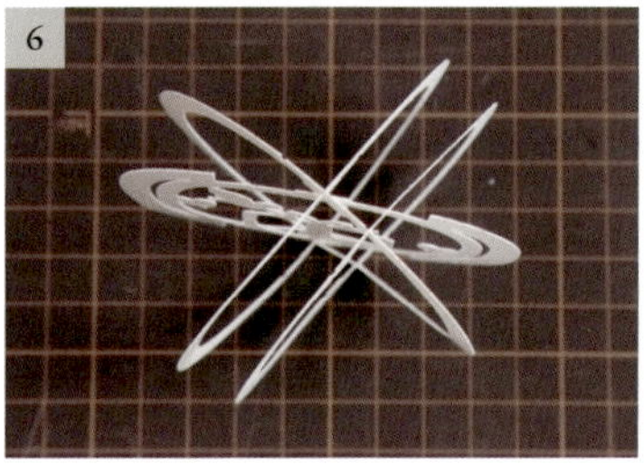

Von oben sollte das Ganze jetzt so aussehen.

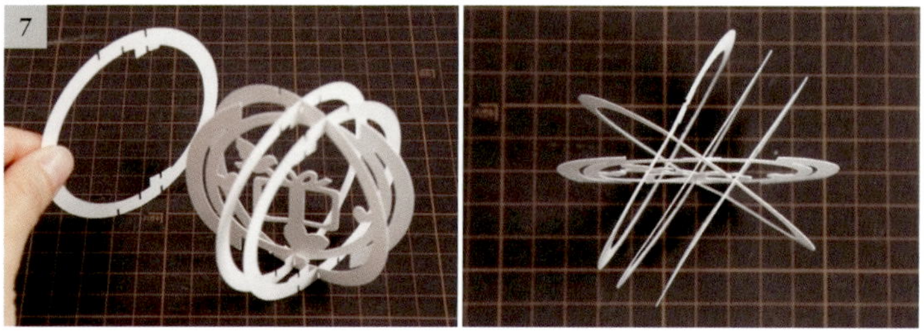

Setzen Sie Ring 5 parallel zu Ring 1 ein, wobei die herausstehende Kerbe nach unten zeigt. Setzen Sie Ring 5 gegenüber von Ring 4 ein.

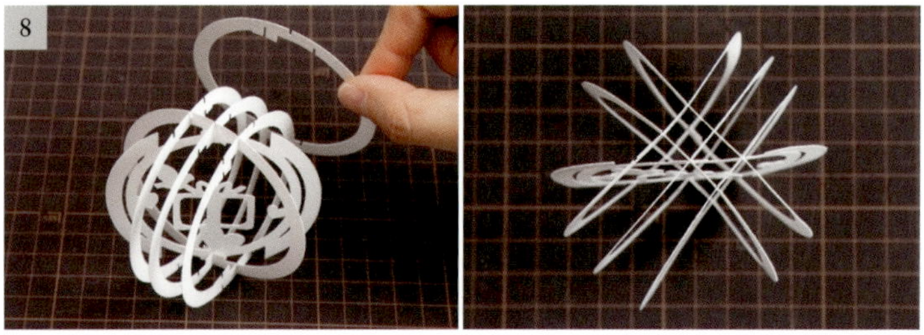

Setzen Sie Ring 6 parallel zu Ring 2 ein. Die herausstehende Kerbe zeigt nach unten.

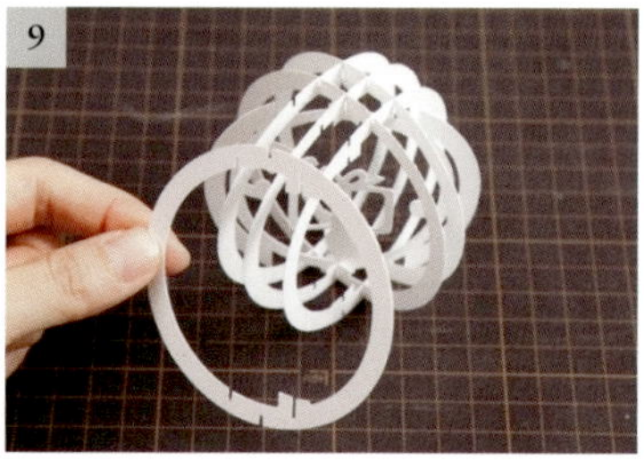

Setzen Sie Ring 7 gegenüber von Ring 6 ein. Die herausstehende Kerbe zeigt nach oben.

10

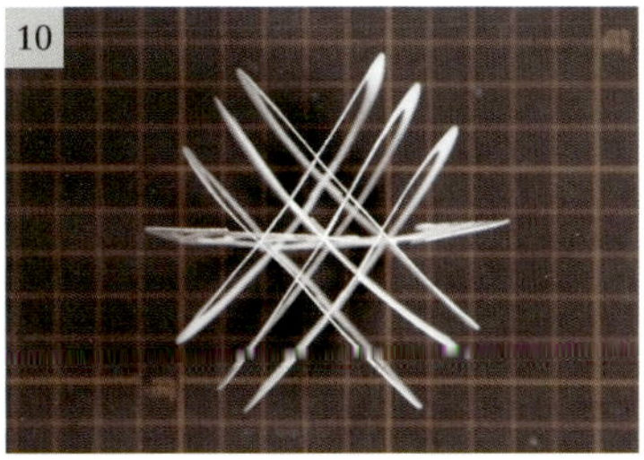

Alle Ringe für das diagonale Gitter sind nun zusammengesetzt.

11

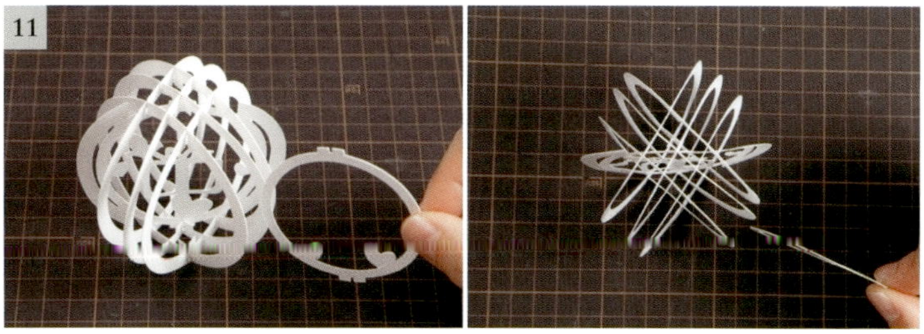

Fügen Sie Ring 8 mit dem Motiv dort ein, wo sich Ring 4 und Ring 7 kreuzen.

12

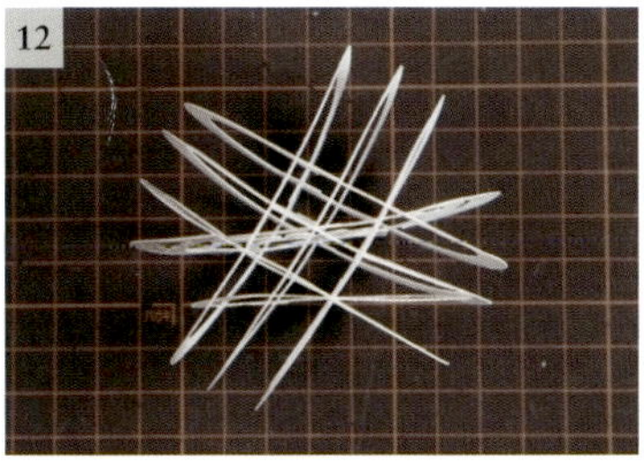

Von oben sollte es nun so aussehen. Jeder Motivring wird oben und unten gestützt, sodass die Ringe beweglich bleiben.

13

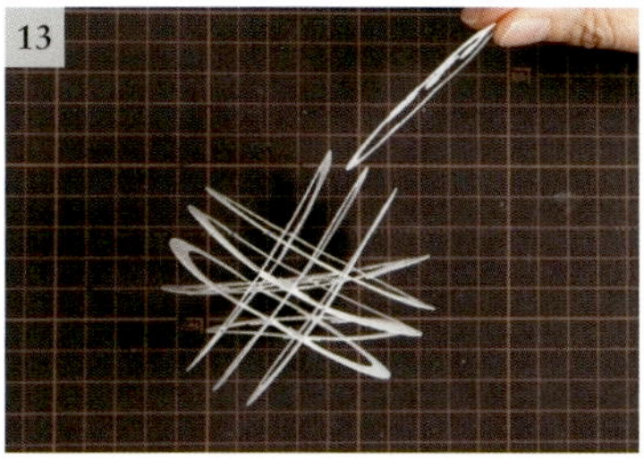

Setzen Sie Ring 9 mit dem Motiv dort ein, wo sich Ring 5 und Ring 6 kreuzen, also gegenüber von Ring 8.

14

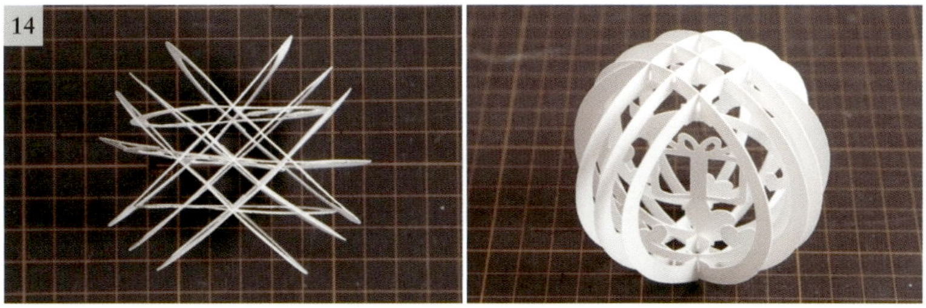

Von oben sollte es nun so aussehen. Die drei Ringe mit dem Motiv liegen parallel zueinander.

Verbinden Sie die Mitte des diagonalen Gitters, das Motiv in der Mitte und das äußere diagonale Gitter (beliebige Reihenfolge). Setzen Sie zum Schluss das vordere und hintere Motiv ein – die Motivringe können auch umgekehrt in beliebiger Position eingesetzt werden.

15

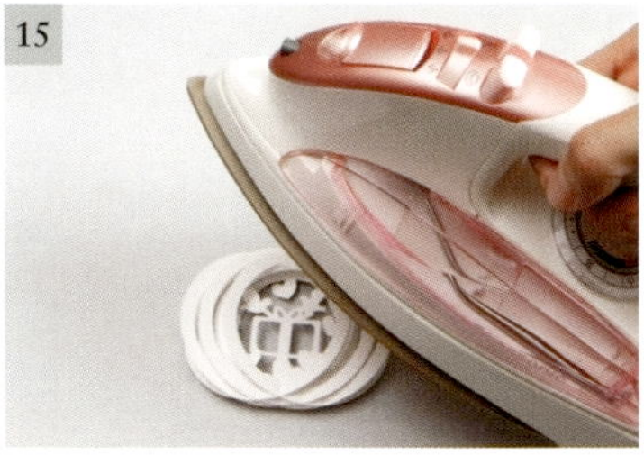

Bügeln Sie das Papier kurz auf höchster Stufe, genau wie bei der kleinen Kugel, dann wird es schön fest und glatt.

16

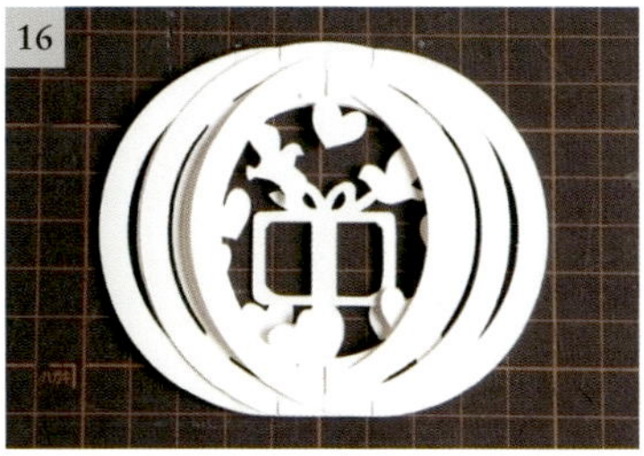

Fertig.

Kugel

Mittelgroß 2

In diesem Kapitel wird die Kugel der Größe Mittelgroß 2 vorgestellt. Mittelgroß 2 verwendet Ringe mit 7,6 cm Durchmesser, die etwas kleiner sind als die Ringe der Größe Mittelgroß 1 (siehe S. 20). Mittelgroß 2 besteht aus elf Ringen, von denen fünf bis sieben Ringe das Motiv bilden, wodurch diese Kugel komplexer wird. Zudem sind die Ringe schmaler als bei Mittelgroß 1. Somit ist Mittelgroß 2 etwas anspruchsvoller als Mittelgroß 1. Die Motivringe sind in unterschiedlichen Winkeln eingefügt, sodass sie von jeder Seite hübsch aussehen.

Anleitung: siehe S. 42

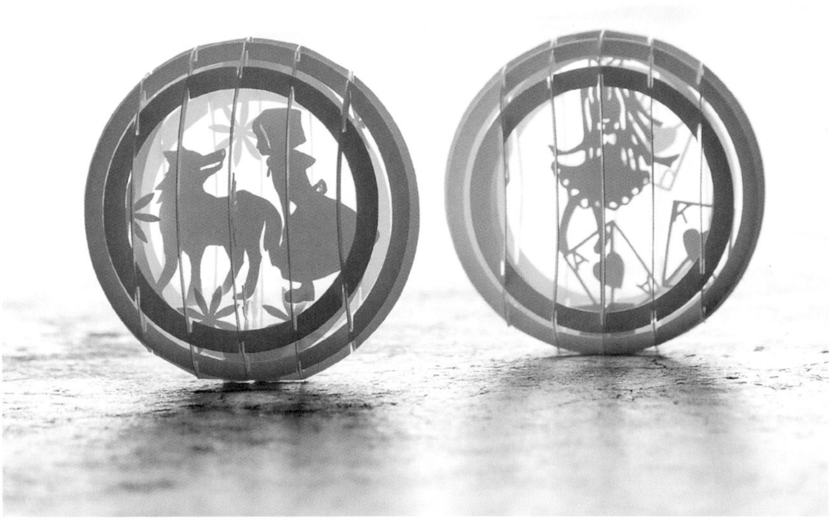

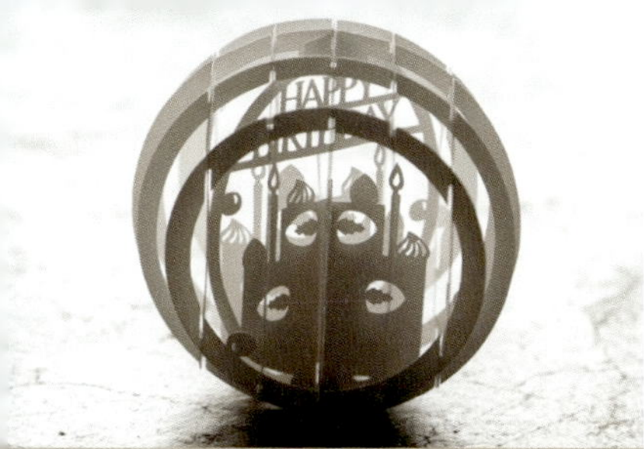
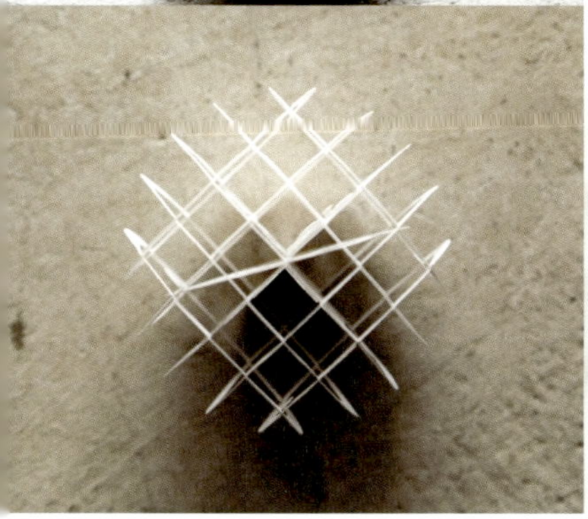
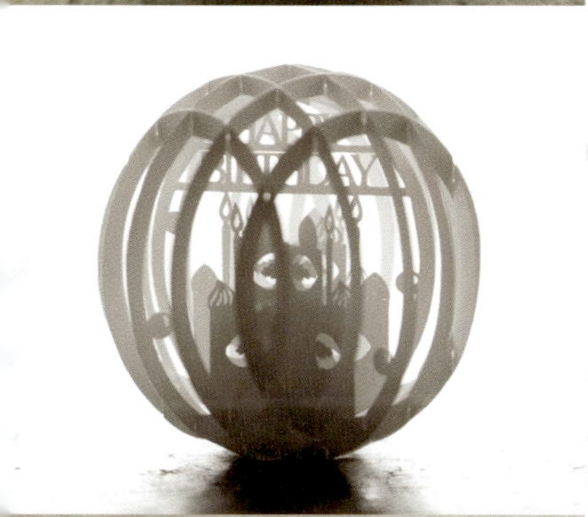
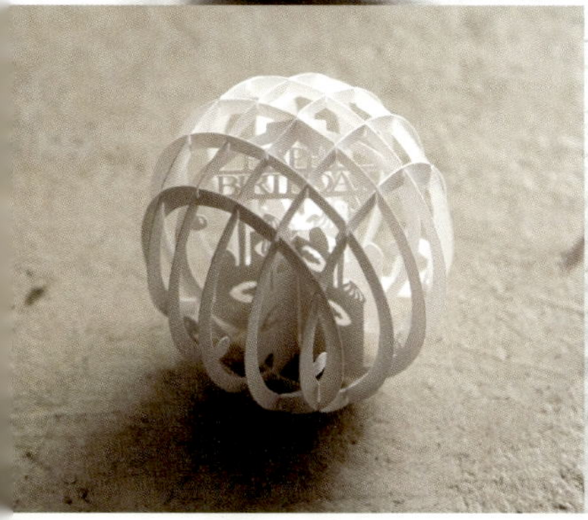
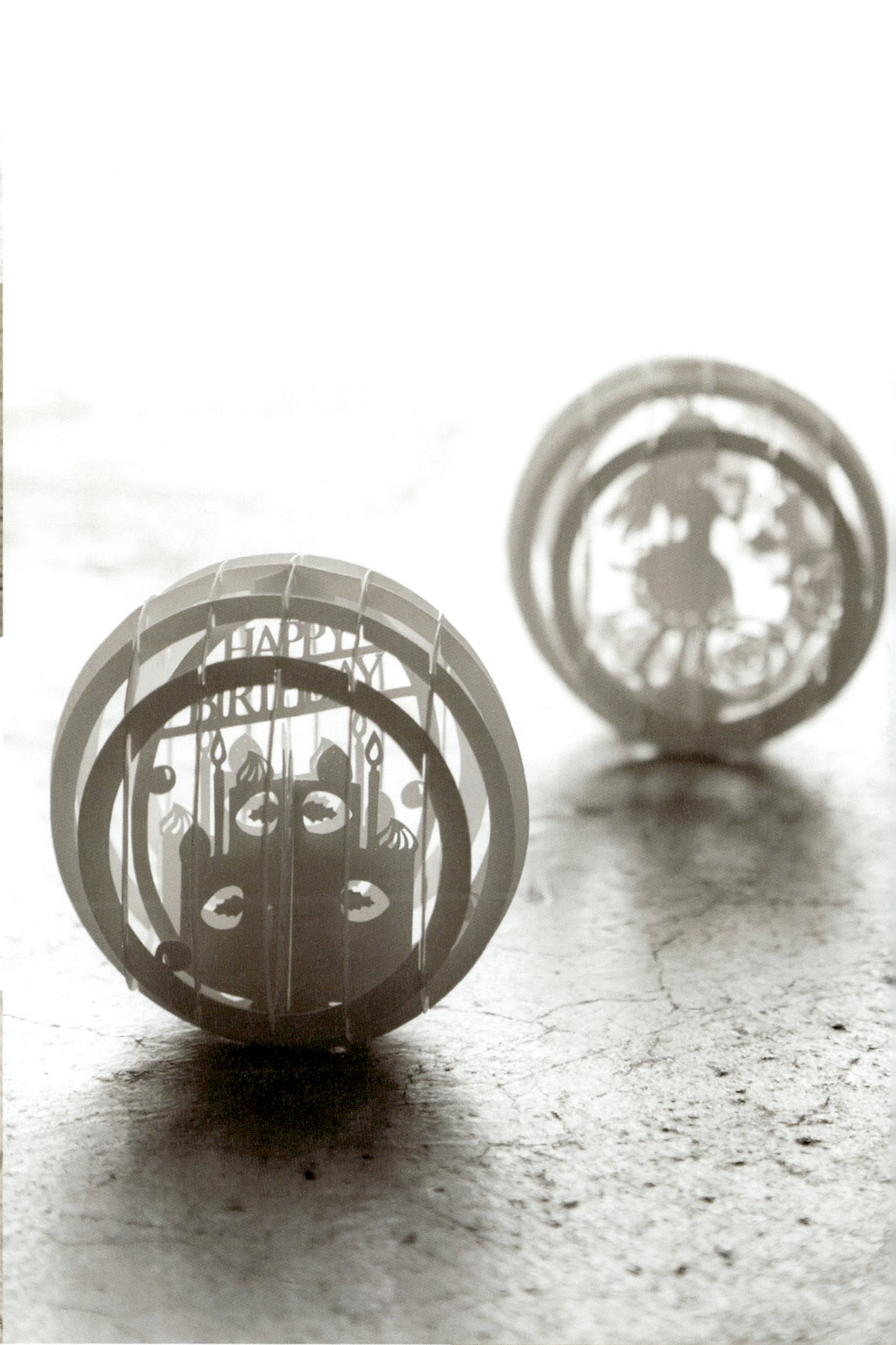
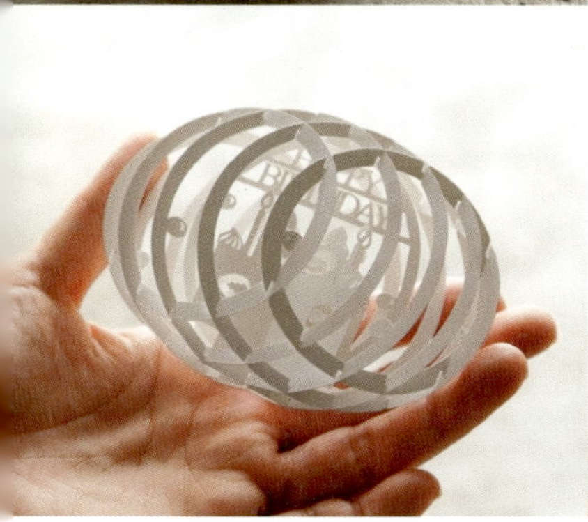
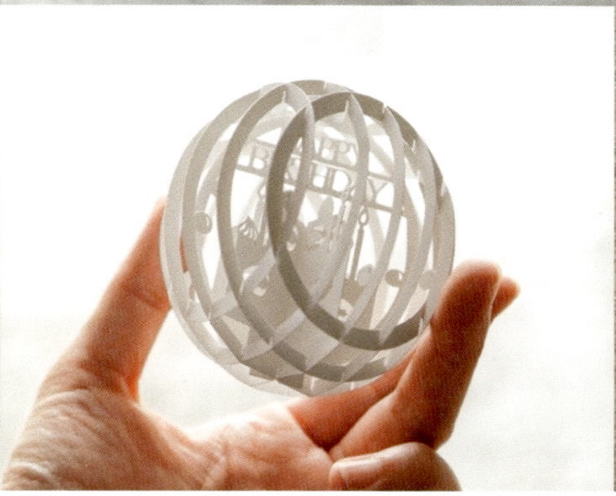
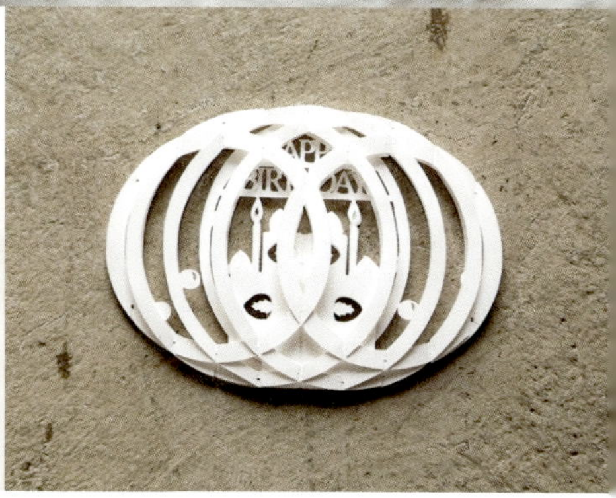

Hochzeit

Das Motiv – die Silhouette von Braut und Bräutigam – ist perfekt für eine Hochzeitsfeier. Eine Taube, Symbol für Liebe und Glück, erscheint zwischen dem Paar.

Vorlagen: S. 77–79

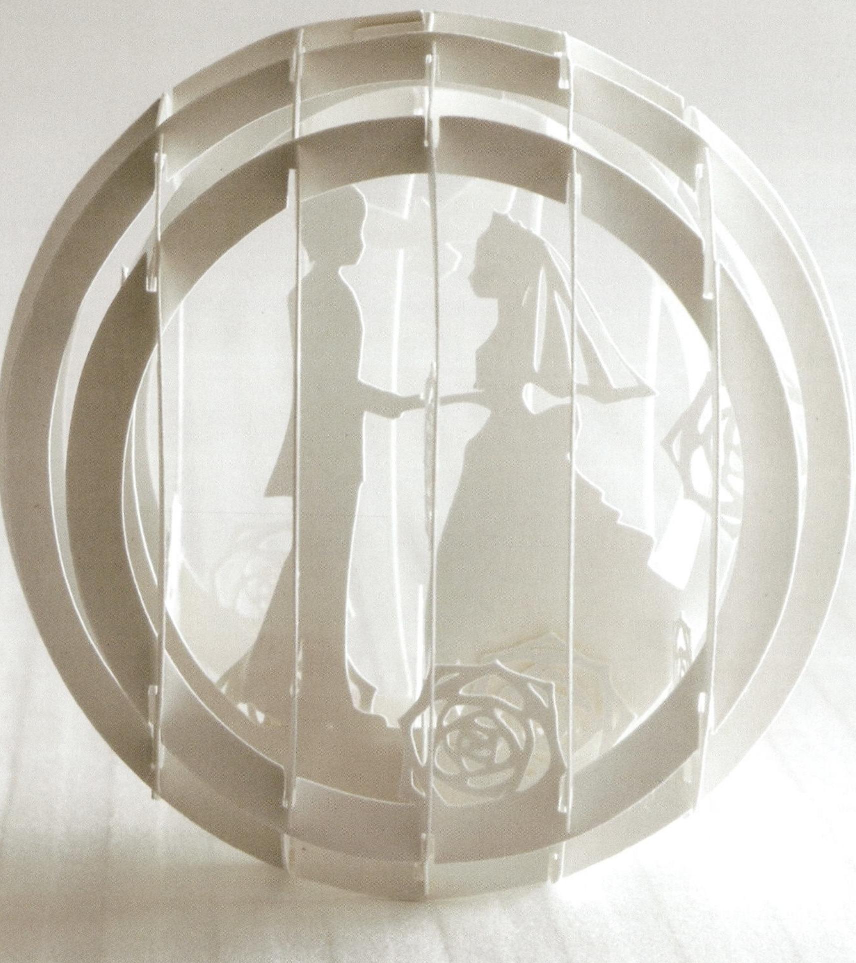

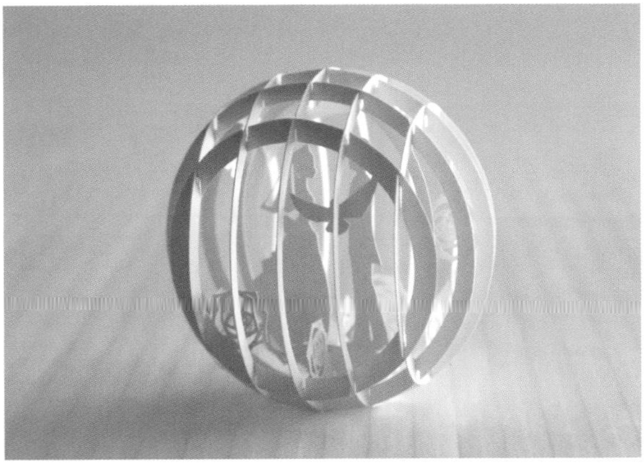

Diese Karte besteht aus vielen Ringen. Dadurch wird die Kugel etwas stabiler

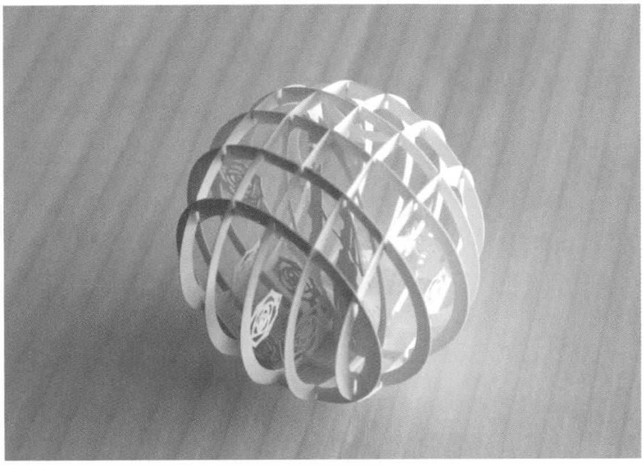

Sowohl die senkrecht als auch die waagerecht außerhalb der Gittermitte eingesetzten Ringe sind mit einem Motiv versehen.

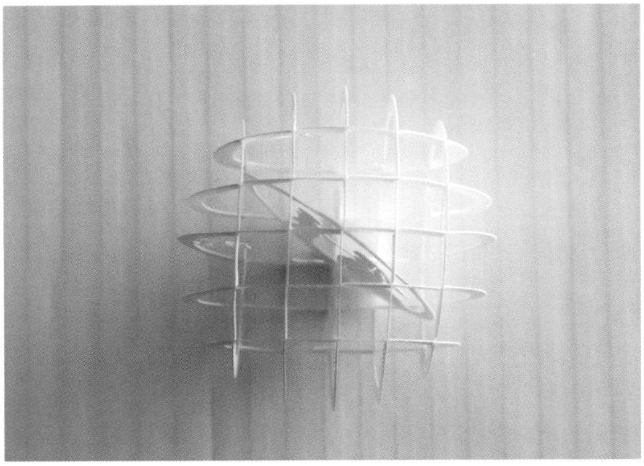

Setzen Sie für die Motive in der Kugelmitte die Ringe schräg ein. So erhält das Motiv etwas Bewegung.

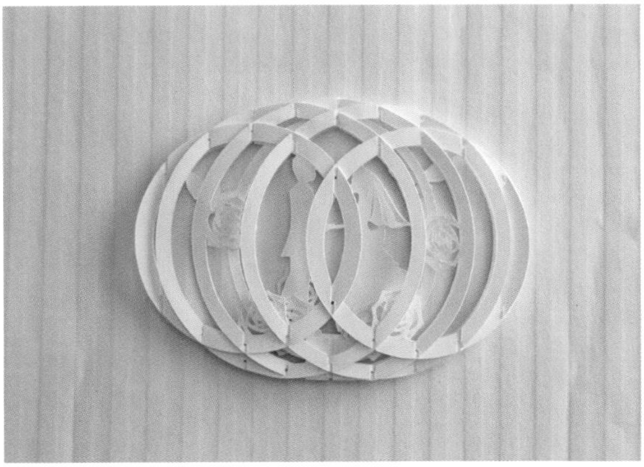

Die Ringe sind schmal und filigran.

Tee mit Alice

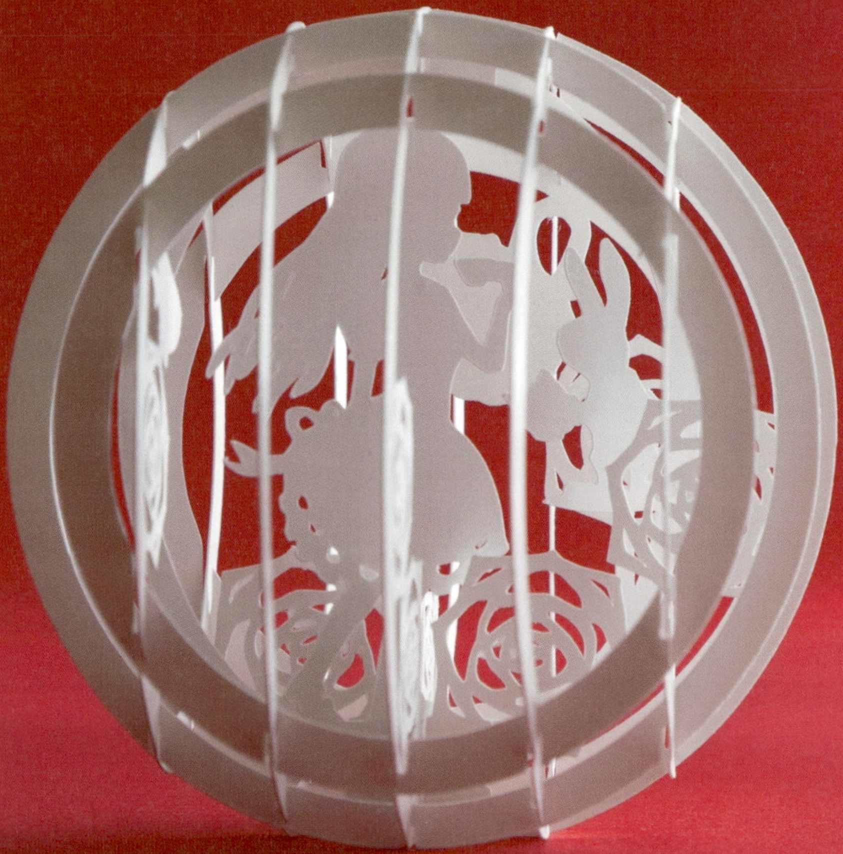

Dieser Entwurf zeigt Alice und das weiße Kaninchen beim Tee. Die Motive werden in waagerechten und senkrechten Ebenen eingesetzt. So entsteht die Szene aus Alice im Wunderland.

Vorlagen: S. 77, 80, 81

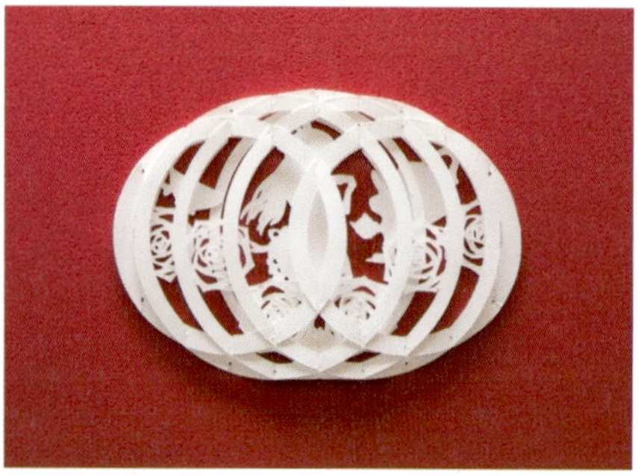

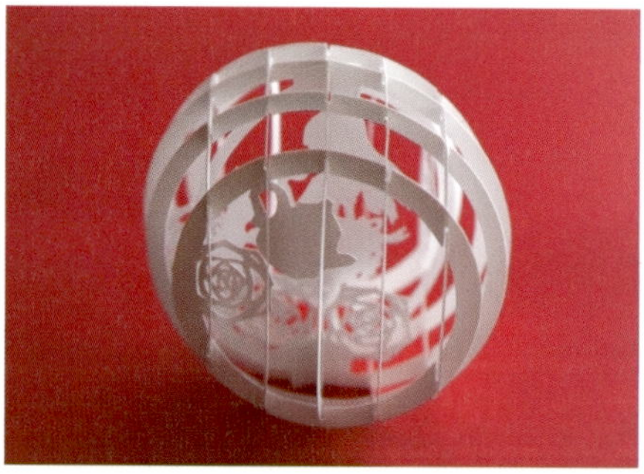

Hinter Alice steht eine Teekanne.

Rotkäppchen

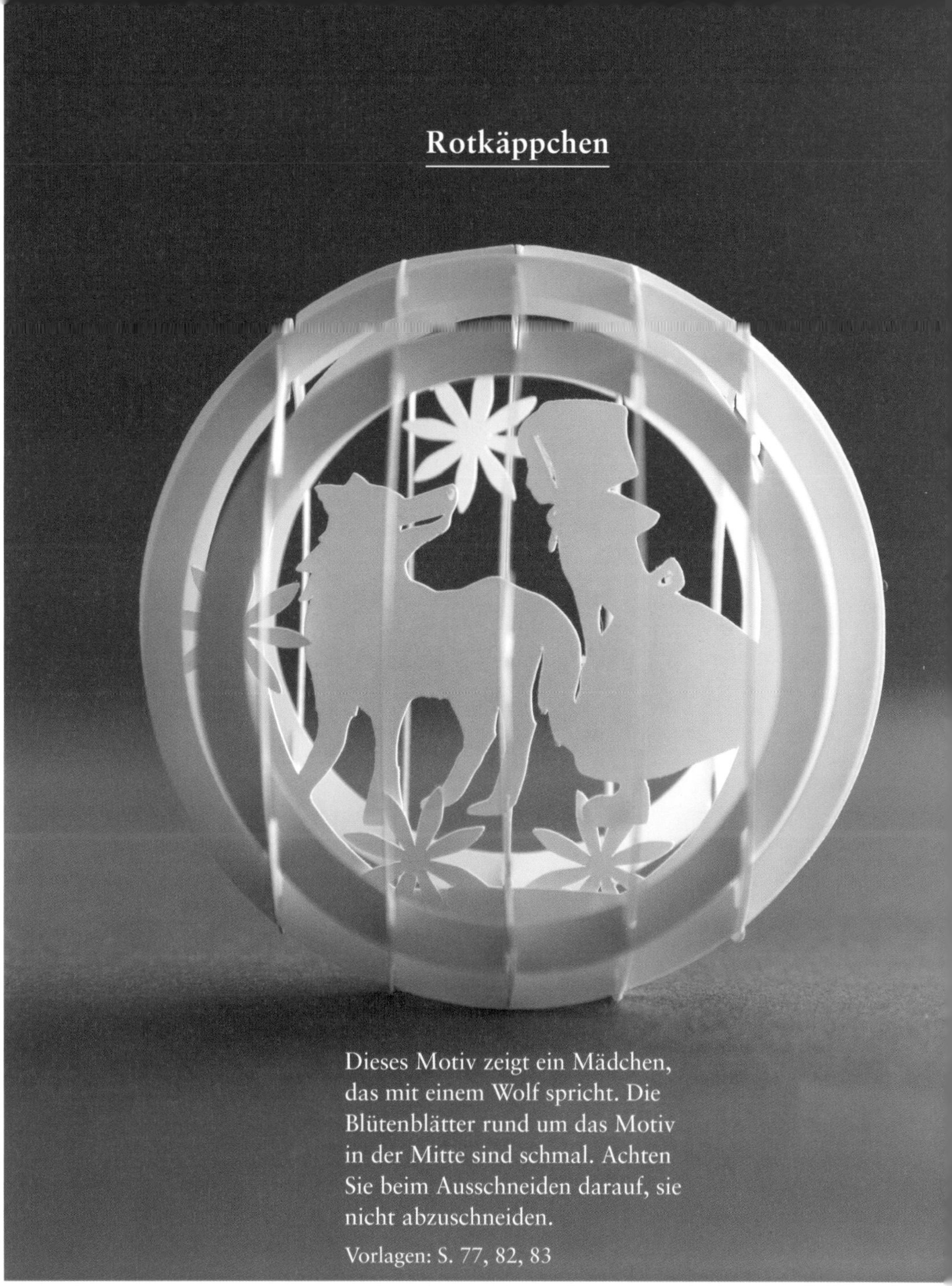

Dieses Motiv zeigt ein Mädchen, das mit einem Wolf spricht. Die Blütenblätter rund um das Motiv in der Mitte sind schmal. Achten Sie beim Ausschneiden darauf, sie nicht abzuschneiden.

Vorlagen: S. 77, 82, 83

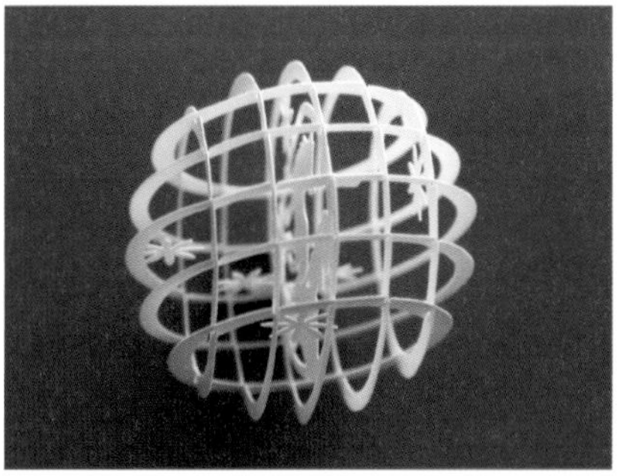

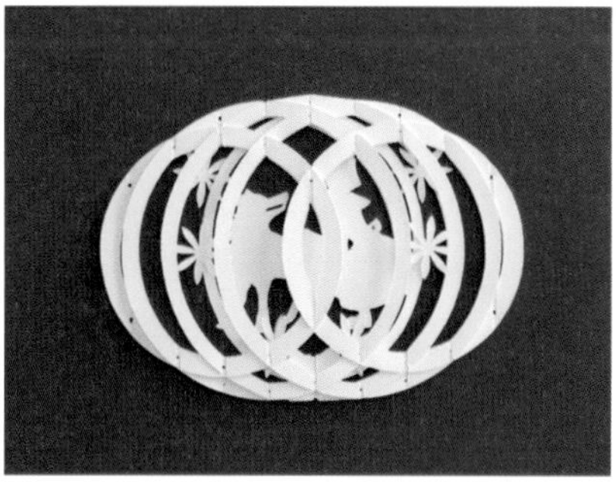

Die Blüten sind sowohl waagerecht als auch senkrecht eingesetzt.

Alice und die Spielkarten

Auch diese Kugel verwendet ein Motiv aus Alice im Wunderland. Die Umrisse der Zahlen und Spielkarten sind filigran – knicken Sie sie nicht, wenn Sie die Ringe zusammensetzen.

Vorlagen: S. 77, 84, 85, 105–110

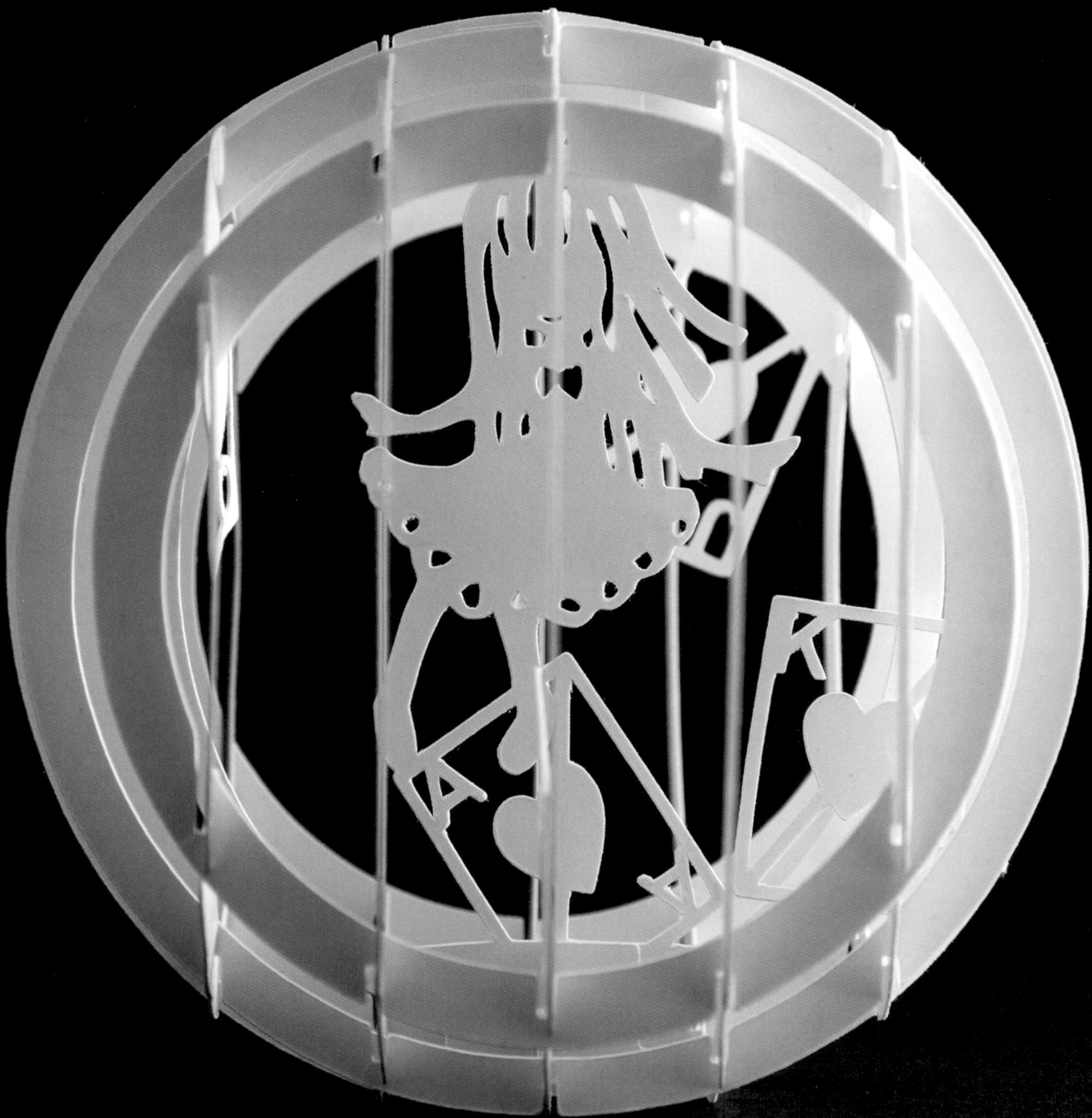

Nach dem Zusammenfalten werden bei diesem Entwurf einige Spielkarten sichtbar.

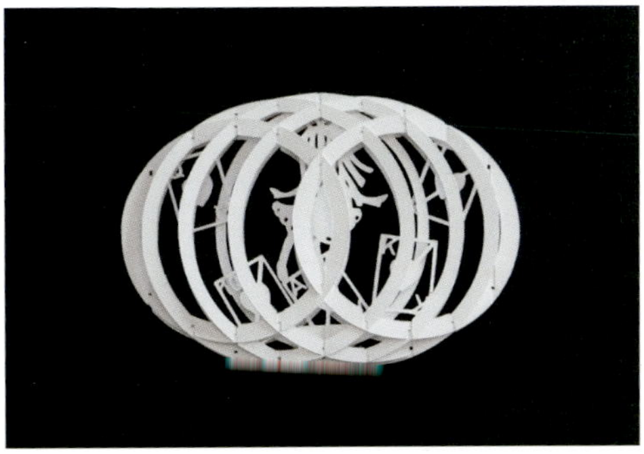

Seitenansicht

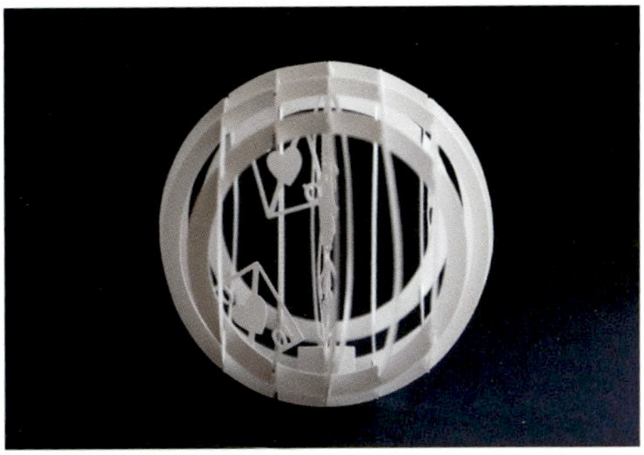

Hier sieht man deutlich, wie schön Kugelformen sein können.

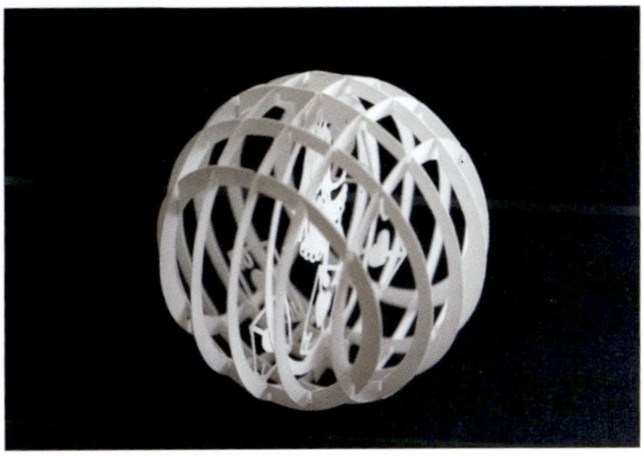

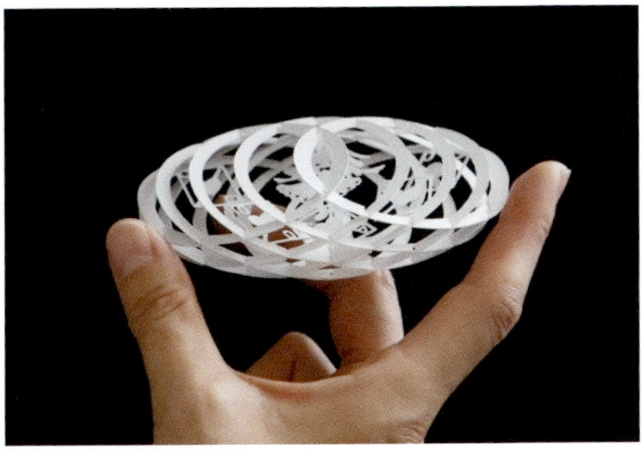

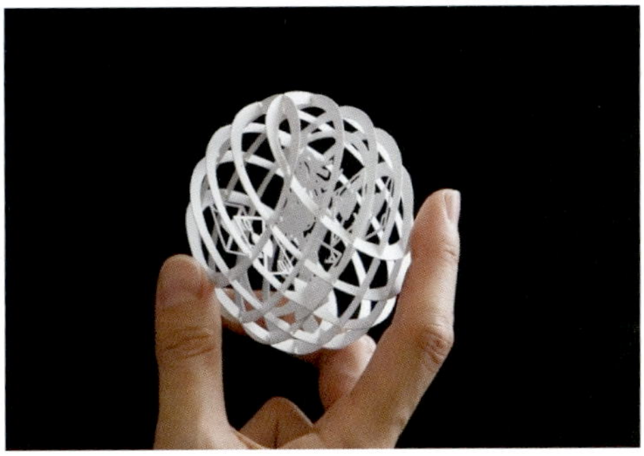

Drücken Sie seitlich auf die Ringe, damit sich eine Kugel bildet. Achten Sie dabei darauf, die feinen Ringe nicht zu knicken.

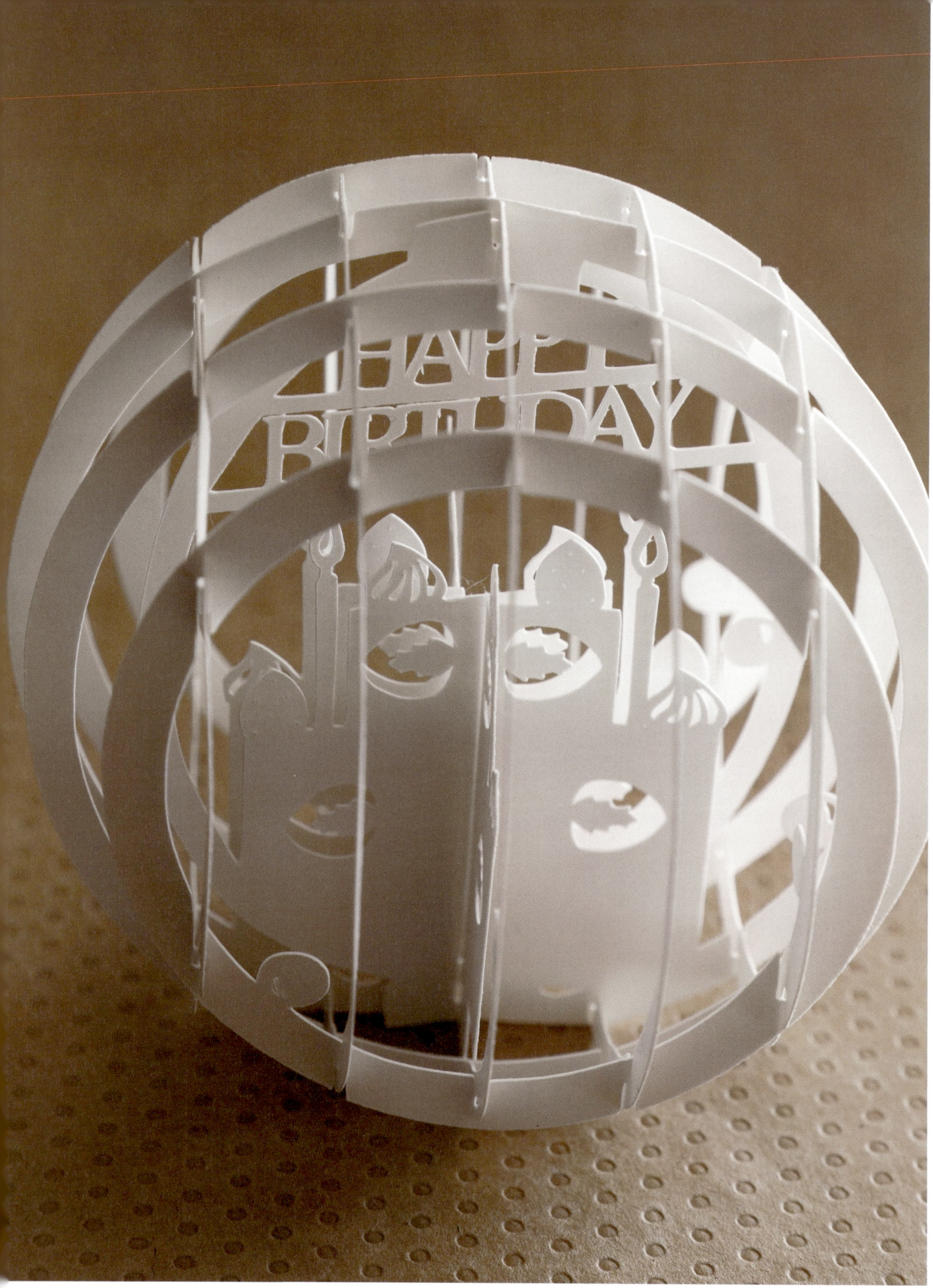

Happy Birthday

Aus diesem Winkel sieht die Karte wie eine dreidimensionale Geburtstagstorte aus. Das Motiv ist dasselbe wie bei den anderen Geburtstagskarten in diesem Buch, abgesehen von der Zahl und Anordnung der Ringe. So sieht die Karte immer wieder anders aus.

Vorlagen: S. 77, 86, 87, 111–116

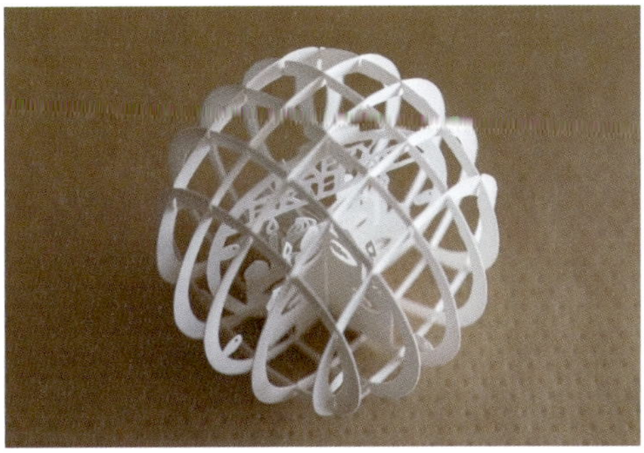

Die Ringe mit dem Tortenmotiv sind gekreuzt.

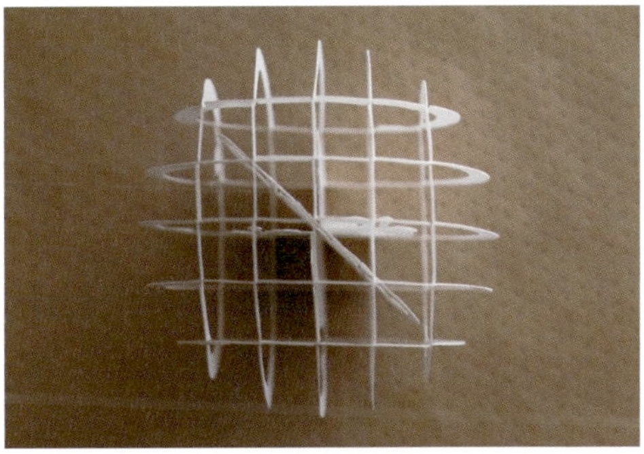

In der Mitte, wo weitere Ringe ein Gitter bilden, ist ein kleiner Ring eingesetzt.

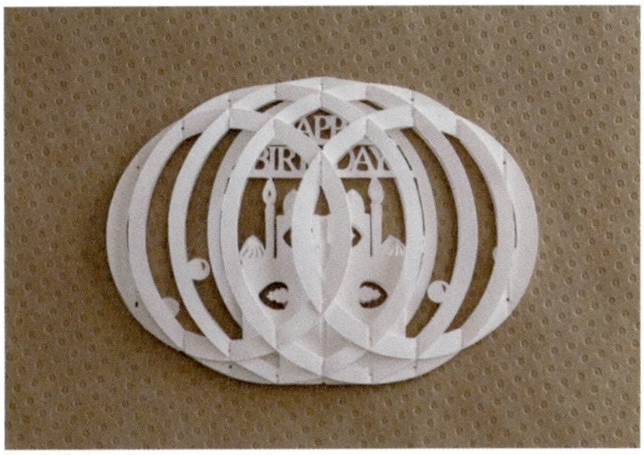

Wenn die überlappenden Ringe nach unten gefaltet werden, sieht die Kugel ganz einfach aus.

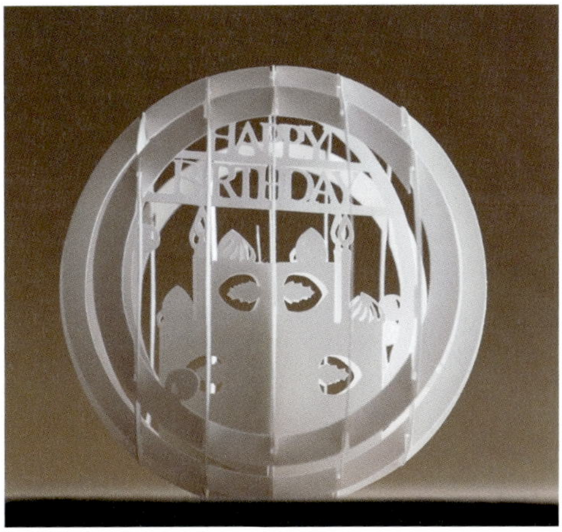

Die Tortenmotive befinden sich auf drei Ringen.

Befestigen der Kugel auf einer Karte

Durch das Befestigen einer Kugel auf einer Karte entsteht eine ausgefallene Pop-up-Karte. Basteln Sie zuerst die Kugel und nähen Sie sie dann mit einem Faden auf die Karte. Nur mit einer aufklappbaren Kugel kann eine solche Karte entstehen.

Anleitung: S. 44

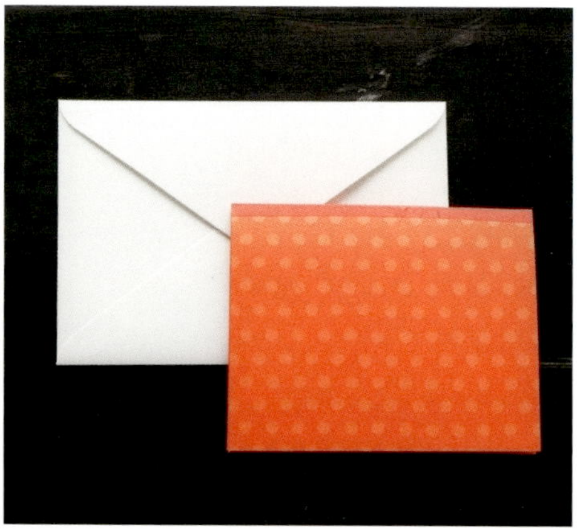

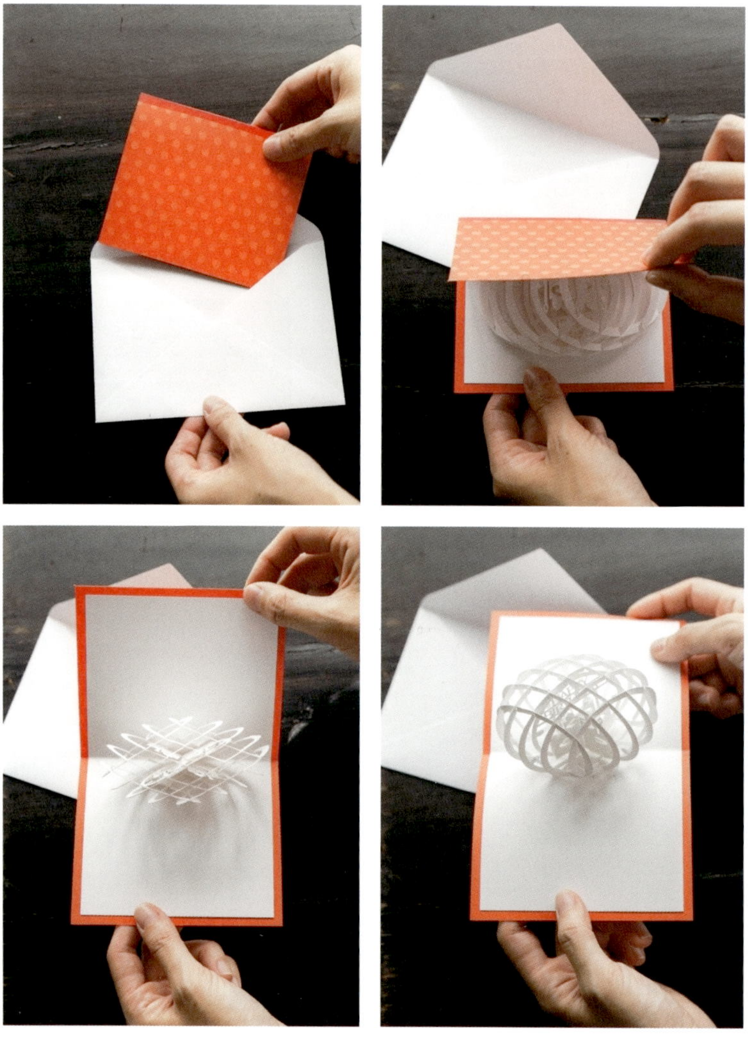

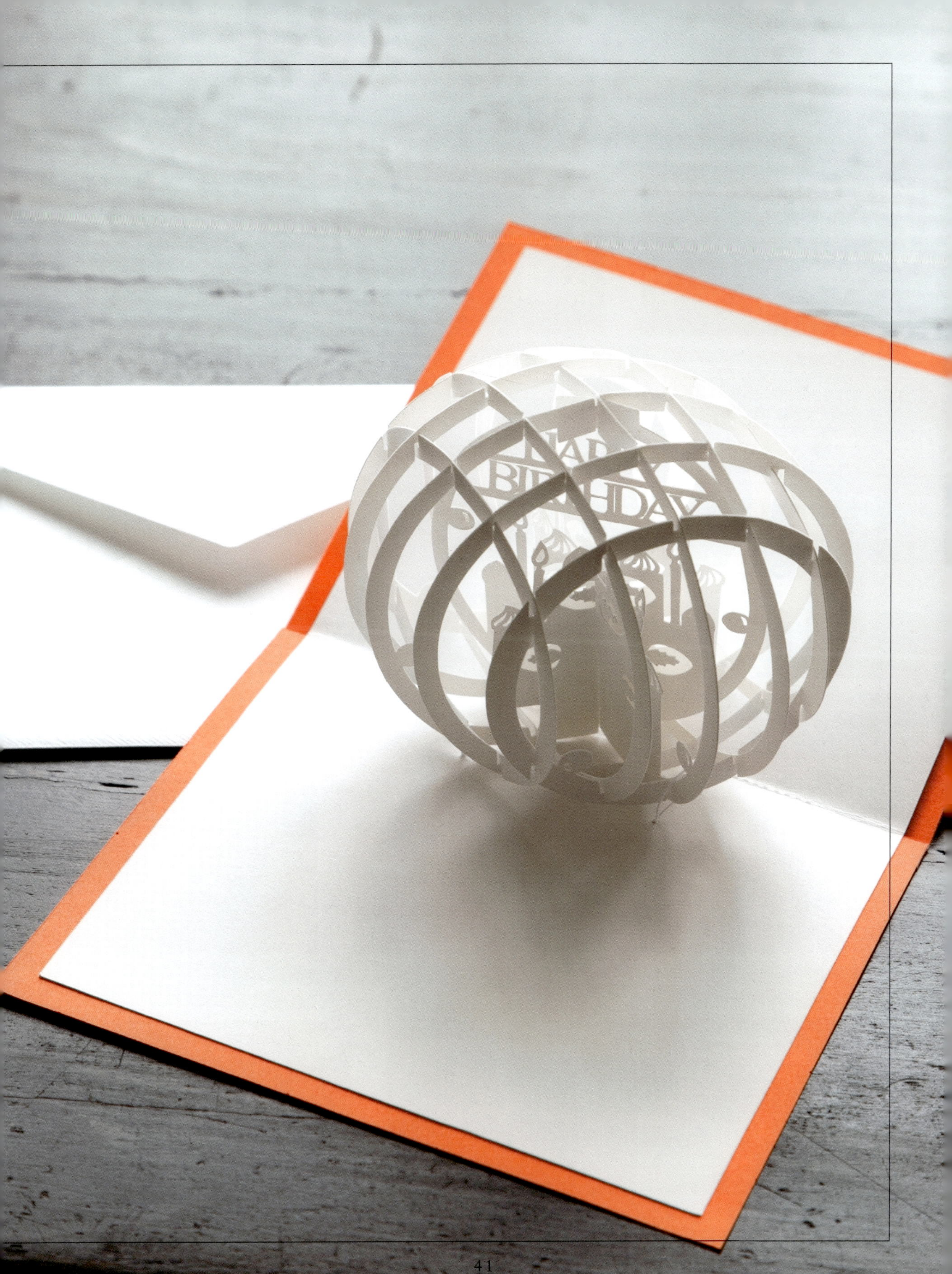

Anleitung: Mittelgroß 2

Für diese Größe brauchen Sie mehr Ringe, aber das Zusammensetzen läuft genauso ab wie bei den anderen Größen. Ein bewegliches Motiv wird in der Mitte eingesetzt. Die Ringe sind schmal und knicken leicht, also arbeiten Sie vorsichtig.

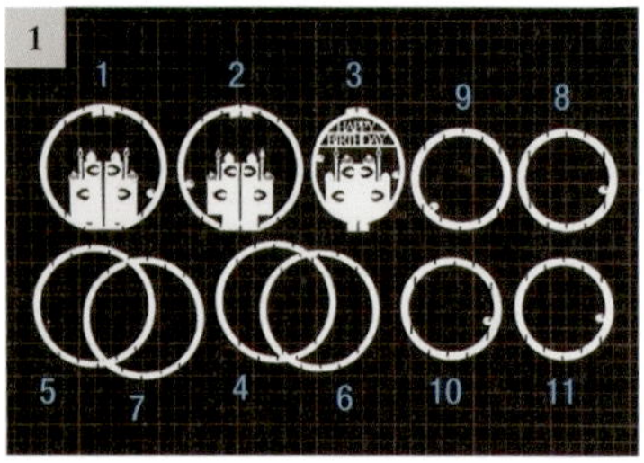

Sie benötigen elf Ringe. Der Motivring kommt in die Mitte des Gitters, die aus fünf senkrecht und waagerecht eingesetzten Ringen besteht. Kreuzen Sie Ringe 1 und 2 für die Mitte des Gitters. Ringe 4 bis 11 umschließen die Mitte. Ring 3 ist das Motiv in der Mitte.

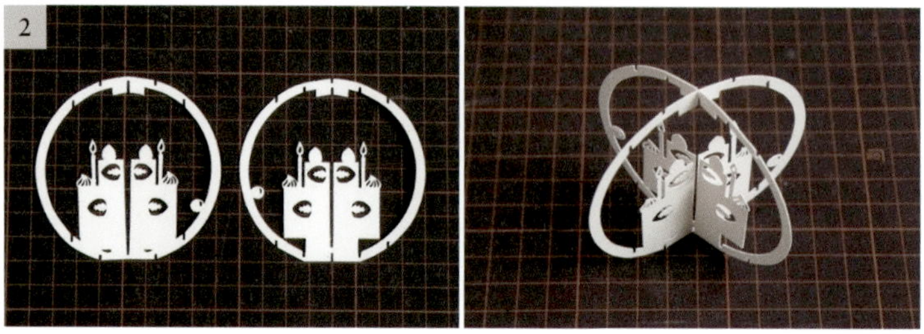

Stecken Sie die Ringe 1 und 2 an den entsprechenden Kerben zusammen.

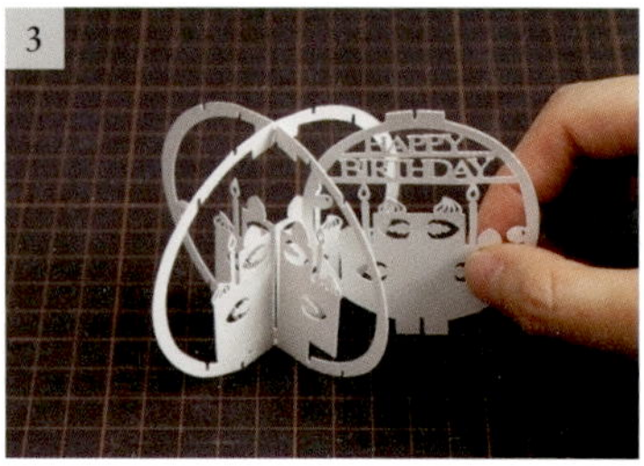

Als nächstes fügen Sie Ring 3 mit den Motiven hinzu. Diese Motive bilden die Mitte der Kugel.

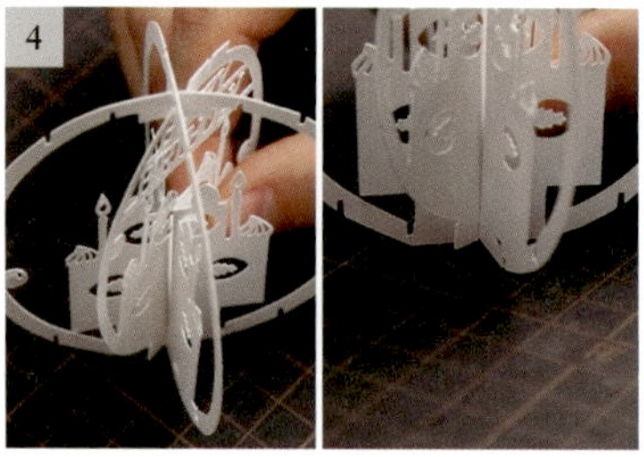

Stecken Sie Ring 3 zwischen die Ringe 1 und 2 und verbinden Sie die Kerben miteinander, um die Ringe zu stabilisieren.

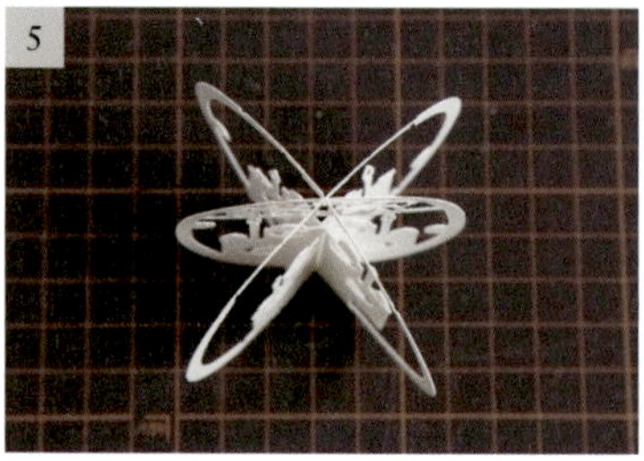

Blick von oben. Die Motive sind von jeder Seite gut zu erkennen.

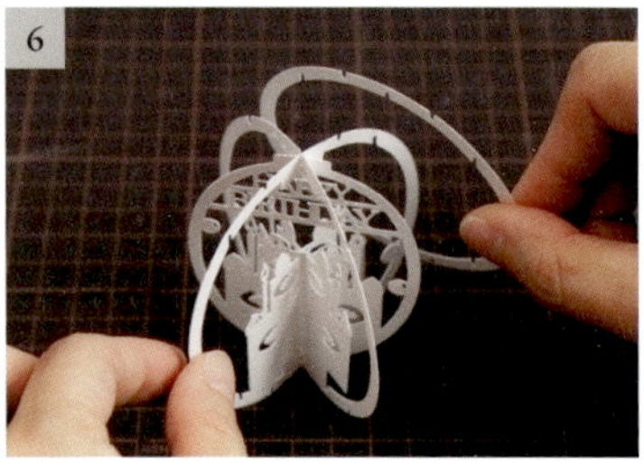

Setzen Sie Ring 4 parallel hinter Ring 2 ein.

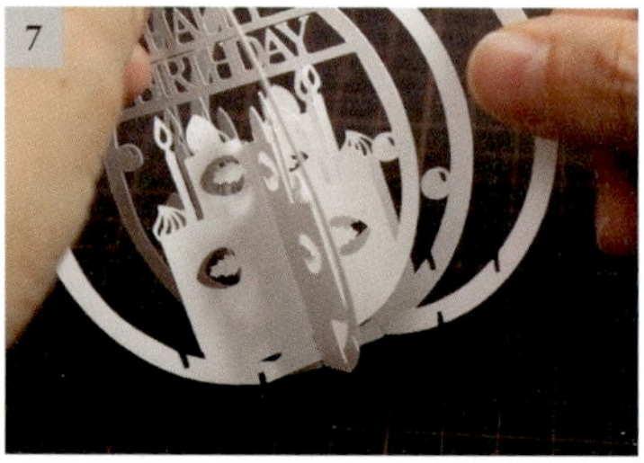

Verbinden Sie die Kerben fest miteinander. Achten Sie darauf, sie nicht zu knicken.

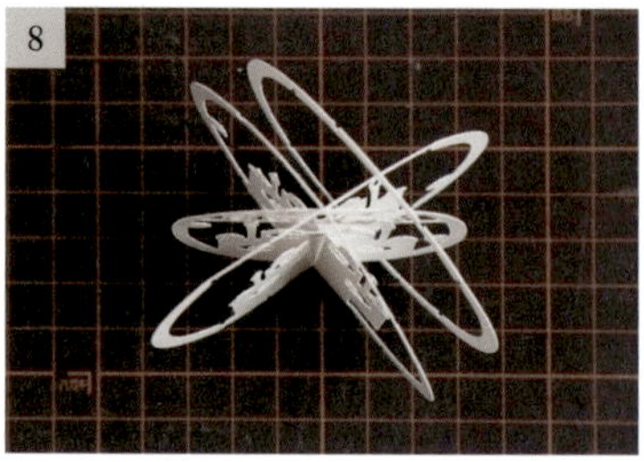

Blick von oben.

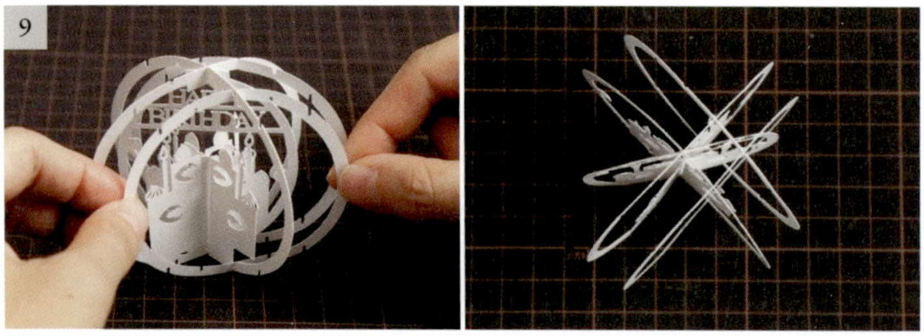

Setzen Sie Ring 5 parallel vor Ring 1 ein. Stecken Sie die oberen und unteren Kerben zusammen. Verbinden Sie sie dann mit den benachbarten Ringen.

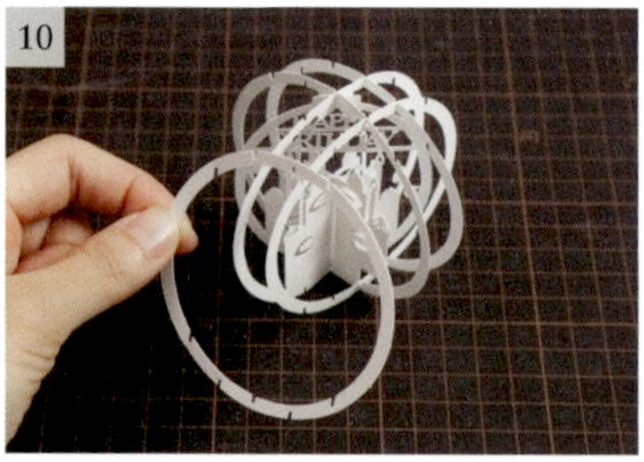

Setzen Sie Ring 6 parallel vor Ring 2 ein.

11

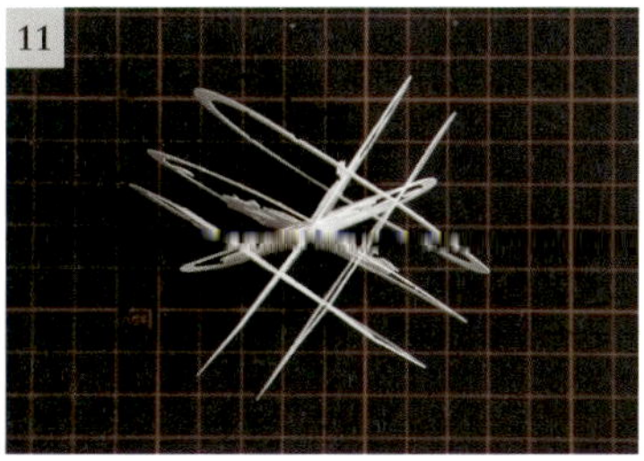

Blick von oben. Die Zahl der zusammengesetzten Ringe wächst.

12

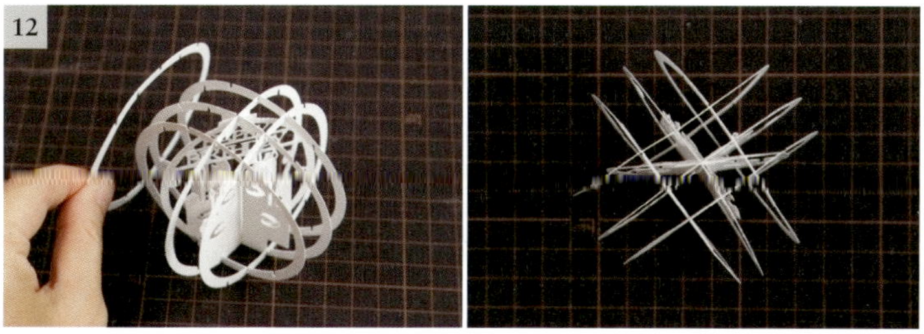

Setzen Sie Ring 7 parallel hinter Ring 1 ein. Je drei Ringe sind nun senkrecht und waagerecht mit einem Gitter verbunden.

13

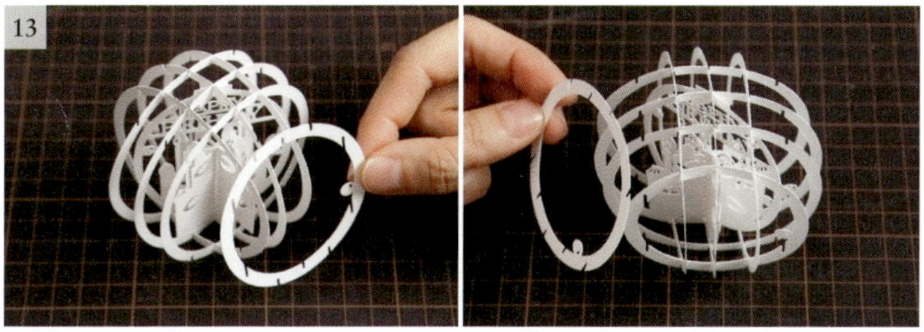

Vier kleine Ringe, Ringe 8 bis 11, sind noch übrig. Setzen Sie Ring 8 parallel vor Ring 1 und Ring 9 parallel vor Ring 2 ein.

14

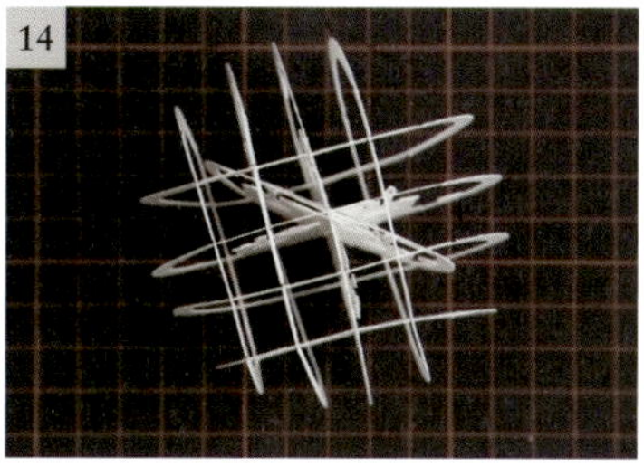

Blick von oben.

15

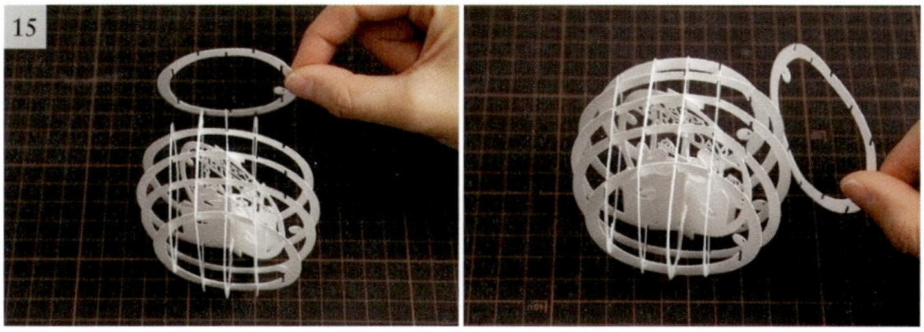

Setzen Sie Ring 10 parallel hinter Ring 1 und Ring 11 parallel hinter Ring 2 ein. Die Ringe 8 bis 11 können Sie umgedreht einsetzen und beliebig platzieren.

16

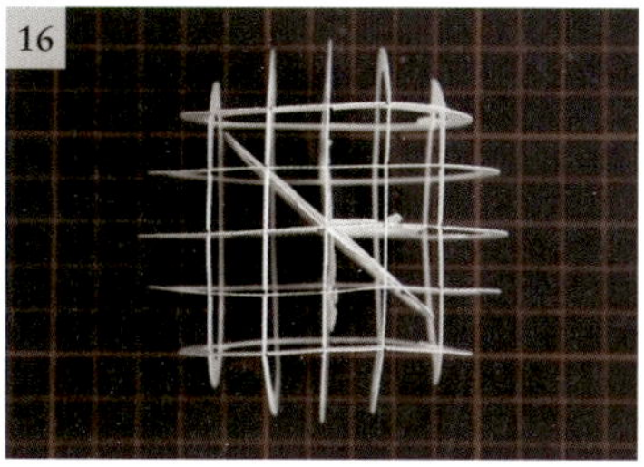

Alle Ringe sind nun zusammengesetzt.

17

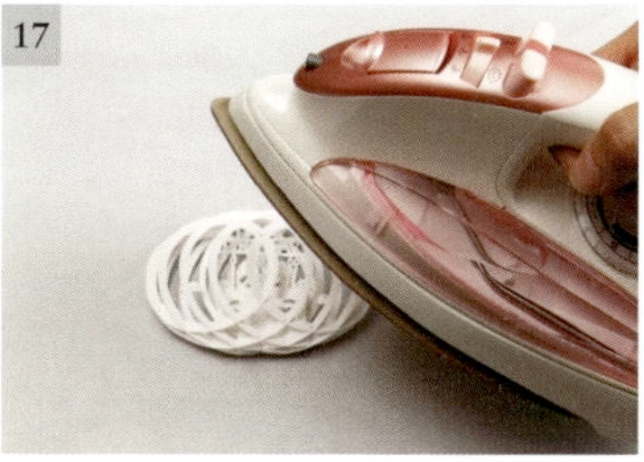

Bügeln Sie das Papier kurz auf höchster Stufe, damit es fest und glatt wird.

18

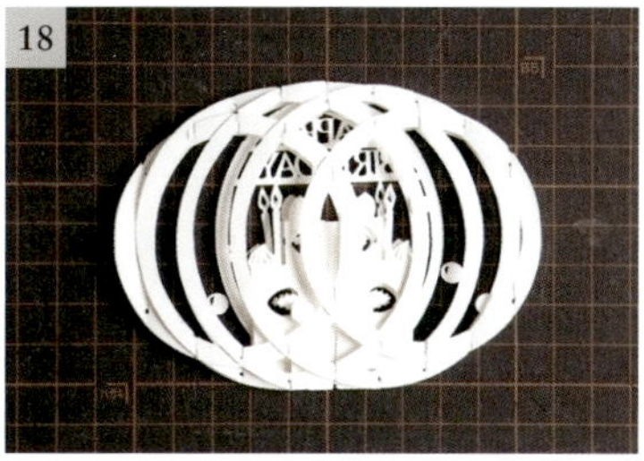

Fertig.

Setzen Sie die in der Mitte gekreuzten Ringe, das zentrale Motiv und das äußere Gitter zusammen (Reihenfolge beliebig). Die äußersten Ringe befestigen Sie zuletzt. Den äußersten Ring können Sie beliebig einsetzen. Sie können die Kugel nach vorne oder seitlich ausrichten. Zu beachten ist lediglich, dass die Buchstaben der Motive nicht auf dem Kopf stehen.

Anleitung: Befestigen der Kugel auf einer Karte

Dieses Kapitel enthält eine Anleitung zum Befestigen der Kugel in Mittelgroß 2 auf einer Karte. Beim Öffnen der Karte stellt sich die Kugel auf.

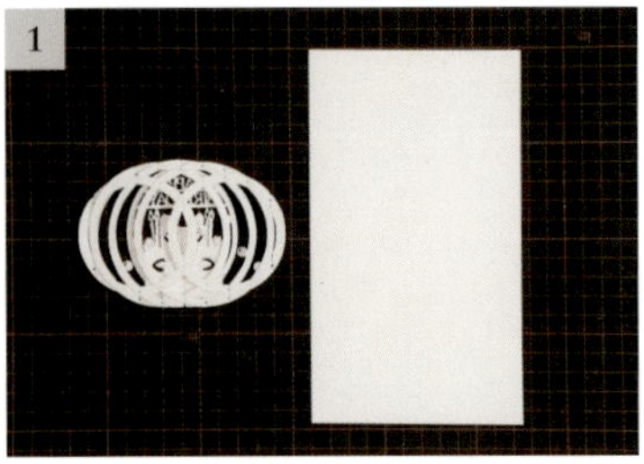

Legen Sie eine Kugel in Mittelgroß 2 und eine 11,5 x 19,5 cm große Karte bereit. Die Kugel passt auf die angegebene Kartengröße. Die Papierqualität ist nicht entscheidend, nur das Maß muss stimmen.

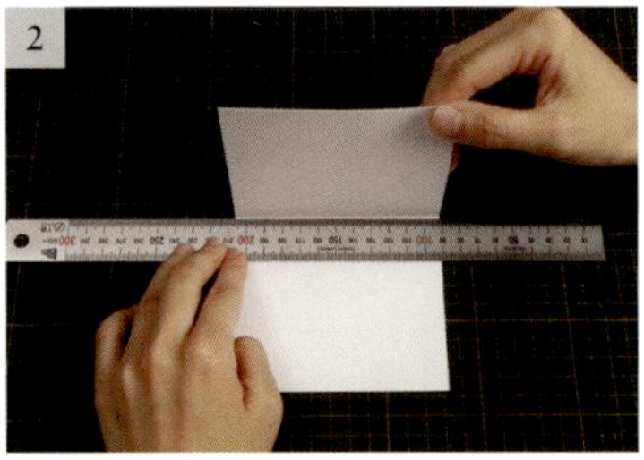

Falten Sie die Karte in der Mitte und ziehen Sie mit einem Lineal eine Falzlinie.

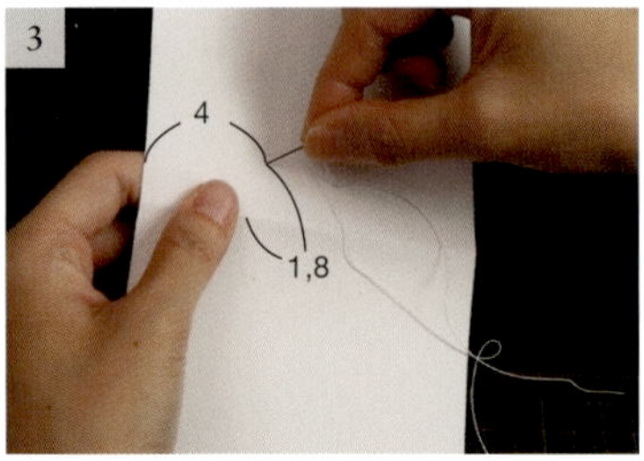

Nehmen Sie Nadel und Faden und stechen Sie 4 cm vom Kartenrand und 1,8 cm oberhalb der Mittellinie von außen in die Karte.

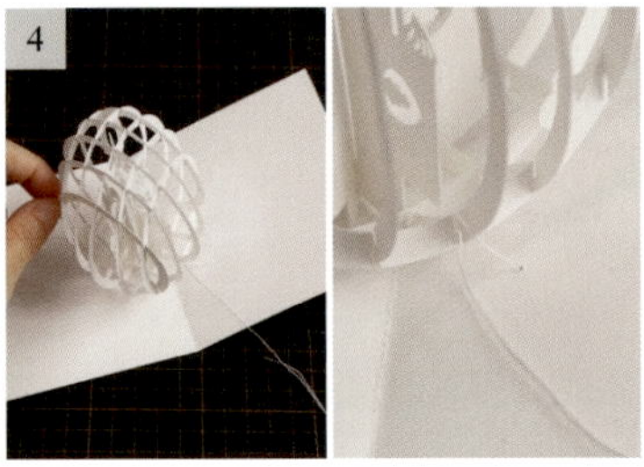

Führen Sie den Faden dort in die Kugel ein, wo der mittlere und der äußerste Ring sich kreuzen. Dann führen Sie die Nadel wieder durch dasselbe Loch nach außen.

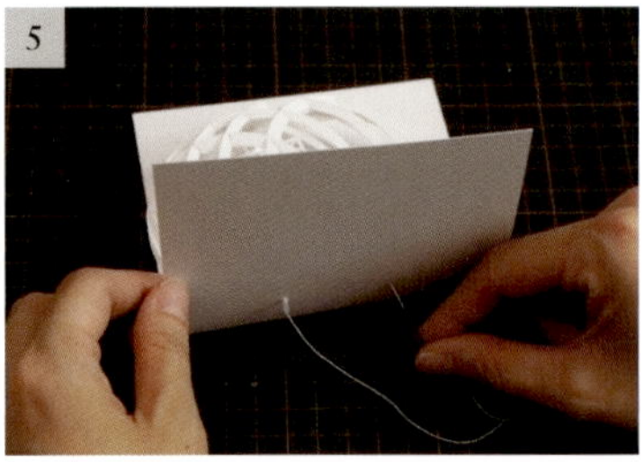

Nun stechen Sie ohne den Faden abzuschneiden 4 cm vom gegenüberliegenden Kartenrand 1,8 cm oberhalb der Mittellinie erneut ein.

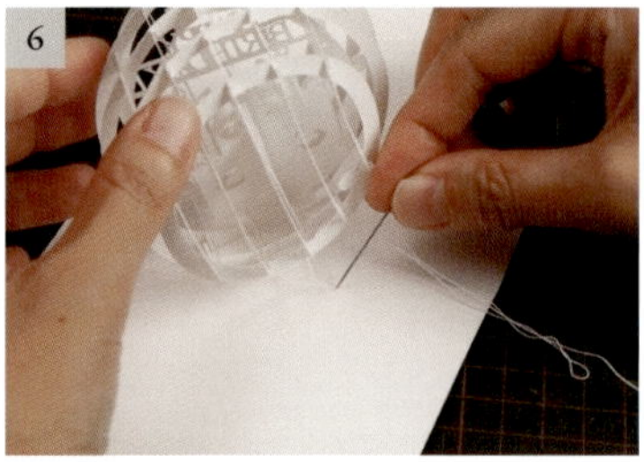

Führen Sie die Nadel wie in Schritt 4 durch und stechen Sie sie dann wieder zurück. Verknoten Sie das Fadenende.

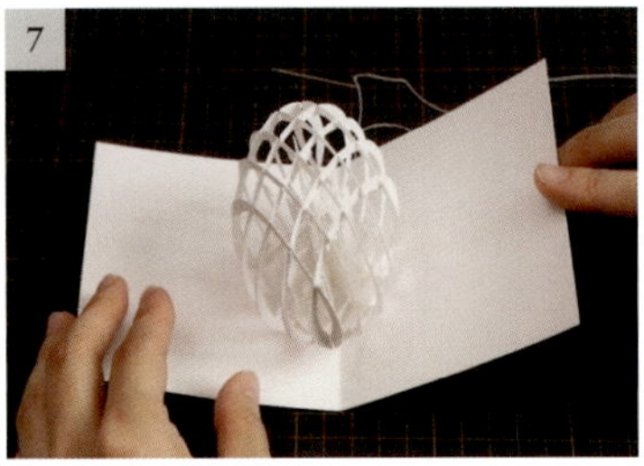

Falten Sie die Karte und kontrollieren Sie, ob alles an der richtigen Stelle ist.

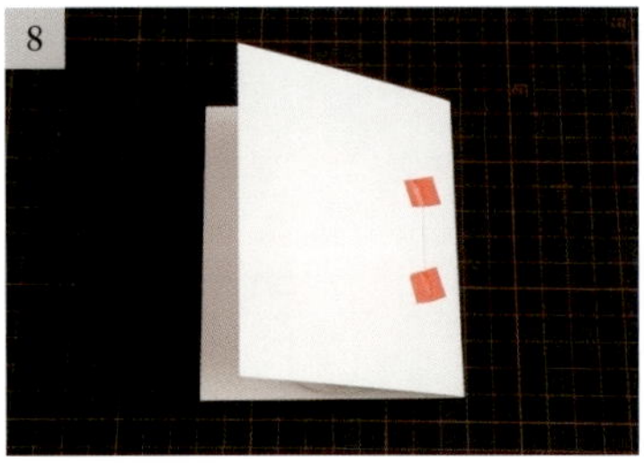

Befestigen Sie den Faden mit Klebeband, damit er sich nicht lockert.

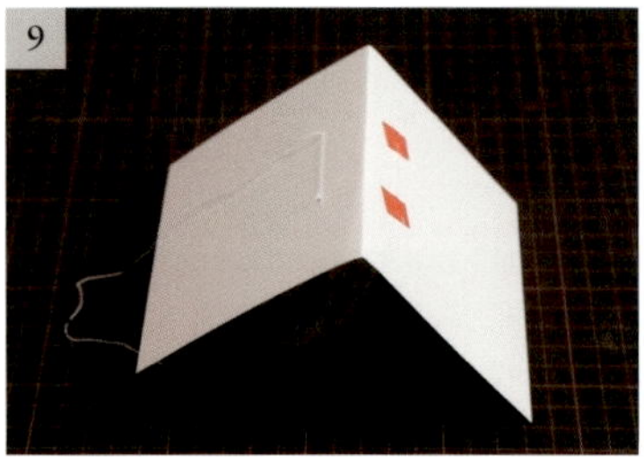

Wiederholen Sie den Vorgang auf der anderen Kartenseite. Falten Sie die Karte und öffnen Sie sie, um zu sehen, ob die Kugel leicht aufspringt. Wenn alles klappt, befestigen Sie den Faden zum Schluss mit Klebeband.

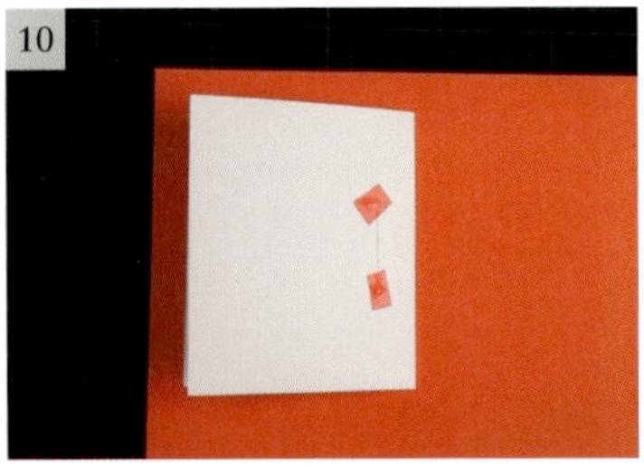

Falten Sie die Karte und tragen Sie auf der Rückseite Klebstoff auf. Legen Sie die Karte auf die Rückseite eines Dekopapiers. Lassen Sie um die Karte einen breiten Rand frei.

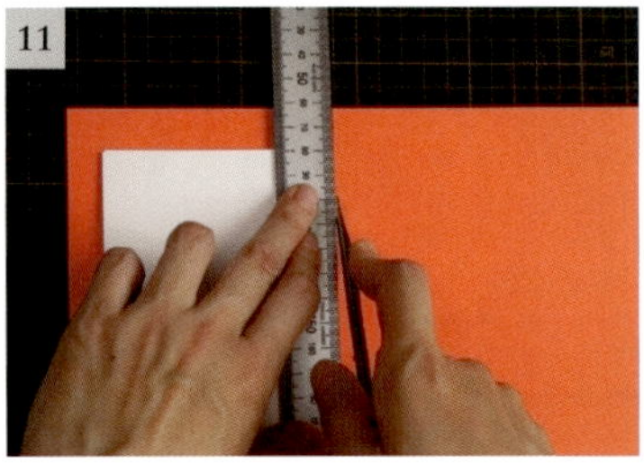

Schneiden Sie das Dekopapier am Falzrand der Karte entlang.

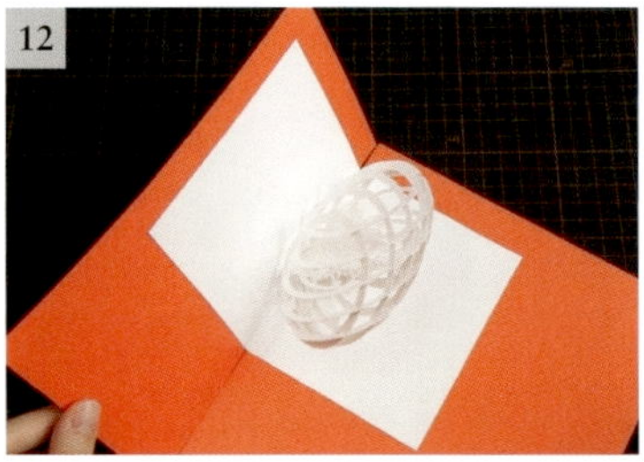

Tragen Sie nun auch auf der anderen Kartenseite Klebstoff auf. Legen Sie das Dekopapier auf die Karte und richten Sie es dabei am Falzrand aus.

13

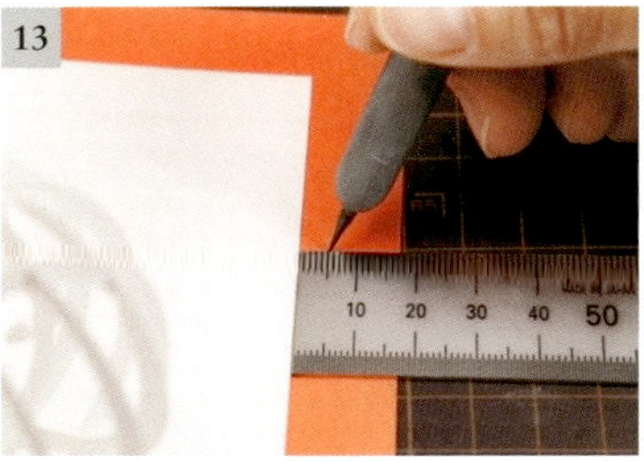

Schneiden Sie die Ränder des Dekopapiers zu. Markieren Sie mit einem Stift einen Abstand von 5 mm vom Kartenrand.

14

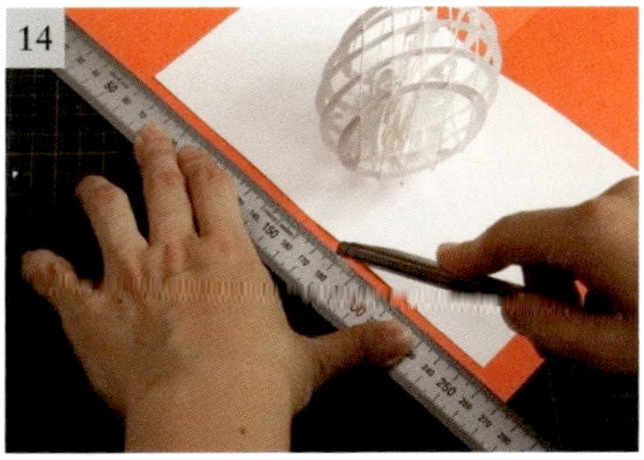

Schneiden Sie das Dekopapier mit einem Bastelmesser zu.

15

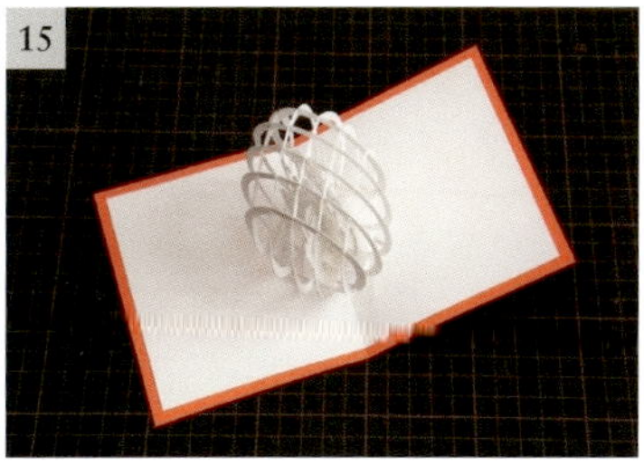

Der Dekoeinband ist festgeklebt. Ziehen Sie die Falzlinie nach, denn der Dekoeinband reicht nicht über die Falzlinie hinaus.

16

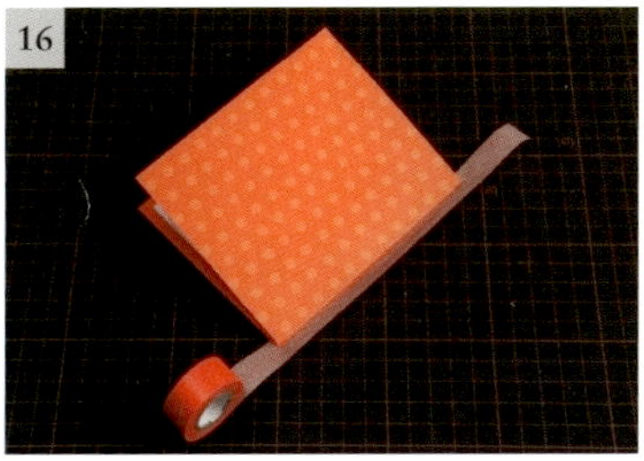

Legen Sie farbiges Klebeband bereit und platzieren Sie die Falzlinie in der Mitte des Klebebands. Dann schlagen Sie das Band auf beiden Seiten um, sodass um die Falzlinie eine Art Buchrücken entsteht.

17

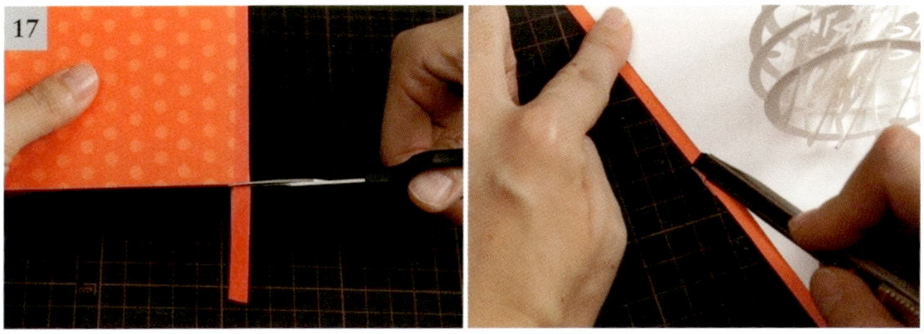

Die Karte bleibt zugeklappt. Schneiden Sie überstehendes Klebeband ab. Öffnen Sie die Karte und schneiden Sie die Ränder sauber zu.

18

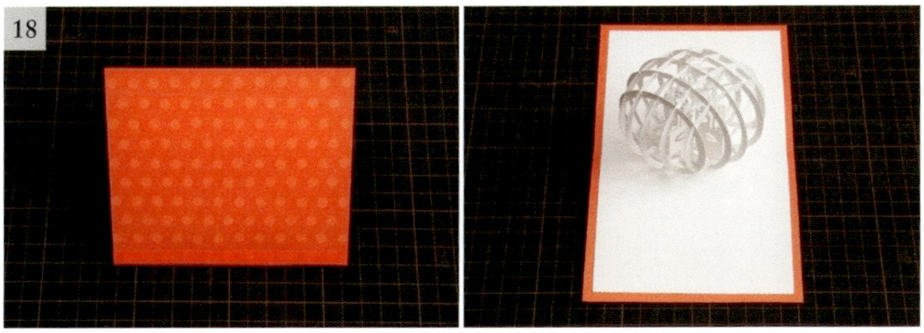

Fertig. Öffnen und schließen Sie die Karte, um sicherzugehen, dass die Kugel aufspringt.

KUGEL

Groß

Nun kommen wir zur größten Kugel. Der Durchmesser eines Rings beträgt 9,8 cm. Eine große Kugel besteht aus 22 Ringen, von denen vier mit einem Motiv versehen sind. Die Ringe sitzen dicht nebeneinander, sodass eine rundere und verspieltere Kugelform entsteht. Ein besonderer Eyecatcher ist die Öffnung an der Vorderseite, durch die man wie durch eine Tür ins Innere der Kugel blicken kann. Durch den Stopper bleibt die Kugelform trotz der vielen Ringe erhalten. Dieser Mechanismus wird nur bei der großen Kugel verwendet.

Anleitung: siehe S. 52

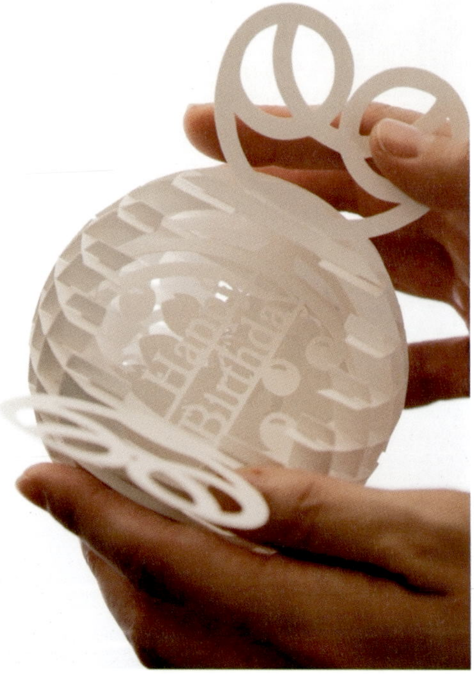

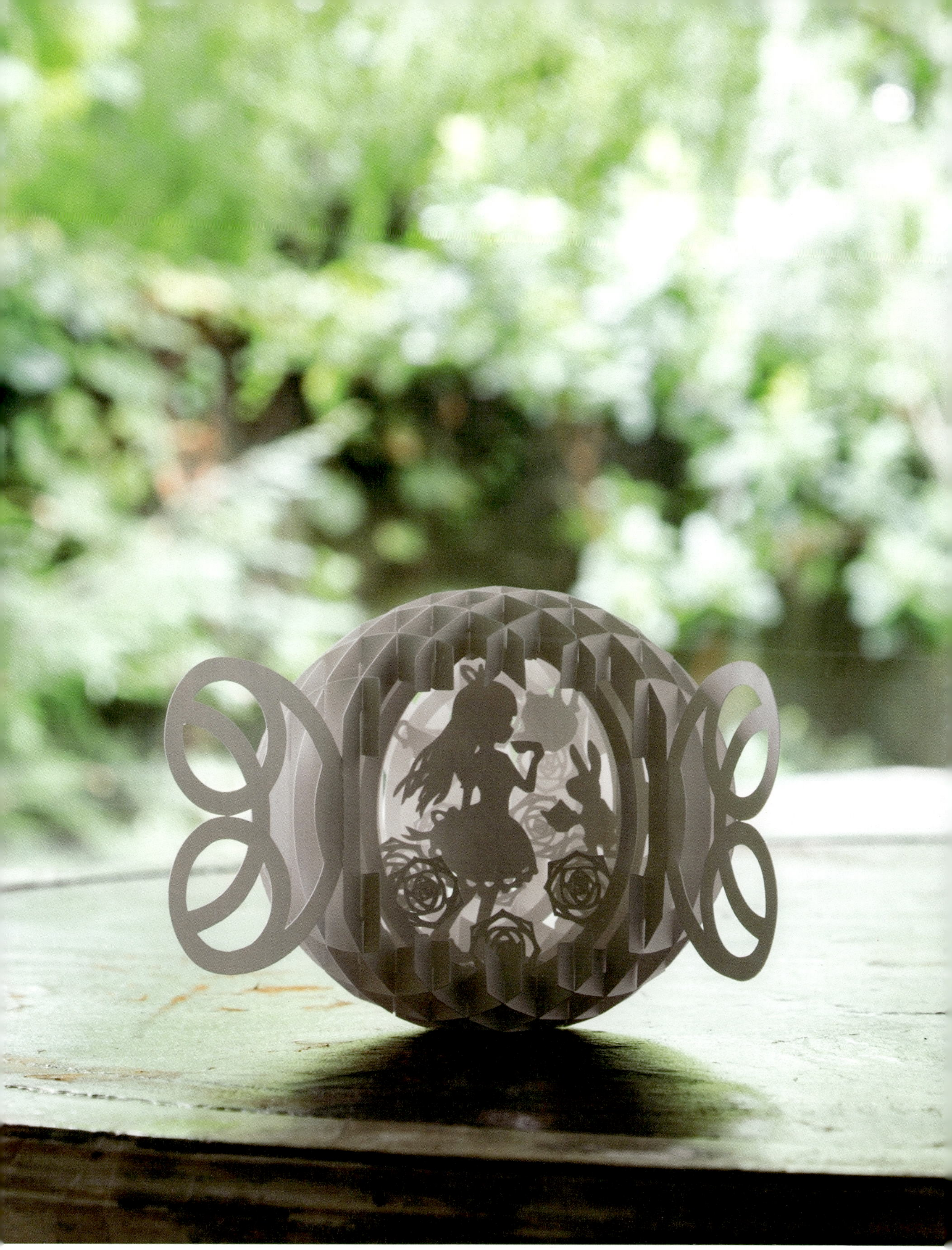

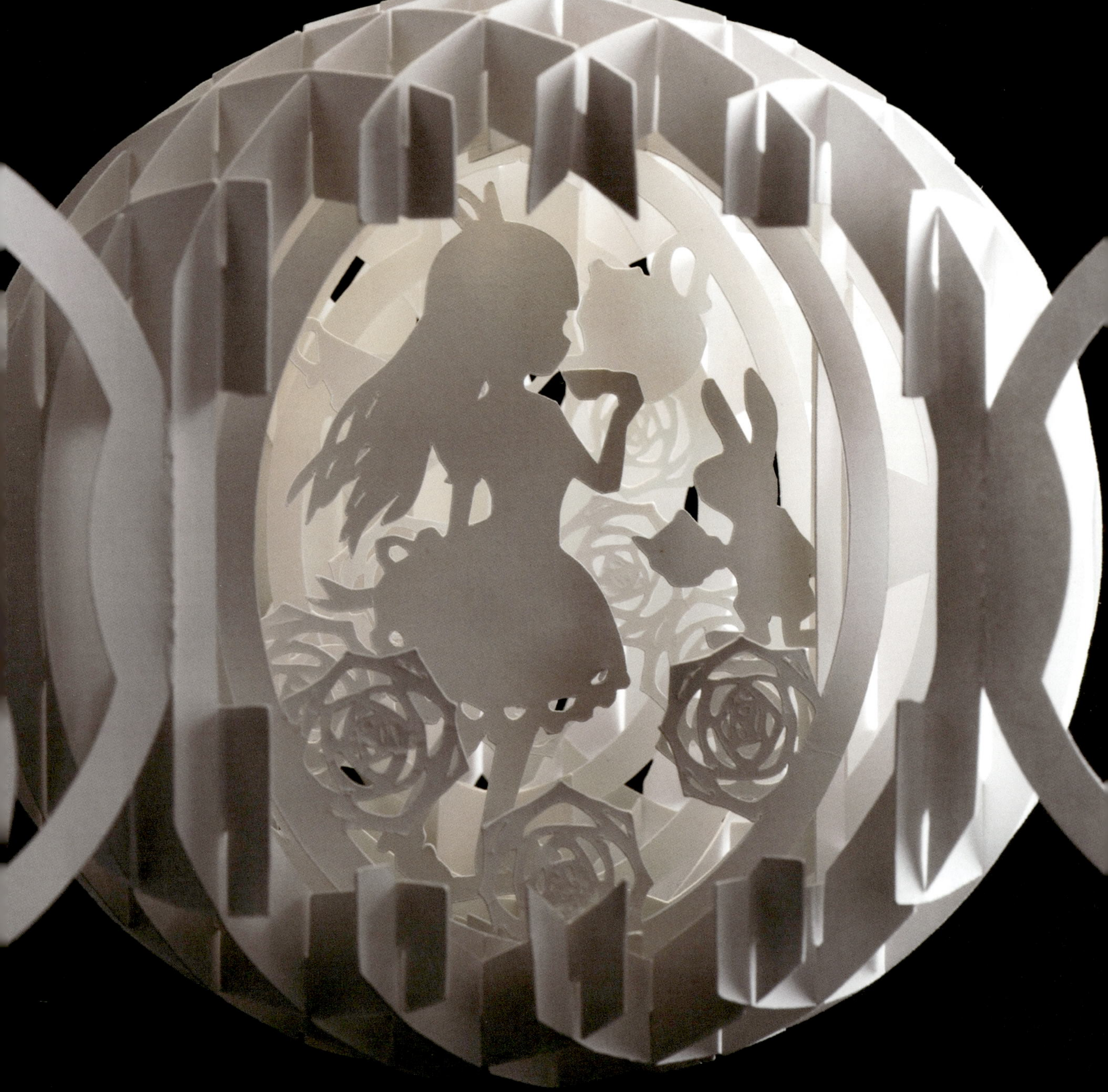

Tee mit Alice

Aus der Kugel von S. 34 wird hier eine große Kugel. Öffnen Sie die Tür und sehen Sie in die Kugel hinein. Der spannende Effekt erinnert an den Blick in ein Kaleidoskop.

Vorlagen: S. 88–93, S. 117–128

Die Ringe sind diagonal zusammengesetzt.

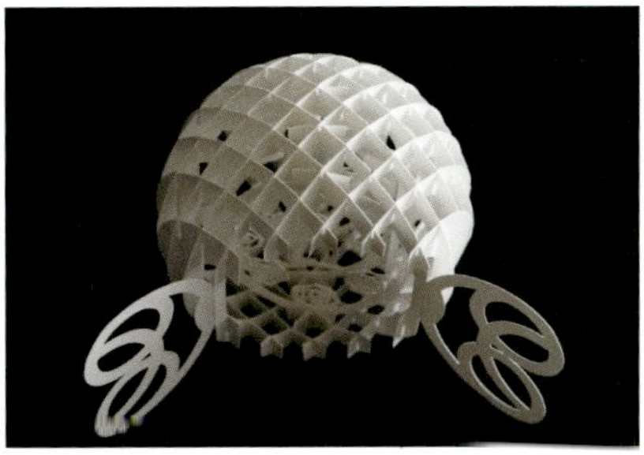

Dieses Modell sieht von allen Seiten wie eine Kugel aus, da es komplex ist und aus vielen Ringen besteht.

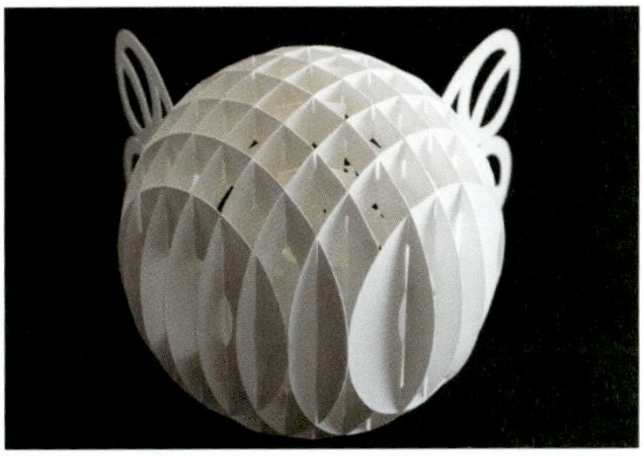

Erstaunlicherweise lässt sich die Kugel noch immer flach zusammenlegen.

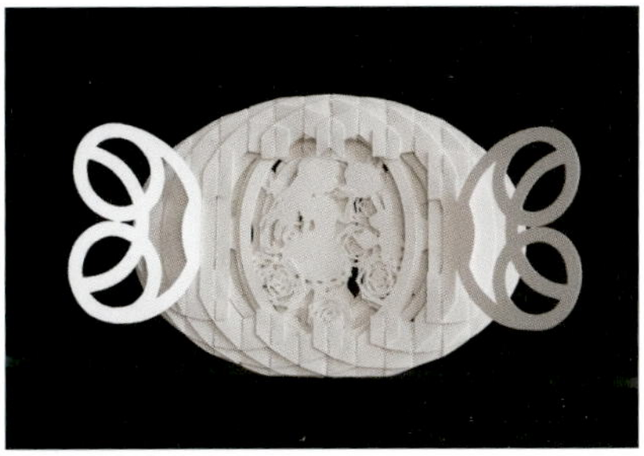

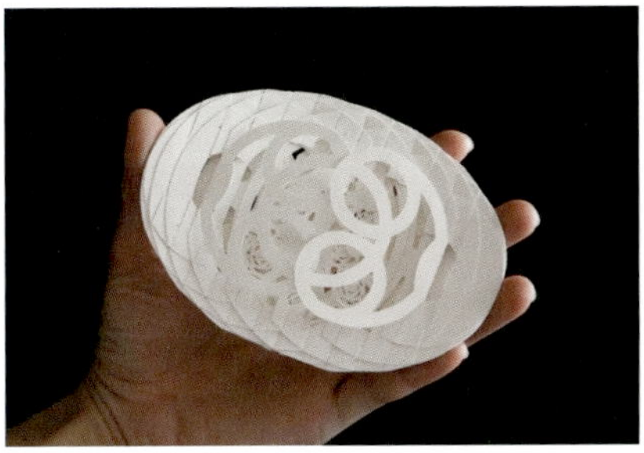

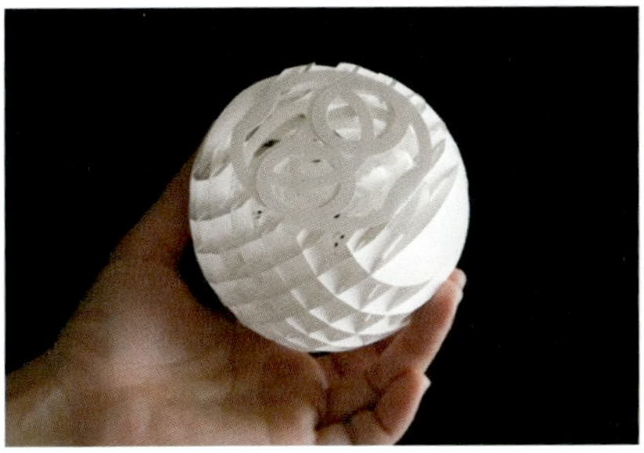

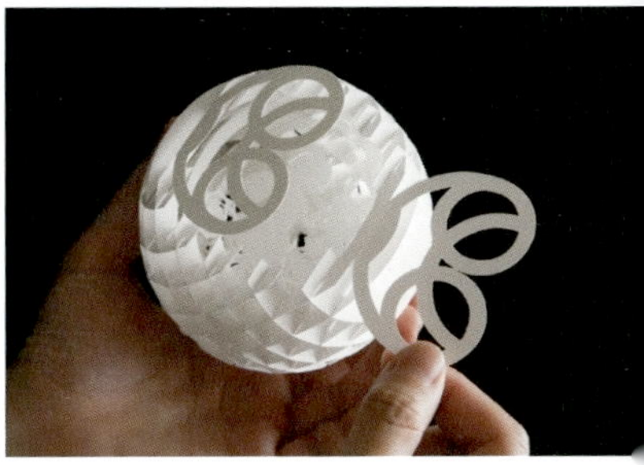

Um die Kugel zu formen, genügt es, auf die Seiten zu drücken. Denken Sie daran, die Tür zu öffnen!

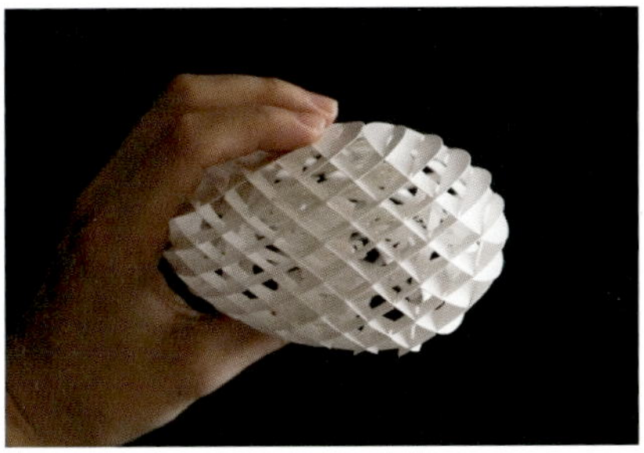

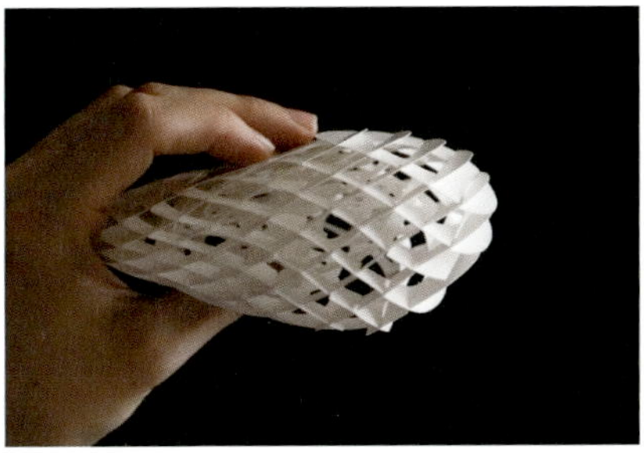

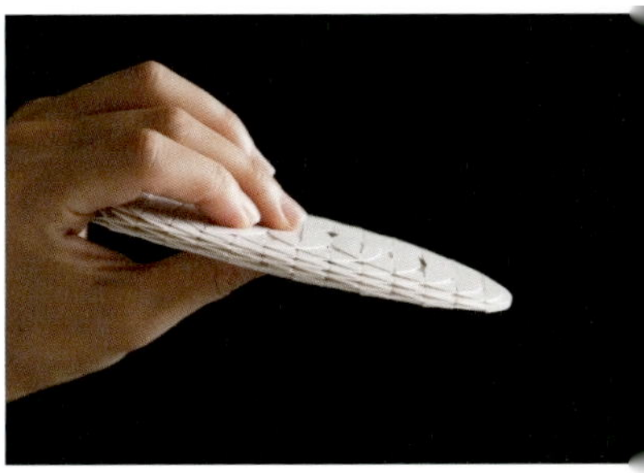

Wenn Sie die Kugel flach zusammenlegen möchten, schließen Sie die Tür und drücken Sie Ober- und Unterseite fest zusammen. So wird der Stopper deaktiviert, und die Kugel lässt sich wieder zusammenfalten.

Happy Birthday

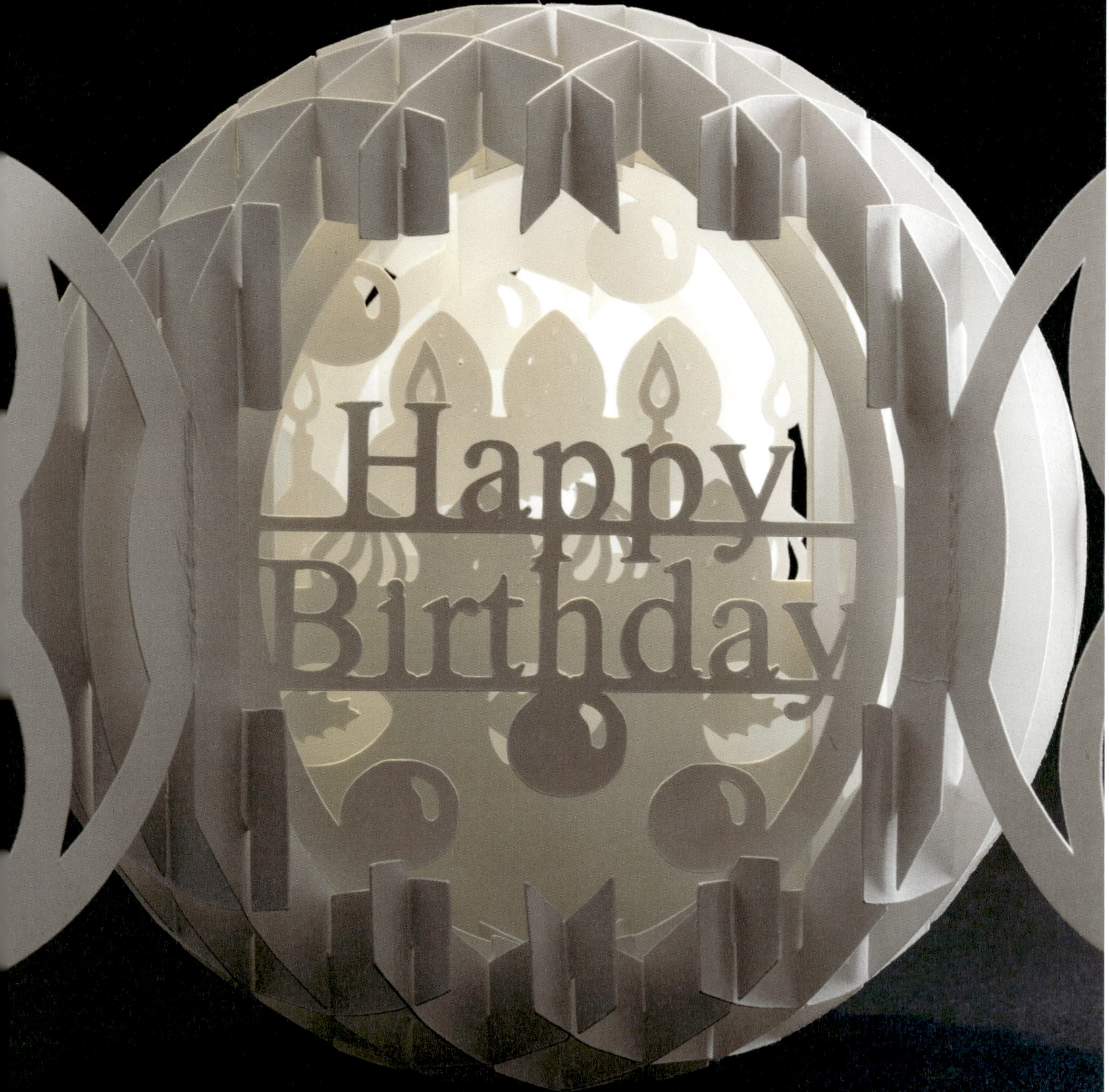

Das große Format eignet sich perfekt als Dekoration. Von hinten beleuchtet, sind die verschiedenen Motivschichten besonders gut zu sehen.

Vorlagen: S. 88–92, 94

Merry Christmas

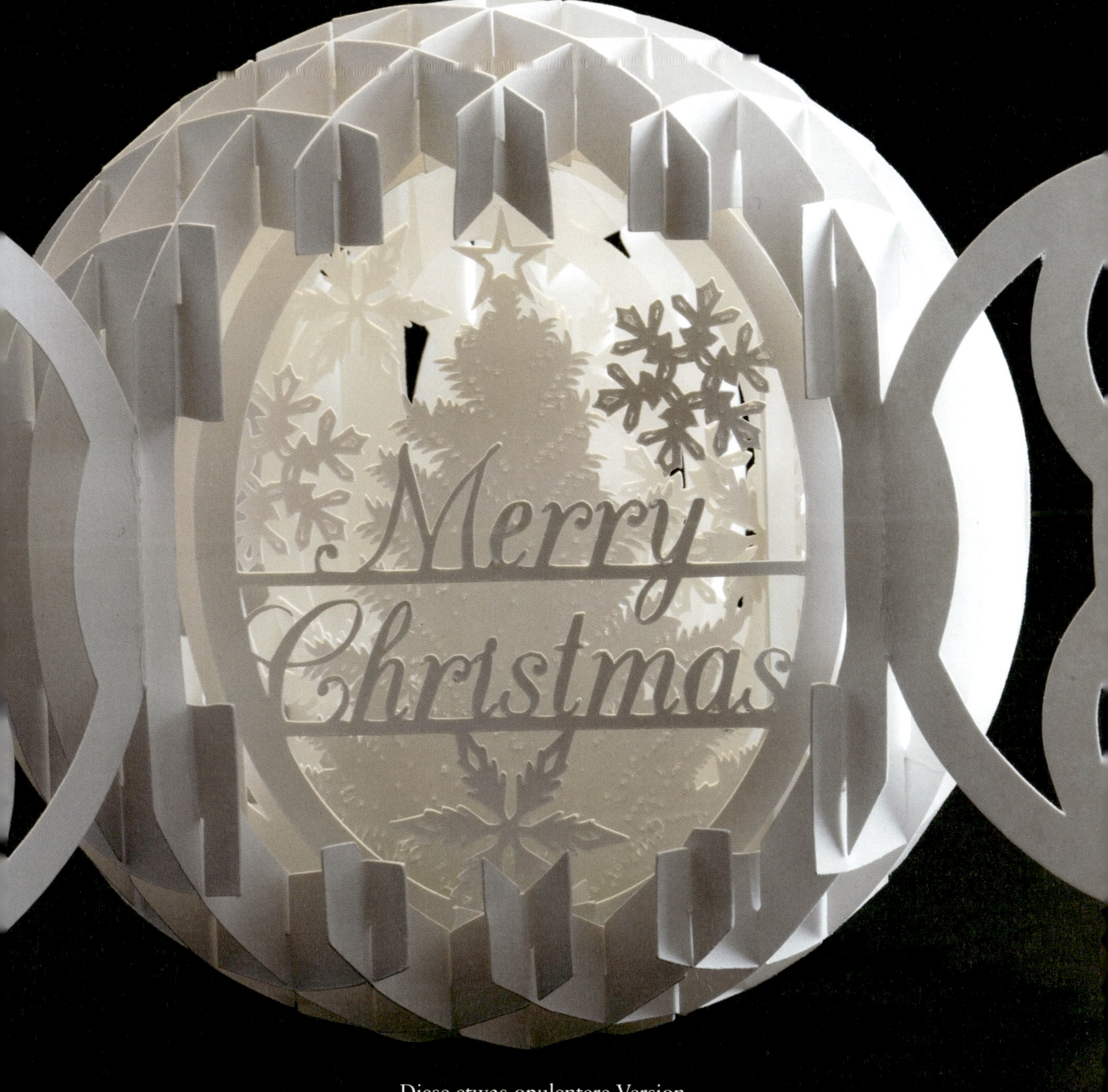

Diese etwas opulentere Version der Weihnachtskarte von S. 25 ruft sofort Bilder einer weißen Weihnacht hervor.

Vorlagen: S. 88–92, 95

Anleitung: Groß

Die Zahl der Ringe ist hier deutlich größer als bei den vorherigen Modellen, was die Kugel komplexer macht. Setzen Sie zunächst die Ringe zusammen, um eine Kugelform zu erhalten. Fügen Sie dann die Motivringe hinzu. Beim Zusammensetzen gehen Sie genauso vor wie bei den anderen Ringgrößen. Beginnen Sie mit der Mitte des Gitters und arbeiten Sie sich nach außen vo

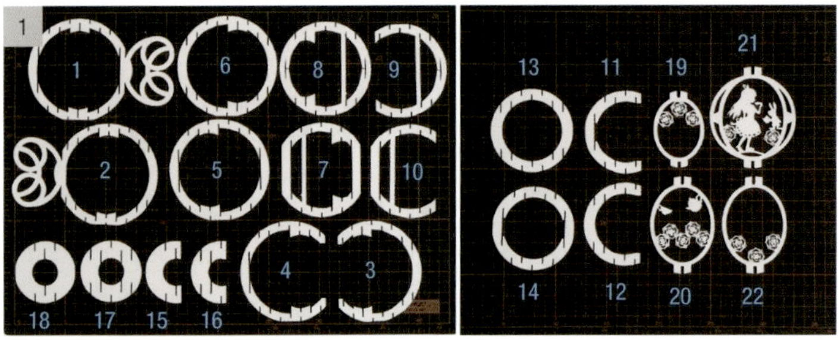

Sie benötigen 22 Ringe. Die Motivringe werden in der Mitte des diagonalen Gitters eingefügt, das aus neun senkrecht und waagerecht eingesetzten Ringen besteht. Die Tür wird an den Ringen 1 und 2 befestigt, die die Mitte des Gitters bilden. Die Ringe 19 bis 22 haben Motive.

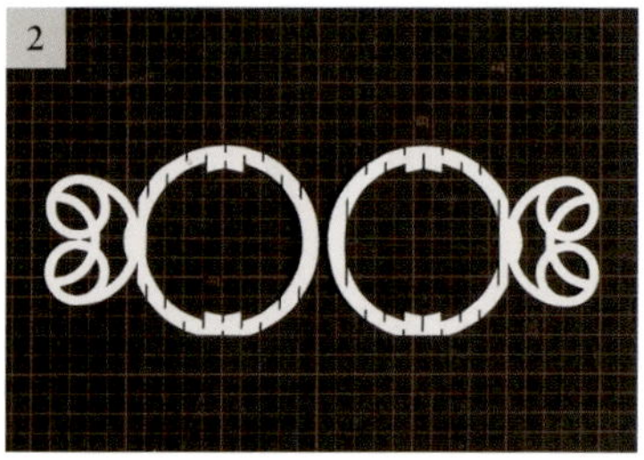

Legen Sie die Ringe 1 und 2 bereit.

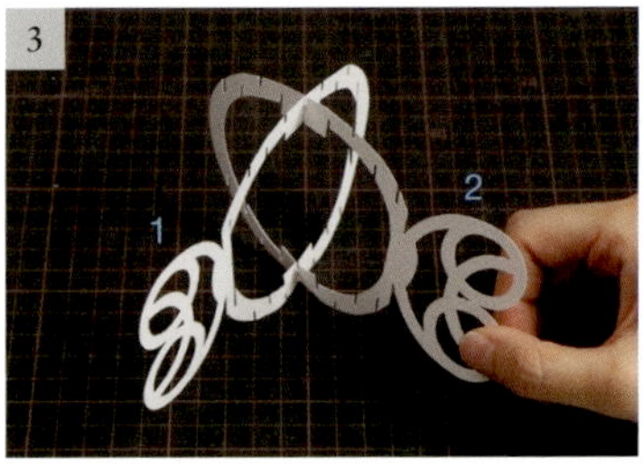

Fügen Sie sie so zusammen, dass die Tür nach vorn zeigt.

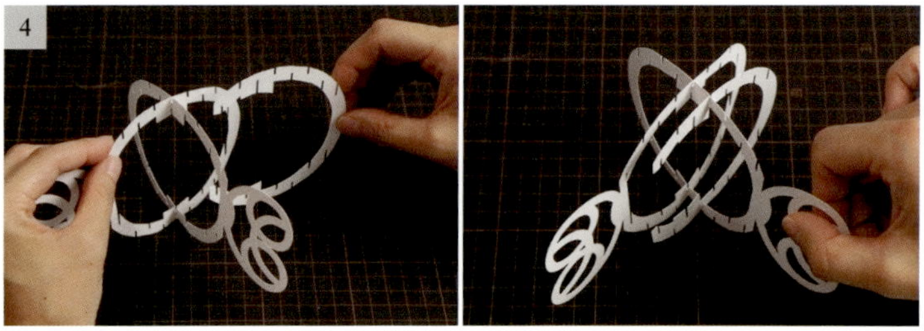

Setzen Sie Ring 3 vor Ring 1 so ein, dass der offene Teil des Rings nach außen zeigt.

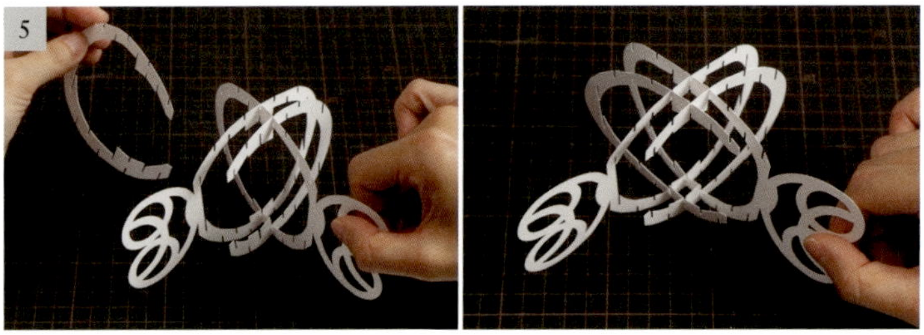

Setzen Sie Ring 4 vor Ring 2 ein, wobei der offene Teil des Rings nach außen zeigt.

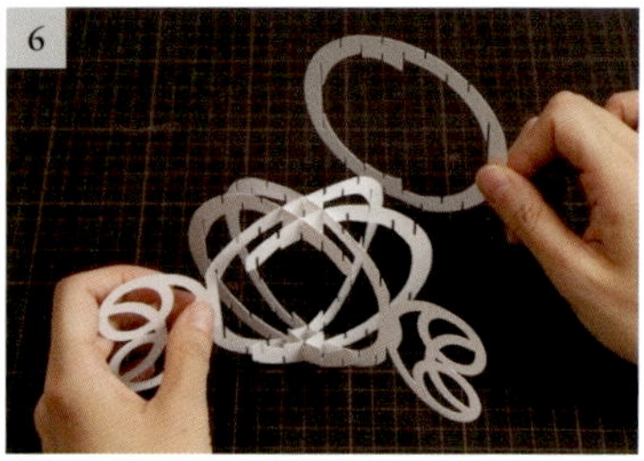

Setzen Sie Ring 5 hinter Ring 2 ein, wobei die herausstehende Kerbe nach unten zeigt.

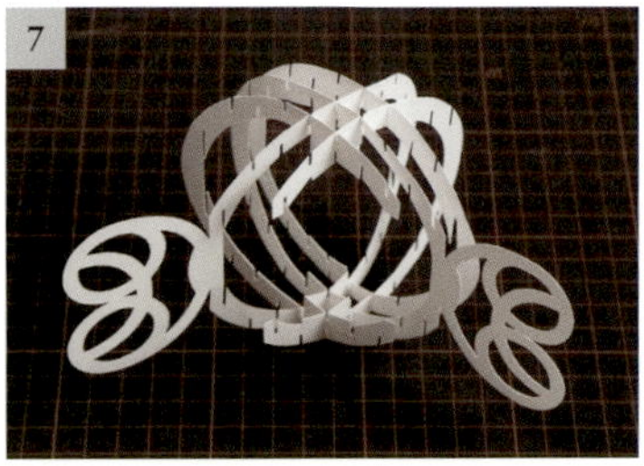

Sind die Ringe zusammengesetzt, sollte eine stabile Kugel entstanden sein.

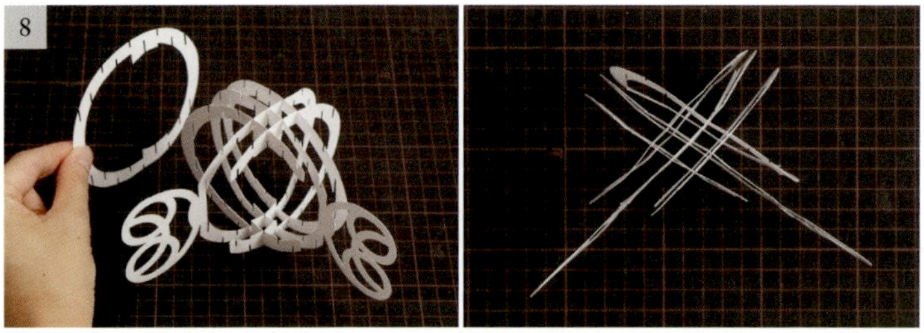

Setzen Sie Ring 6 hinter Ring 1 mit der herausstehenden Kerbe nach unten ein. Nun sind in beiden diagonalen Richtungen je drei Ringe zusammengesetzt.

9

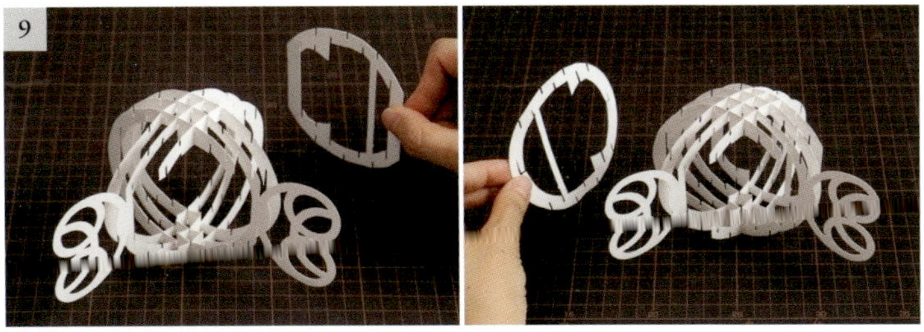

Setzen Sie Ring 7 hinter Ring 5 und Ring 8 hinter Ring 6 ein. Die senkrechten Linien liegen dabei außen.

10

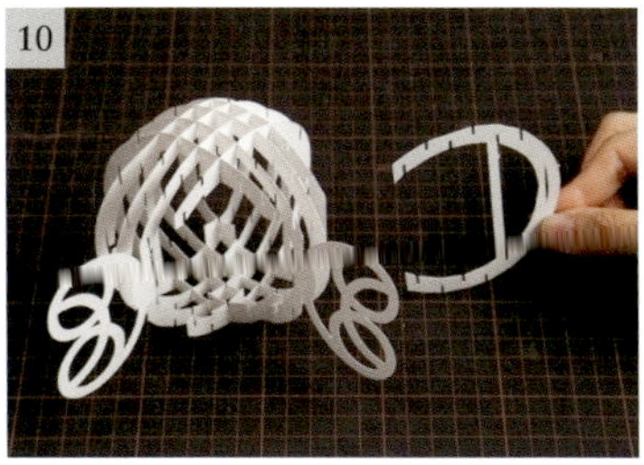

Setzen Sie anschließend Ring 9 vor Ring 3 ein. Auch hier liegt die senkrechte Linie außen.

11

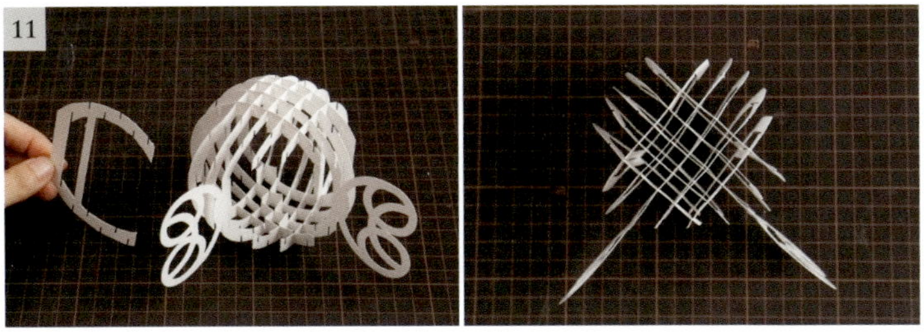

Als nächstes bringen Sie Ring 10 mit nach außen zeigender Senkrechte vor Ring 4 an. Inzwischen sind jeweils fünf Ringe in beiden diagonalen Richtungen eingesetzt.

12

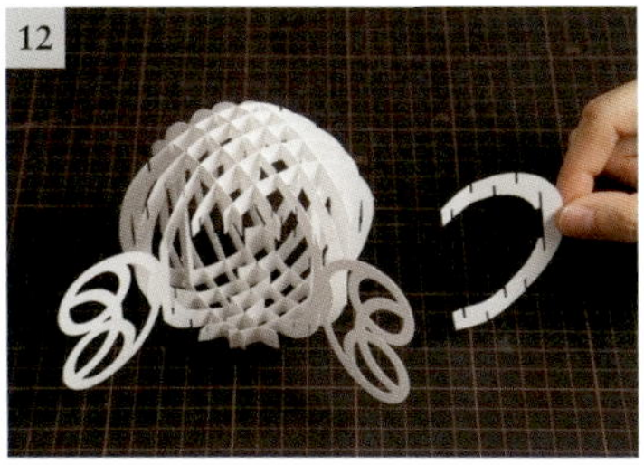

Setzen Sie auf gleiche Weise Ring 11 vor Ring 9 ein, mit dem offenen Teil des Rings nach innen.

13

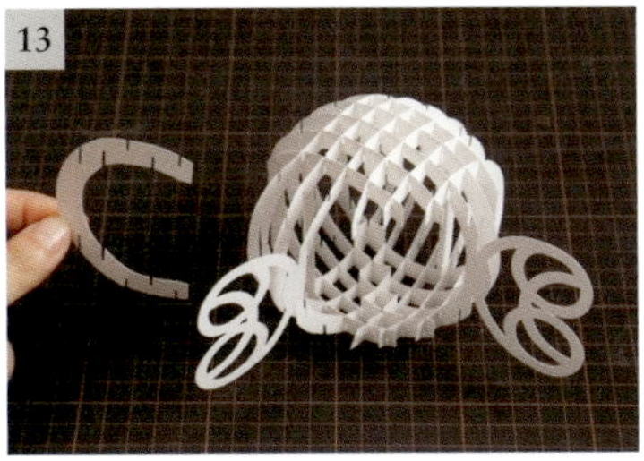

Es folgt Ring 12 vor Ring 10, ebenfalls mit dem offenen Teil nach innen.

14

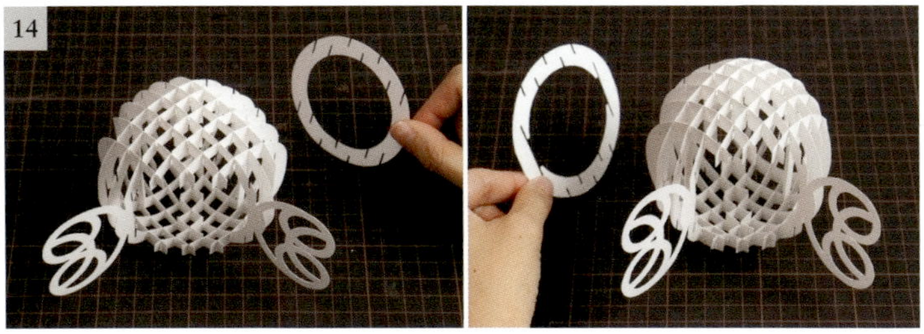

Fügen Sie Ring 13 hinter Ring 7 und Ring 14 hinter Ring 8 ein.

15

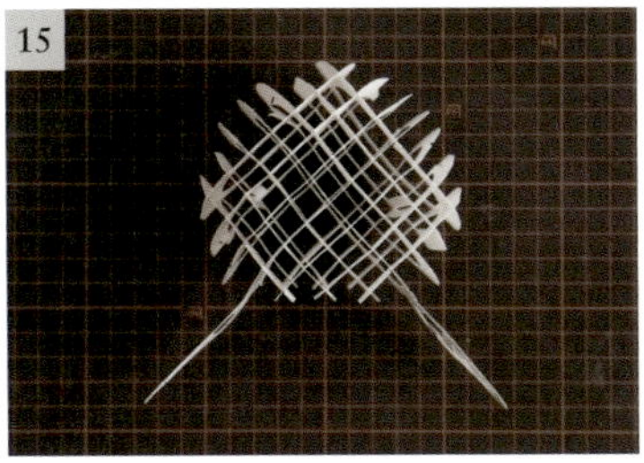

Blick von oben. Nun sind sieben Ringe in beiden diagonalen Richtungen eingesetzt.

16

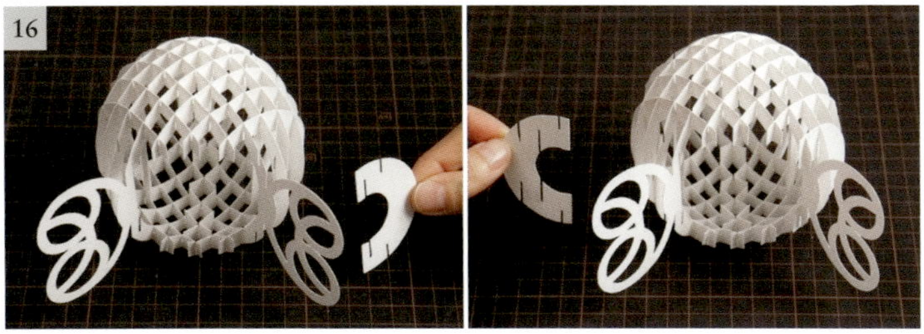

Als Nächstes setzen Sie Ring 15 vor Ring 11 und Ring 16 vor Ring 12 ein, jeweils mit dem offenen Teil der Ringe nach innen.

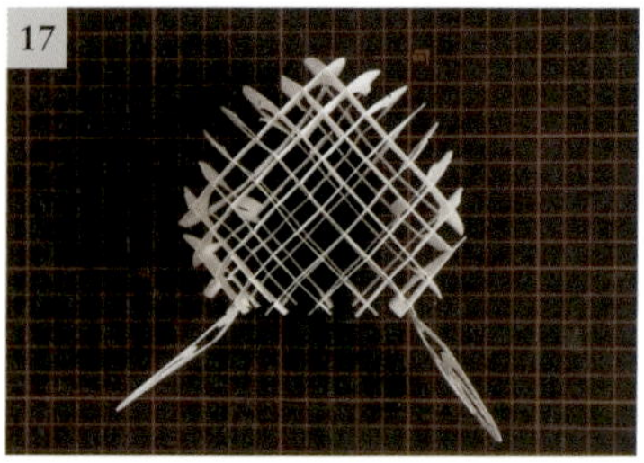

Blick von oben. Allmählich ist die Kugelform zu erkennen.

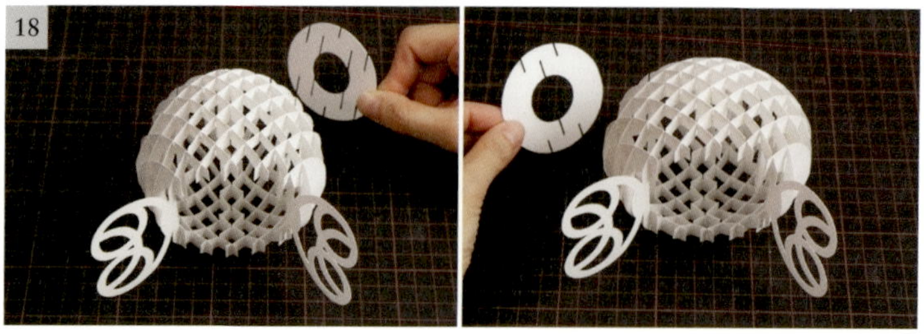

Setzen Sie Ring 17 hinter Ring 13 und Ring 18 hinter Ring 14 ein.

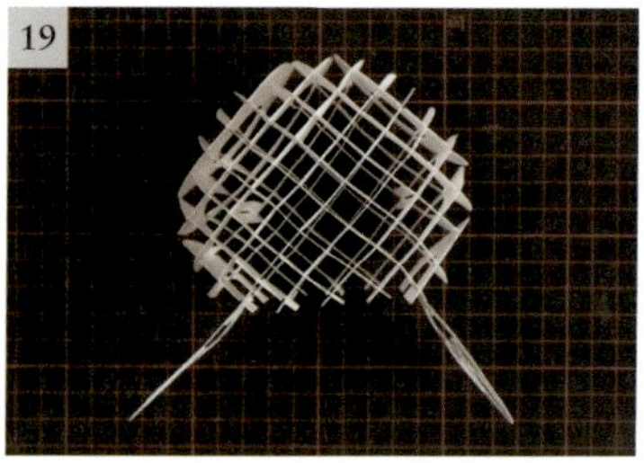

Jetzt sind alle Ringe für die Kugelform eingesetzt.

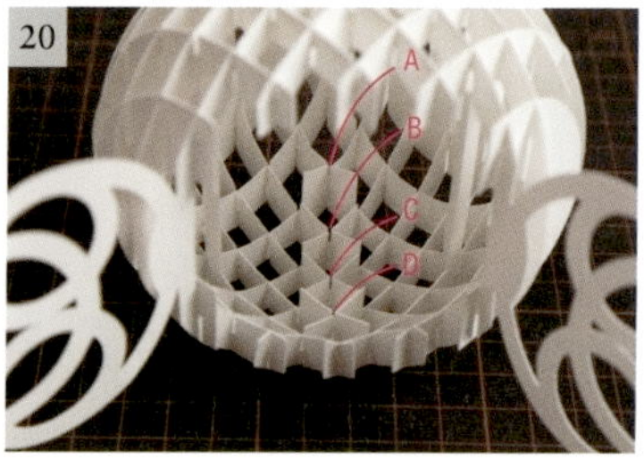

Als Nächstes kommen die Motivringe in die Kugel. Fügen Sie jeden Ring dort ein, wo sich die anderen kreuzen. Der Teil, der in der unteren Kugelmitte nach oben steht, ist von vorn zu sehen. Arbeiten Sie auf der Rückseite von A bis D.

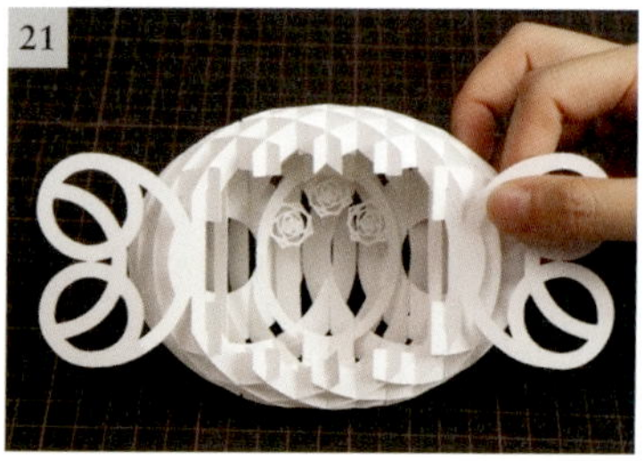

Setzen Sie Ring 19 bei A ein. Drücken Sie die Kugel ein wenig zusammen, um das Einsetzen der Ringe zu erleichtern.

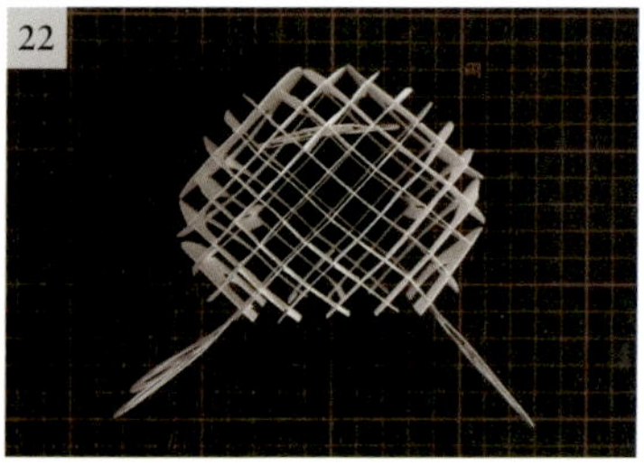

Von oben gesehen, wird ein Ring waagerecht zwischen die Diagonalen gesetzt.

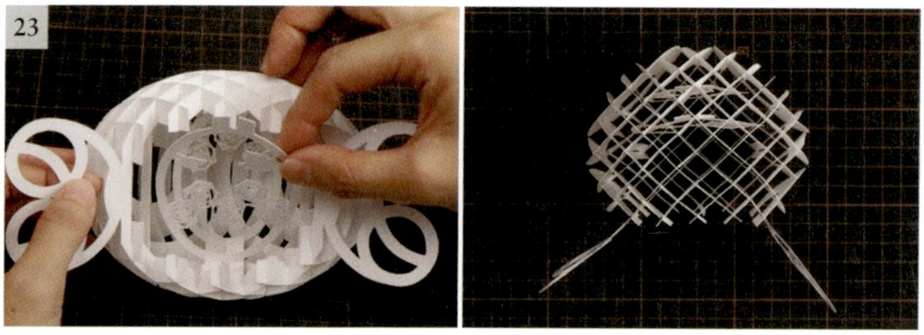

Setzen Sie Ring 20 auf gleiche Weise bei B ein. Einfacher geht es, wenn Sie zuerst den unteren Teil des Rings einfügen.

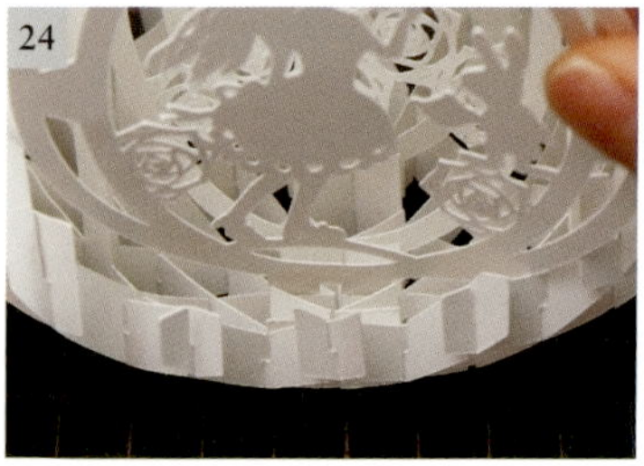

Setzen Sie Ring 21 bei C ein.

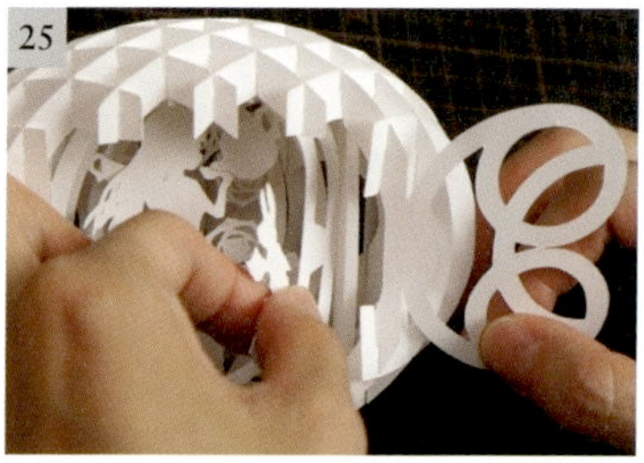

Setzen Sie eine Seite von Ring 21 zwischen den senkrechten Stab der Ringe 7 und 9 und auf der anderen Seite zwischen den senkrechten Stab der Ringe 8 und 10 ein. So entsteht der Stopper, durch den die Kugel ihre Form behält.

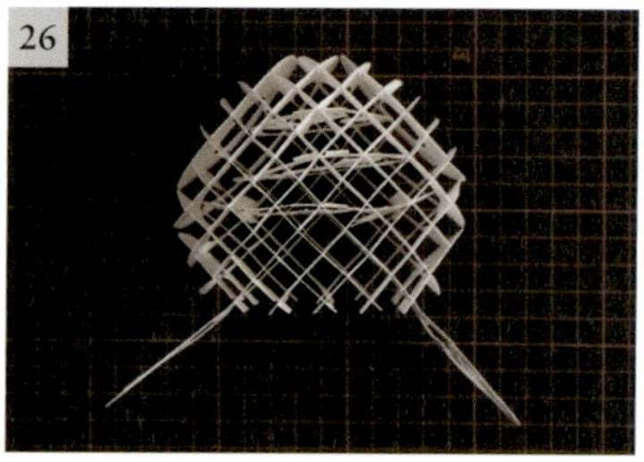

Blick von oben. Die Ringe mit Motiven sind in gleichem Abstand eingesetzt.

27

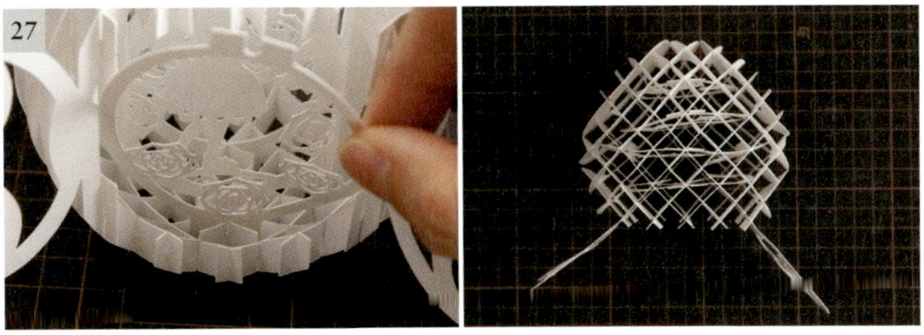

Zum Schluss setzen Sie Ring 22 bei D ein.

28

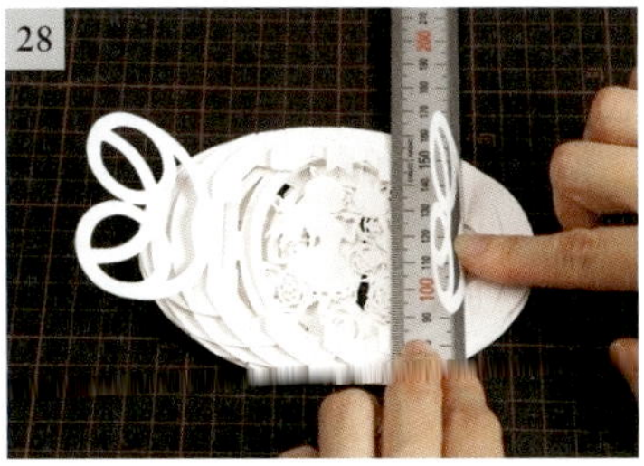

Legen Sie ein Lineal am Rand der Tür an und falten Sie die Tür nach innen.

29

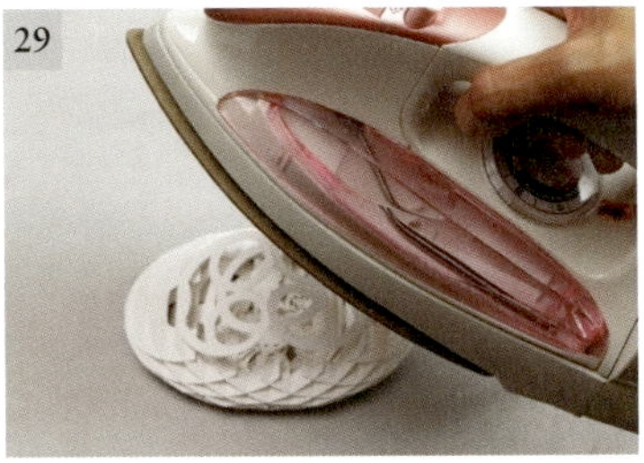

Bügeln Sie das Papier kurz auf höchster Stufe, damit es glatt und fest wird.

30

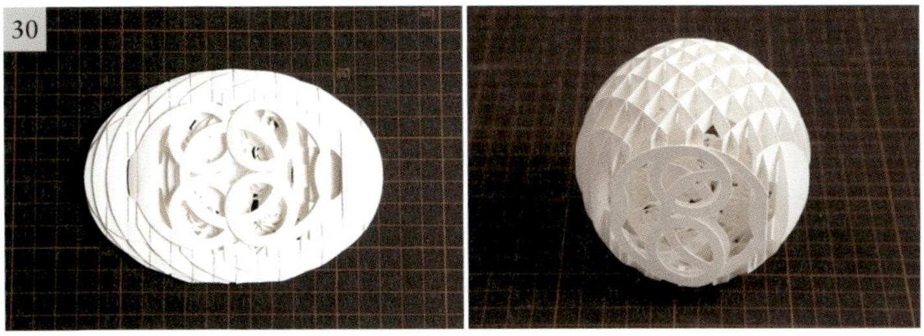

Fertig.

31

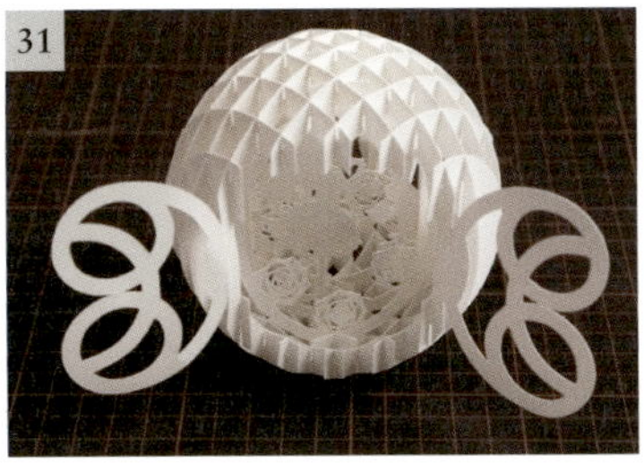

Öffnen Sie die Tür, damit man das Motiv gut sehen kann.

Sind die Ringe zur Kugel zusammengesetzt, fügen Sie nach Belieben die Motive ein. Allerdings sind viele der Ringe, die die Kugel bilden, nicht symmetrisch. Also überprüfen Sie vor dem Zusammensetzen stets die richtige Richtung jedes Rings.

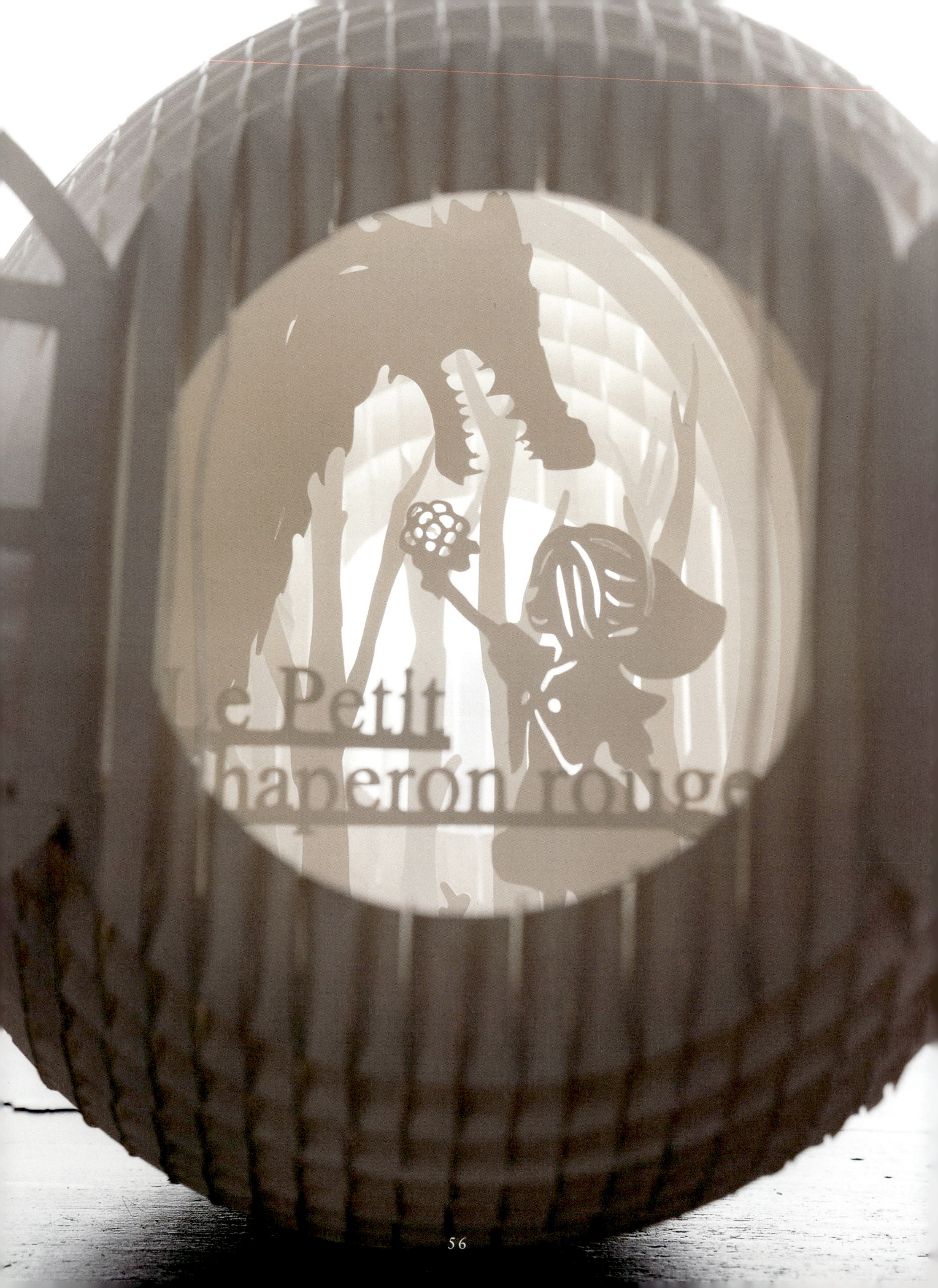
e Petit
haperon rouge

Ein Beispiel zur Inspiration

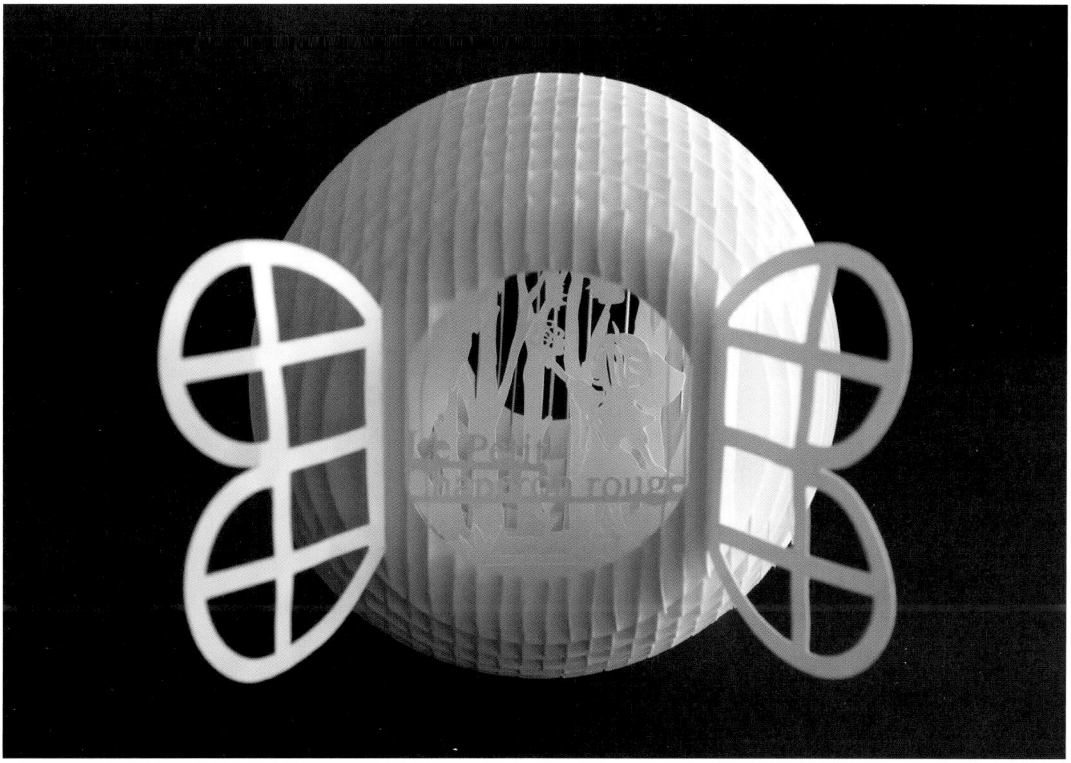

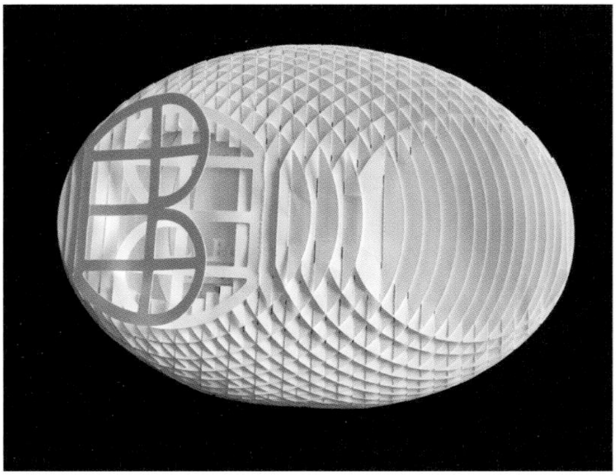

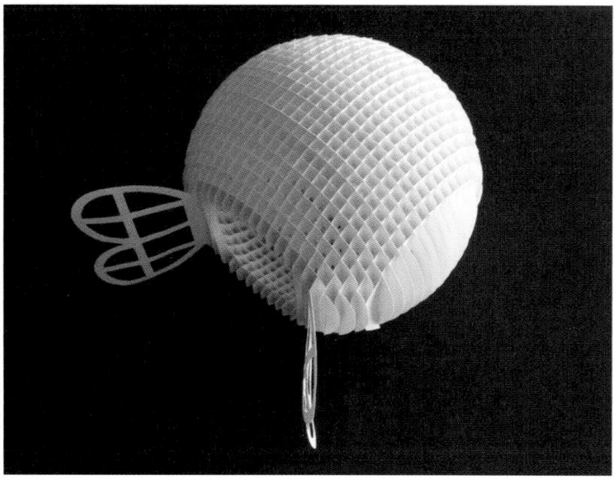

Dieses Objekt ist so groß, dass man es mit beiden Händen halten muss. Um diese wunderschöne Kugel entstehen zu lassen, sind die Ringe sehr eng gekreuzt. Nach dieser Vorlage habe ich extragroße Kugeln gebastelt.

Werkzeuge

im Detail

Hier erfahren Sie, welche Werkzeuge Sie brauchen. Grundsätzlich können Sie 3D-Kugeln mit einem Bastelmesser herstellen. Allerdings gibt es noch andere praktische Werkzeuge, die Sie zum Beispiel brauchen, wenn Sie kopierte Vorlagen verwenden. Die meisten Werkzeuge bekommen Sie im Laden für Künstlerbedarf oder im Bastelgeschäft.

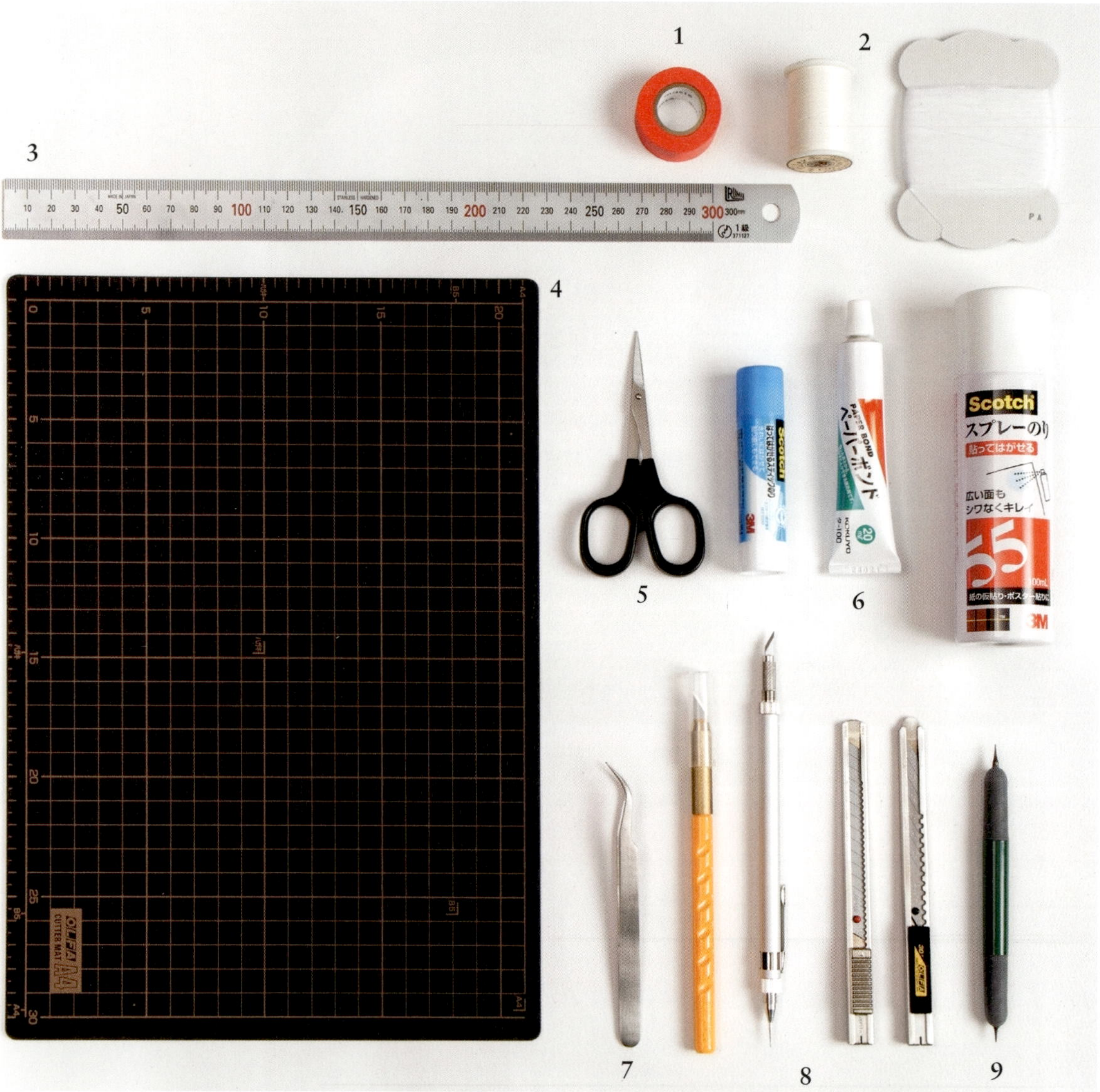

1. **Klebeband:** zum Fixieren kopierter Vorlagen auf dem Papier.
2. **Faden:** zum Befestigen der Kugel auf der Karte. Sie brauchen zusätzlich eine Nähnadel.
3. **Lineal:** zum Schneiden gerader Linien oder zum Ziehen von Falzlinien.
4. **Bastelmatte:** Schneiden Sie Papier immer auf einer Bastelmatte. Das verhindert Kratzer und die Messerklingen halten viel länger.
5. **Schere:** Verwenden Sie eine normale Schere sowie eine scharfe, spitze Schere zum Ausschneiden von Details.
6. **Klebstoff:** zum Fixieren kopierter Vorlagen auf Papier. Verwenden Sie einen ablösbaren Klebstoff. Den gibt es als Stift, Sprühkleber oder Tube.
7. **Pinzette:** für komplizierte, filigrane Arbeiten. Sie können damit auch die ausgeschnittenen Ringe herausnehmen.
8. **Bastelmesser:** Verwenden Sie vorzugsweise ein Bastelmesser, aber ein normales Cuttermesser geht auch. Einige Bastelmesser haben eine scharfe, spitze Klinge. Das Bastelmesser (3. von links auf dem Foto oben) hat eine Klinge an einem Ende und eine Nadel am anderen.
9. **Ahle:** zum Stechen von Löchern.

Papier

im Detail

Für die Kugeln eignet sich Papier von 210 g/m². Je höher die Grammatur, desto fester das Papier und desto schwieriger lässt es sich schneiden. Als Faustregel kann man sagen, dass 210 g/m² das dickste Papier ist, das Sie verwenden sollten. Damit Sie Ihre Kugeln von verschiedenen Seiten betrachten können, sollten Sie Papier mit ähnlicher Vorder- und Rückseite verwenden. Ich empfehle Tonpapier. Probieren Sie verschiedene Papiersorten aus und wählen Sie das Papier, mit dem Sie am besten arbeiten können.

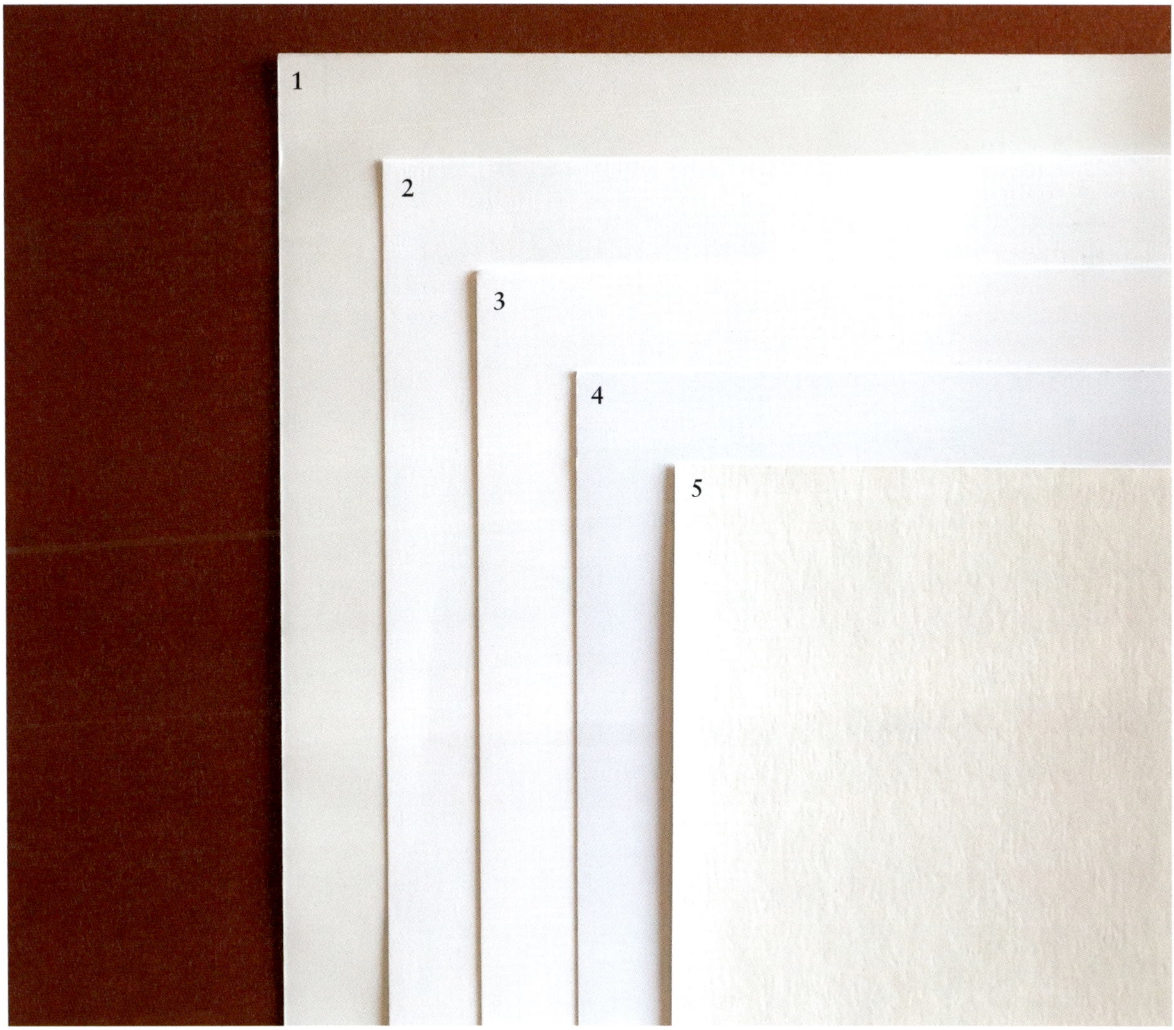

1. Hochwertiges Papier, 210 g/m²
2. Zeichenpapier, 186 g/m²
3. Tonpapier, 210 g/m²
4. Kopierpapier, 100 g/m²
5. Zeichenpapier aus einem Zeichenblock, 128 g/m²

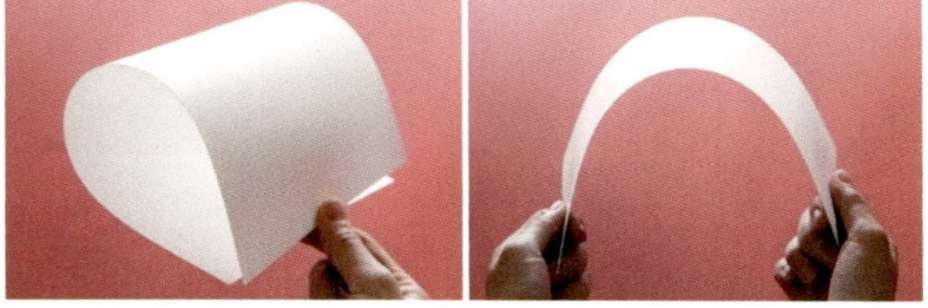

Wählen Sie ein Papier mit ähnlichem Gewicht wie die hier genannten. Seien Sie vorsichtig bei geknicktem und gefaltetem Zeichenpapier, da geknickte/gefaltete Stellen meist schwächer sind.

Anleitung:

Ringe ausschneiden

Verwenden Sie die Vorlagen ab S. 97. Schneiden Sie die Vorlagen aus und setzen Sie jede Kugel zusammen. Kopieren Sie die Vorlagen auf den Seiten 66–95 und kleben Sie sie auf ein Blatt Papier Ihrer Wahl, um die Kugeln zu basteln. In diesem Kapitel finden Sie Tricks zum Ausschneiden der Vorlagen und Methoden zur Verwendung der kopierten Vorlagen. In den Anleitungen wird meist ein Bastelmesser verwendet. Sie können aber auch eine normale Schere nehmen, um die Flächen außerhalb der Ringe auszuschneiden. Ein Bastelmesser ist auf jeden Fall für filigrane und komplexe Teile empfehlenswert.

1

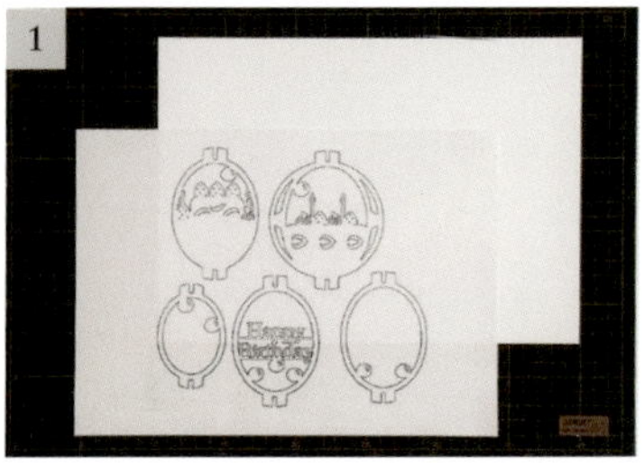

Legen Sie Tonpapier und kopierte Vorlagen bereit. Das Tonpapier sollte größer sein als das Papier mit den kopierten Vorlagen.

2

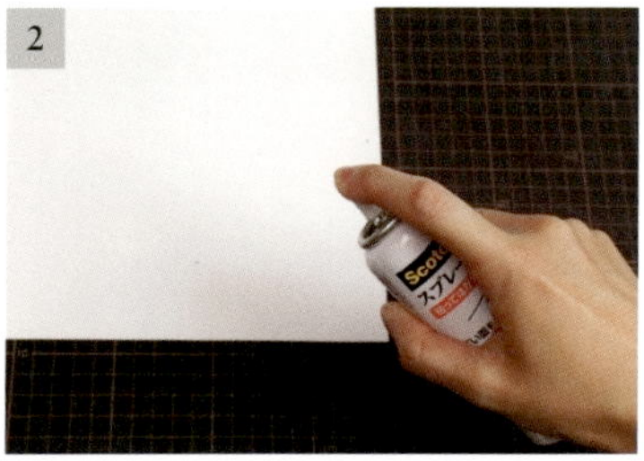

Geben Sie ablösbaren Kleber auf die Rückseite der kopierten Vorlagen. Nicht zu viel auftragen, da nur verhindert werden soll, dass das Papier verrutscht. Wenn Sie einen Klebestift benutzen, verteilen Sie den Kleber nicht auf der ganzen Fläche, sondern nur in den Ecken.

3

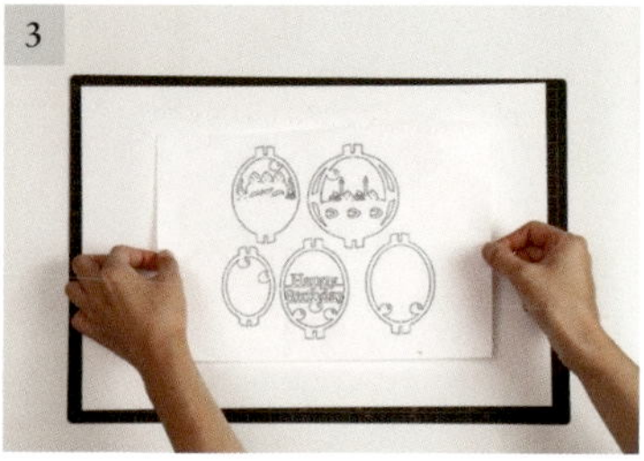

Kleben Sie die kopierten Vorlagen sauber und möglichst glatt auf das Tonpapier.

4

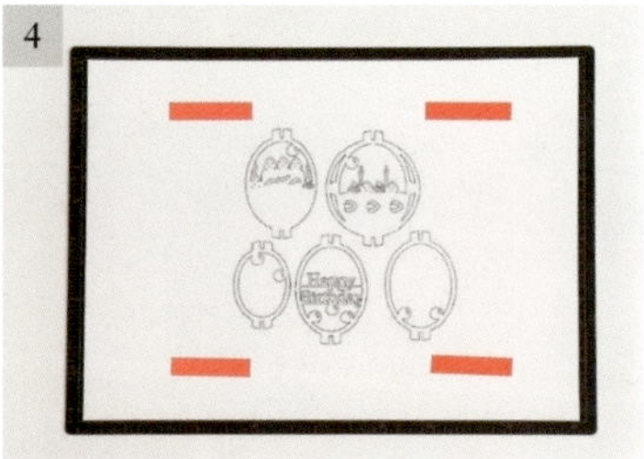

Fixieren Sie alle vier Ecken mit Klebeband.

5

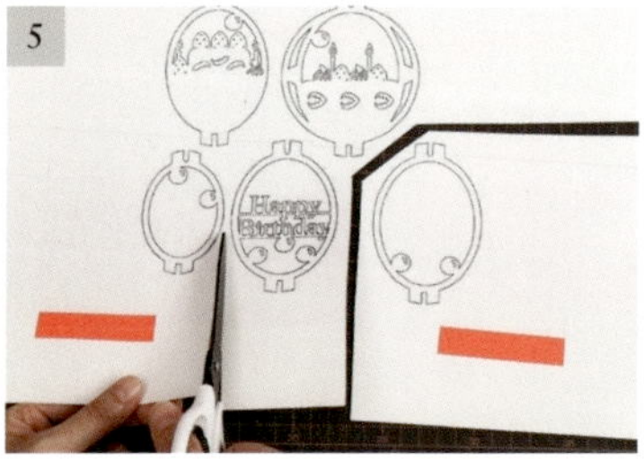

Schneiden Sie rund um die Ringe. Dies erleichtert anschließend das genaue Ausschneiden der einzelnen Ringe, da das Papier oft im Kreis gedreht werden muss, um die Ränder auszuschneiden.

6

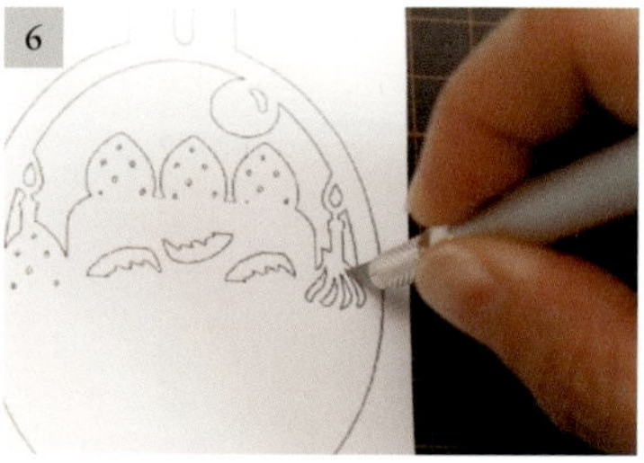

Schneiden Sie zuerst die Innenfläche des Rings aus. Setzen Sie die Klinge in einer Ecke an und beginnen Sie zu schneiden. Drücken Sie das Papier nach unten, aber halten Sie die Hand fern von der Stelle, an der Sie schneiden.

7

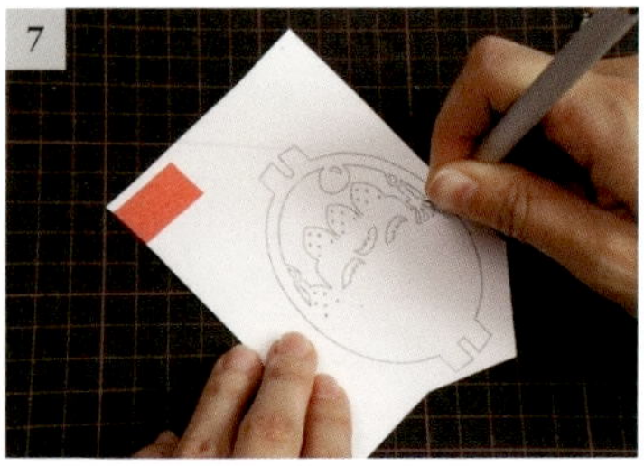

Bewegen Sie die Klinge vorsichtig, während Sie das Papier drehen, um die Formen einfacher ausschneiden zu können. Üben Sie Druck auf die Klinge aus, da das Tonpapier etwas dicker ist. Wenn Sie jedoch zu stark drücken, wird das Schneiden schwieriger.

8

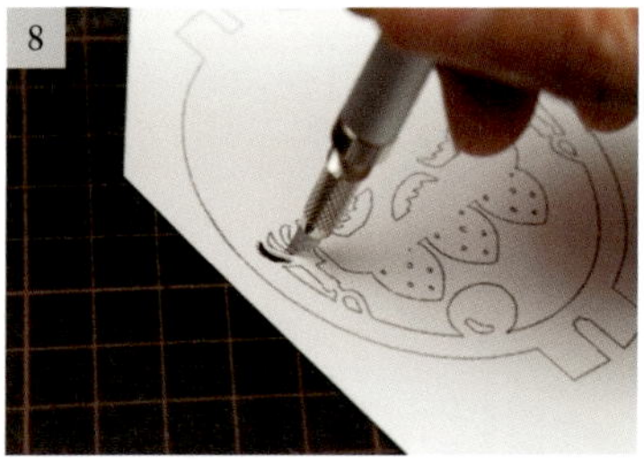

Der Schnitt sollte dort enden, wo Sie begonnen haben, genau in einer Ecke.

9

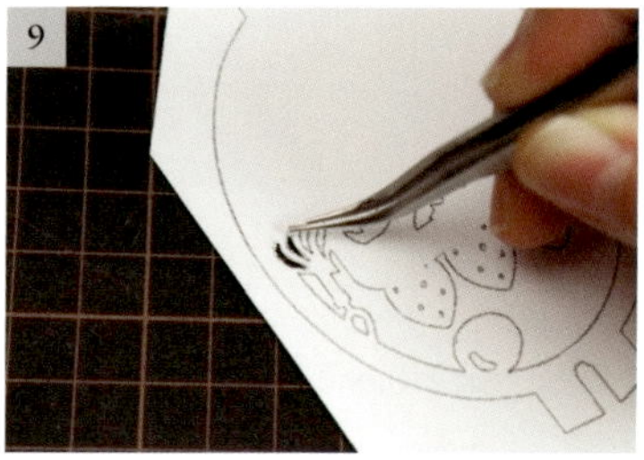

Nehmen Sie das kleine ausgeschnittene Stück Papier mit einer Pinzette heraus.

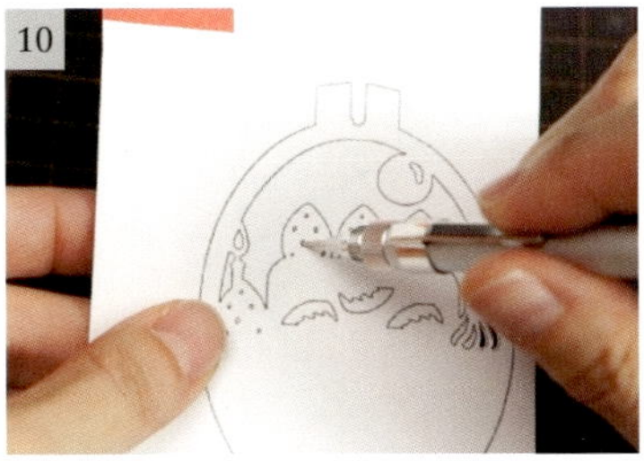

Stechen Sie für feine Details wie Erdbeersamen einfach mit einer Nadel oder einer Ahle Löcher ins Papier. Das gelingt auch mit einer Heftzwecke.

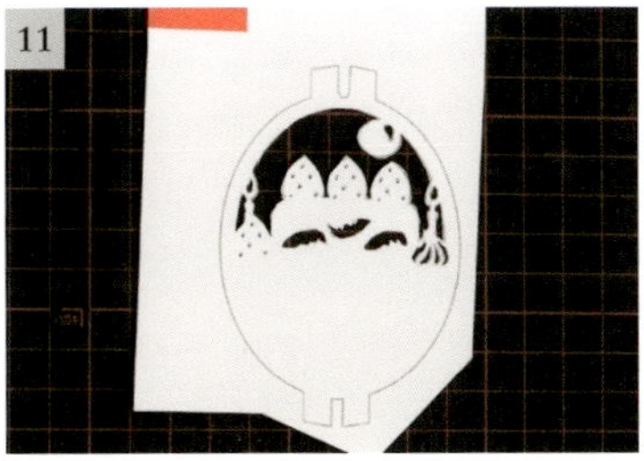

Die Innenflächen sind ausgeschnitten.

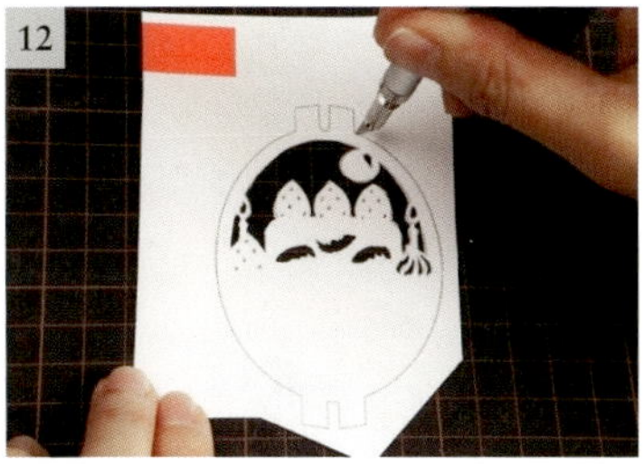

Als Nächstes schneiden Sie an den Linien des Rings entlang. Setzen Sie die Klinge ein und schneiden Sie alle Konturen sauber aus.

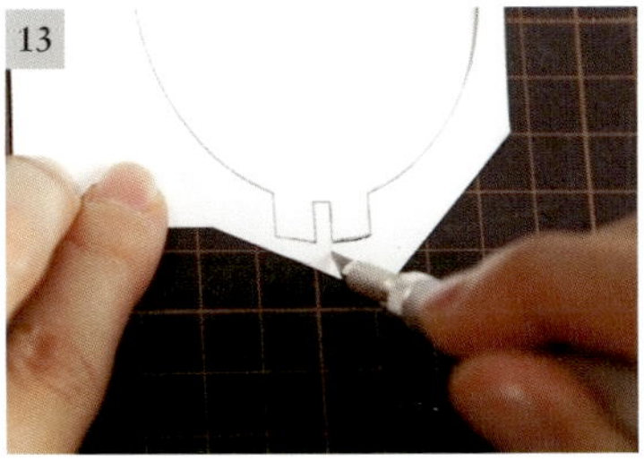

Überstehendes Papier abschneiden.

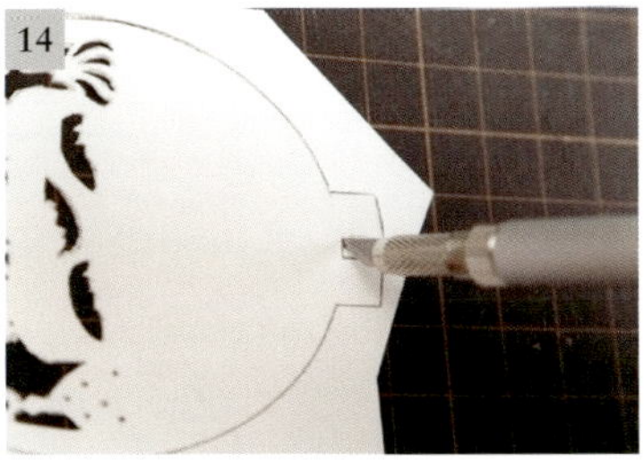

Um saubere Ecken zu schneiden, nehmen Sie die Klinge heraus, drehen das Papier, setzen die Klinge wieder ein und schneiden die danebenliegende Linie.

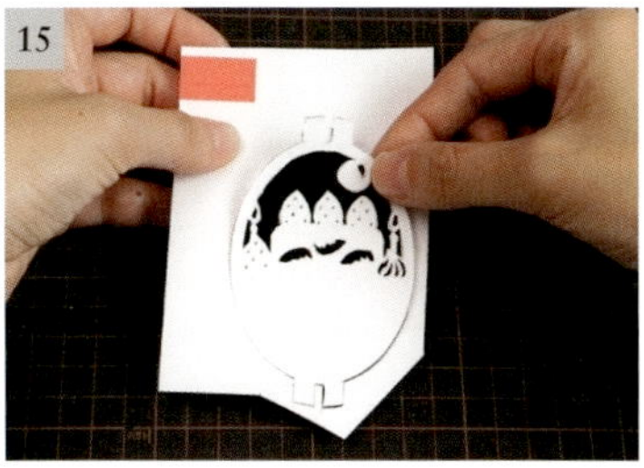

Wenn alle Linien geschnitten sind, drücken Sie den Ring nach vorn heraus.

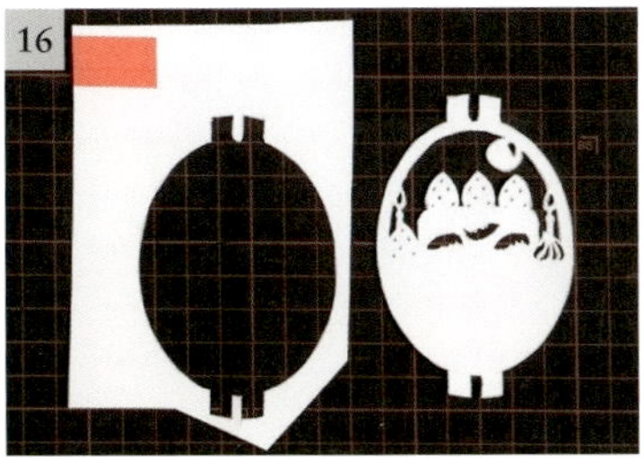

Korrigieren Sie alle unsauberen Linien mit der Schere oder dem Bastelmesser.

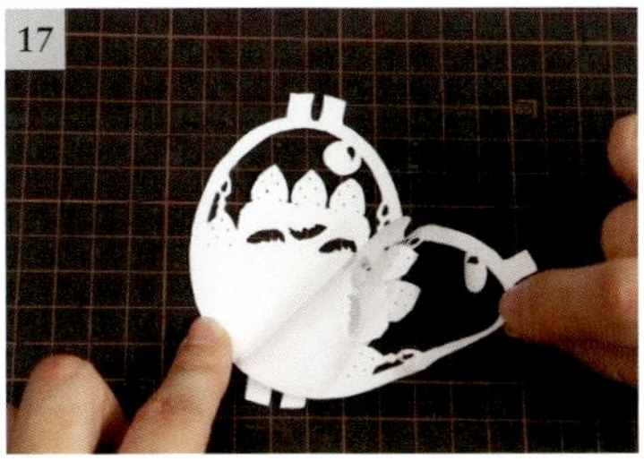

Ziehen Sie die aufgeklebte kopierte Vorlage vorsichtig wieder ab.

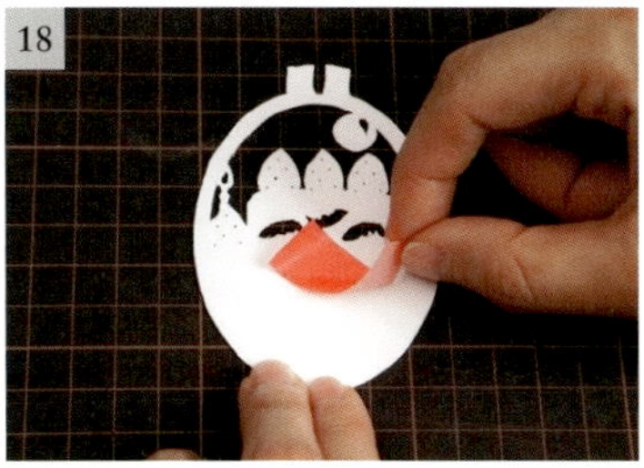

Falls Kleberreste zurückbleiben, entfernen Sie sie mit etwas Klebeband oder einem speziellen Klebstoffradierer. Schneiden Sie die restlichen Vorlagen aus.

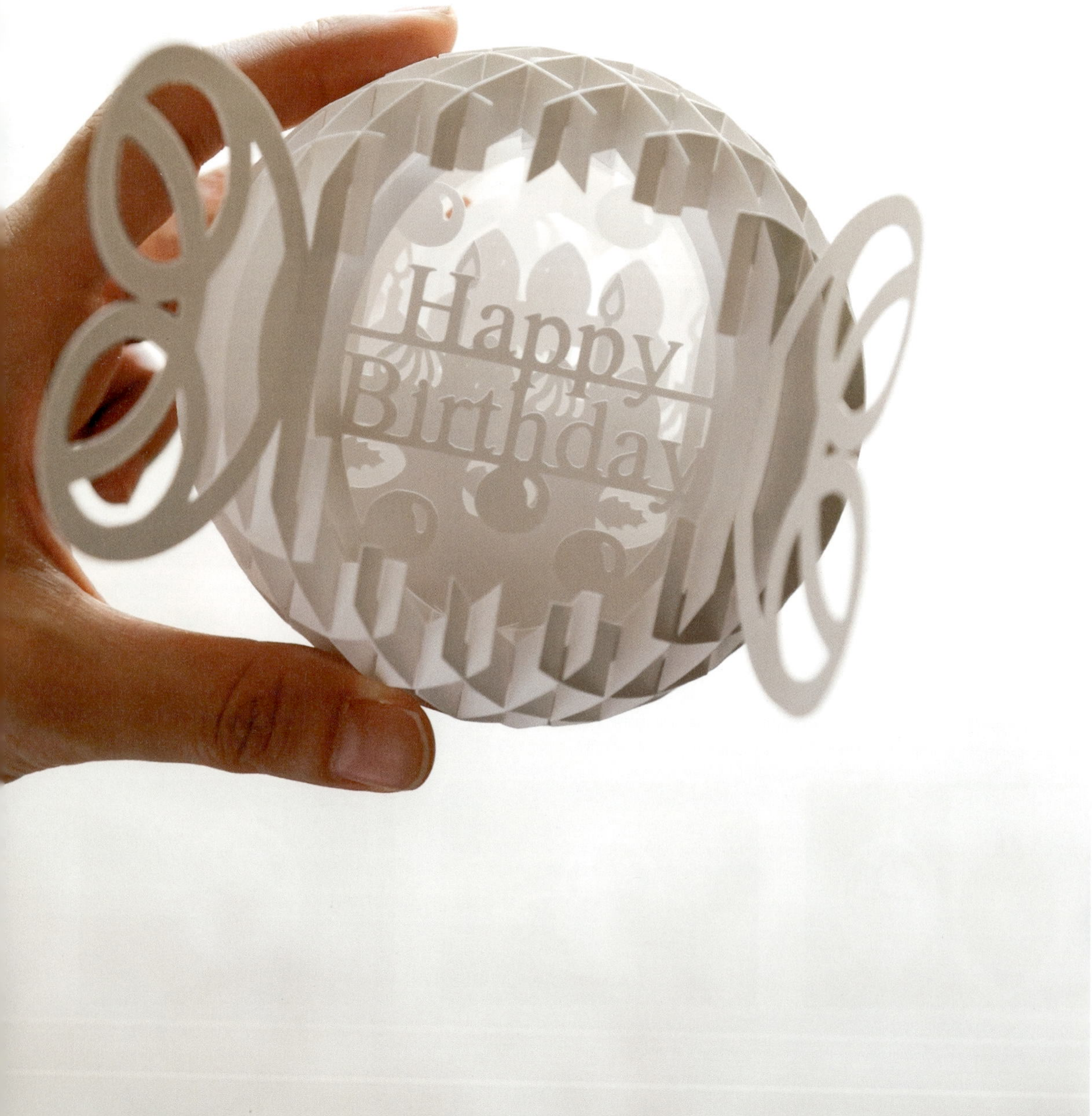
Happy
Birthday

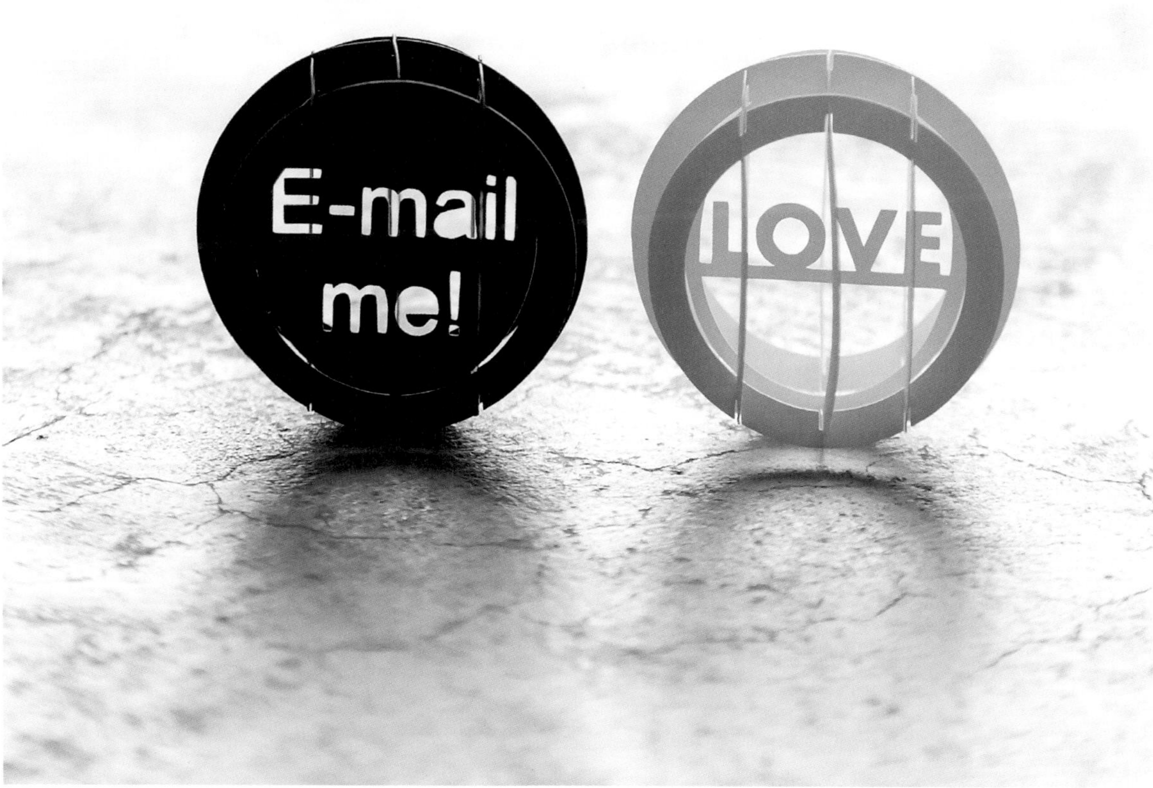
E-mail
me!
LOVE

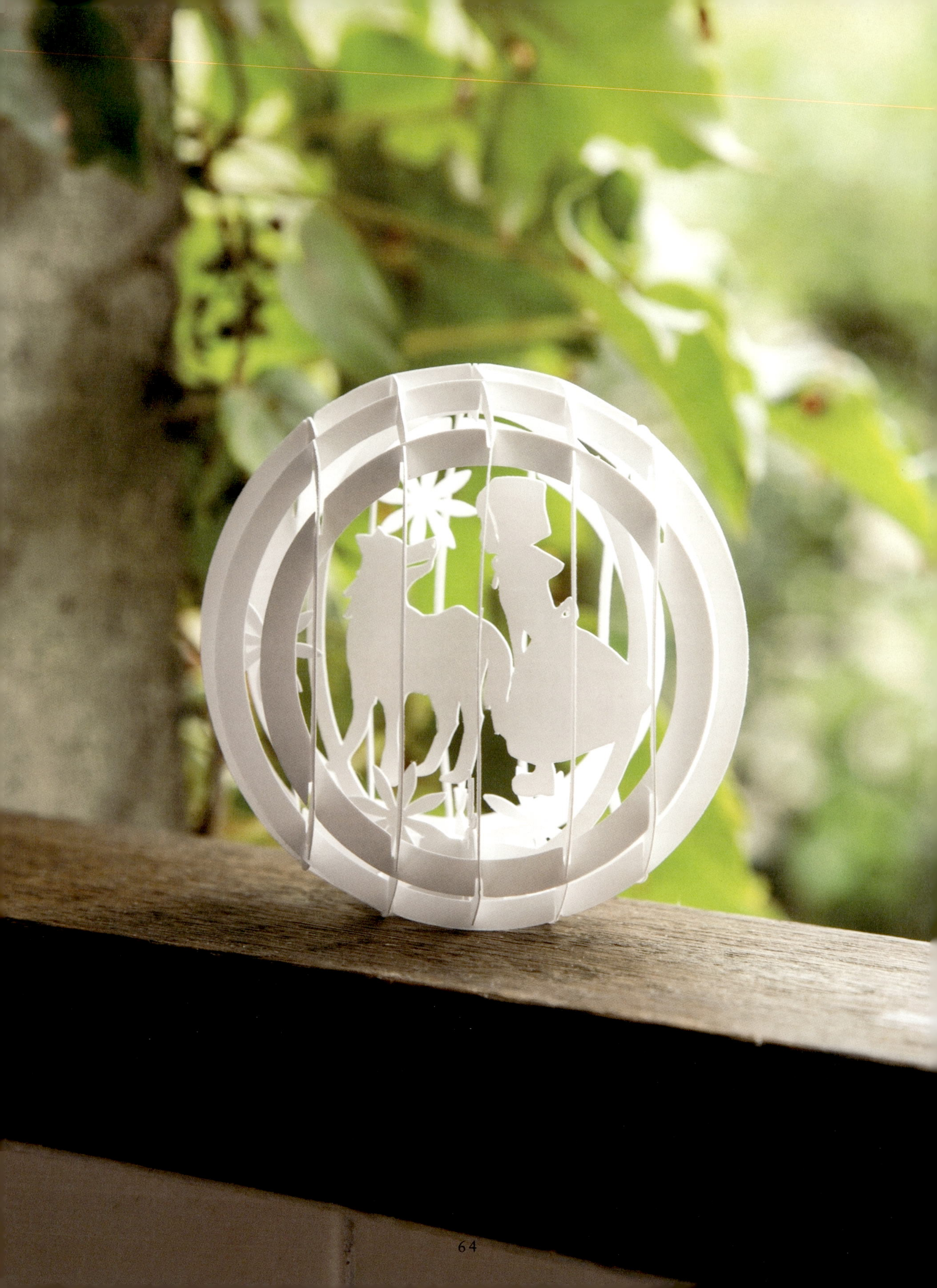

Vorlagen

Auf den folgenden Seiten finden Sie die Vorlagen für alle im Buch vorgestellten Kugeln. Kopieren Sie wie auf S. 69 beschrieben zunächst alle Vorlagen und kleben Sie sie auf Tonpapier, um die Kugeln zu basteln. Anstatt Kopien der Vorlagen zu verwenden, können Sie die Vorlage auch auf Tonpapier zeichnen, um sie zu übertragen. Achten Sie dann darauf, die Linien sehr dünn nachzuziehen, damit sie nicht stören.

Vorlagen für eine Auswahl von sechs Kugeln finden Sie ab S. 97. Diese auf Tonpapier gedruckten Vorlagen können Sie ausschneiden und direkt verwenden. Viele Kugeln haben keine spezielle Vorder- und Rückseite, doch die bedruckte Seite der Vorlage sollte nach hinten zeigen. Das heißt, die Vorlagen werden als umgekehrte Bilder gedruckt. Achten Sie beim Zusammensetzen der Kugeln darauf, dass Ihnen die weiße Seite zugewandt ist.

Zur Erinnerung: Auf S. 18 finden Sie die Anleitung für kleine Kugeln, auf S. 28 die für Kugeln der Größe Mittelgroß 1, auf S. 42 die für die Größe Mittelgroß 2 und auf S. 52 die für große Kugeln.

S. 6 • Klein: 5 einfache Ringe

Diese Ringe werden für die kleinen Kugeln verwendet. Abgesehen von den beiden Ringen in der Mitte bestehen alle kleinen Karten aus diesen fünf Ringen.
Siehe Anleitung auf S. 18.

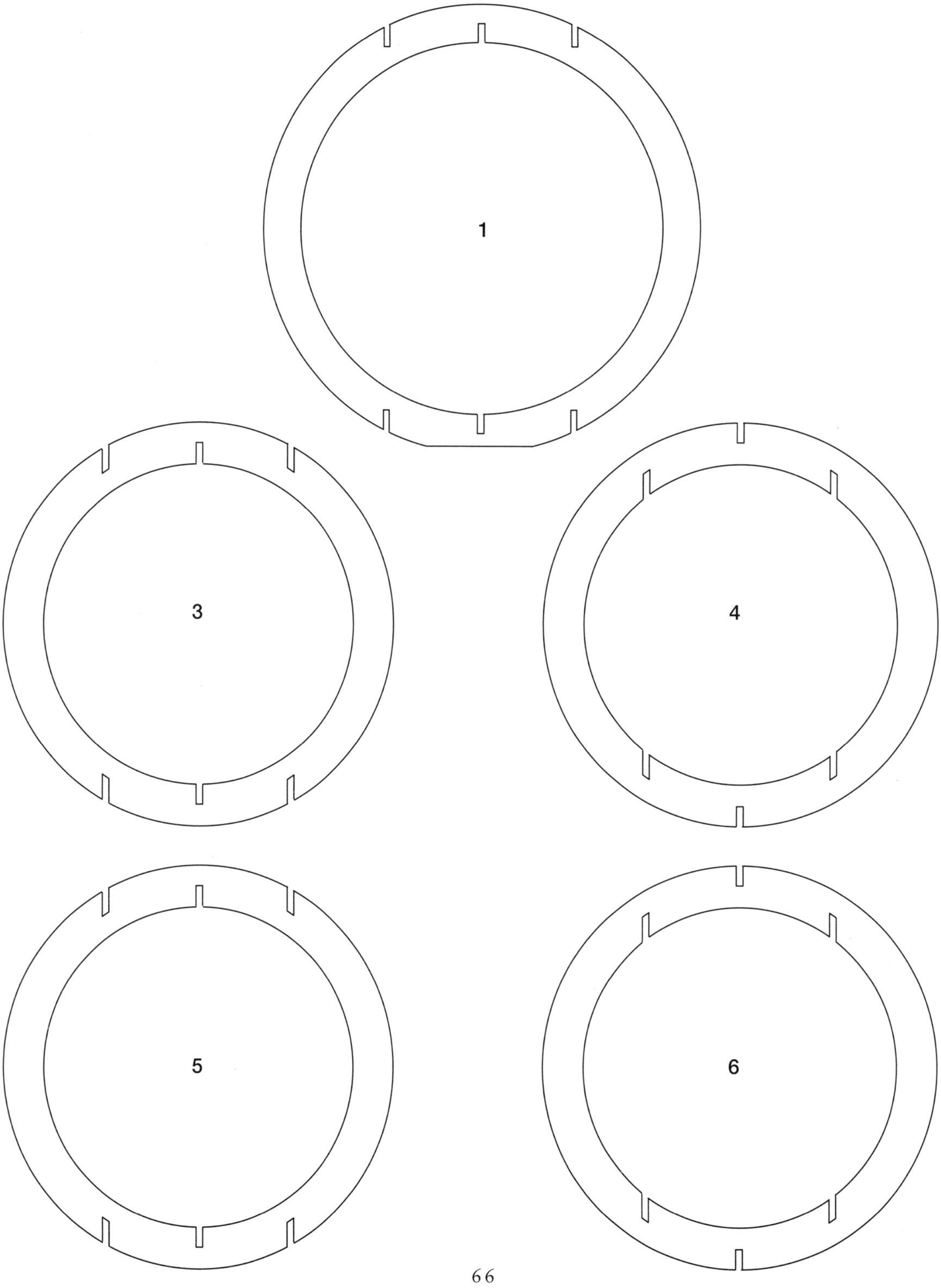

S. 8 • Karten mit Botschaft: 4 Motive

Dies sind die Motive für die Mitte aller kleinen Karten (Ring 2 in der Anleitung).
Siehe Anleitung auf S. 18.

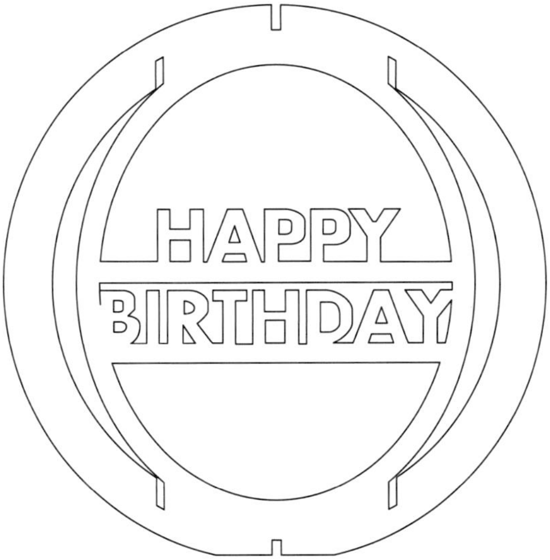

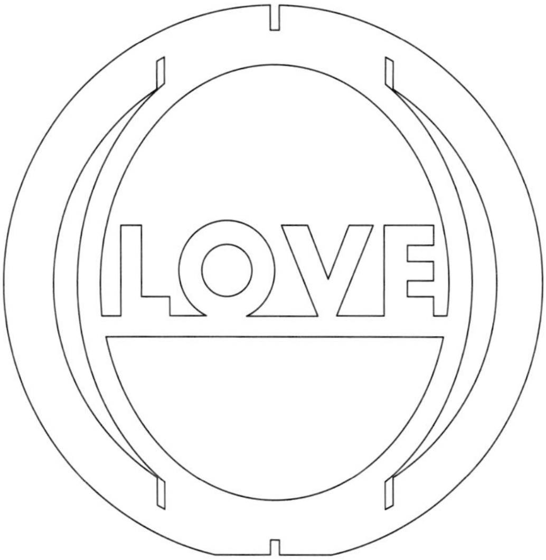

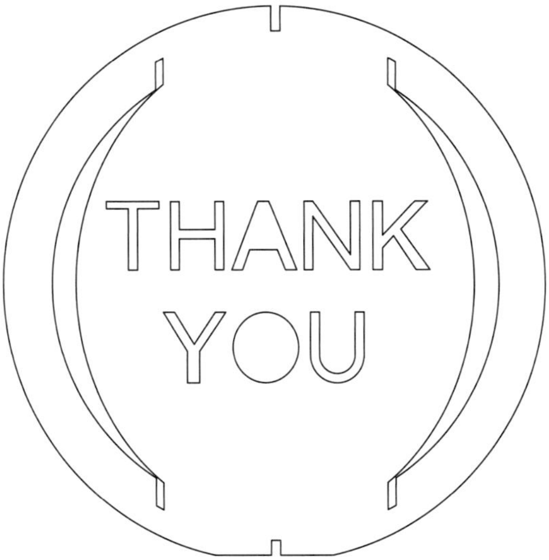

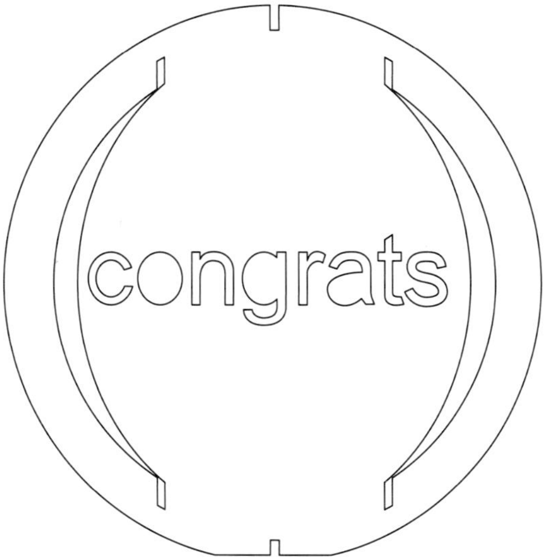

S. 9 • Karten mit Botschaft: 4 Motive

Dies sind die Motive für die Mitte der kleinen Karten (Ring 2 in der Anleitung).
Siehe Anleitung auf S. 18.

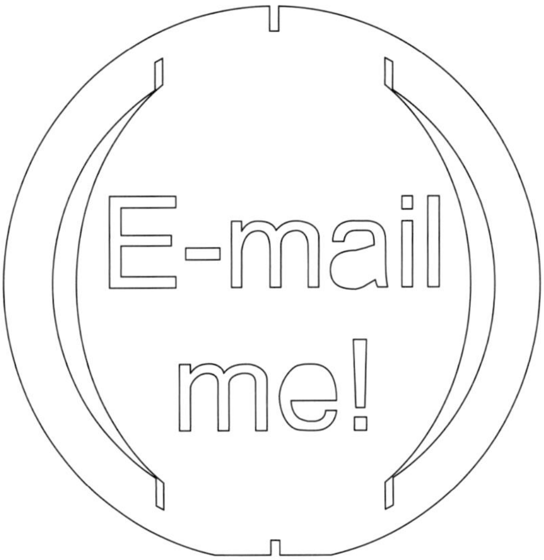

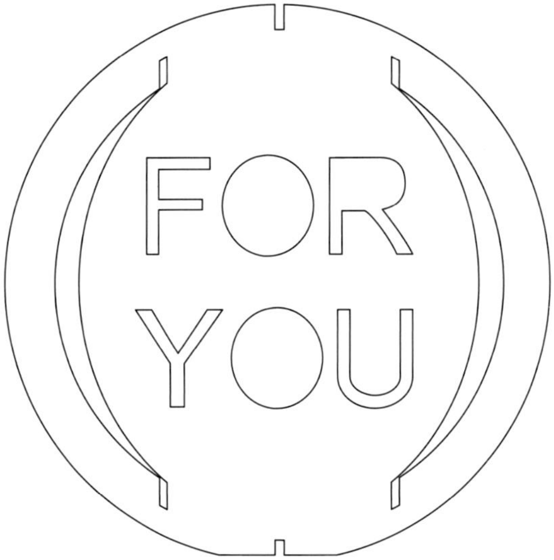

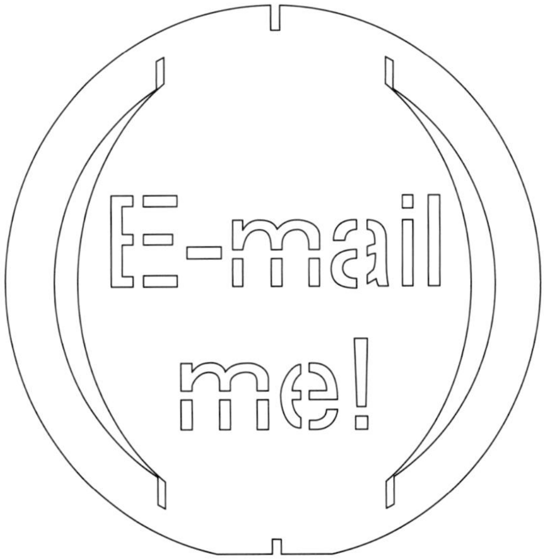

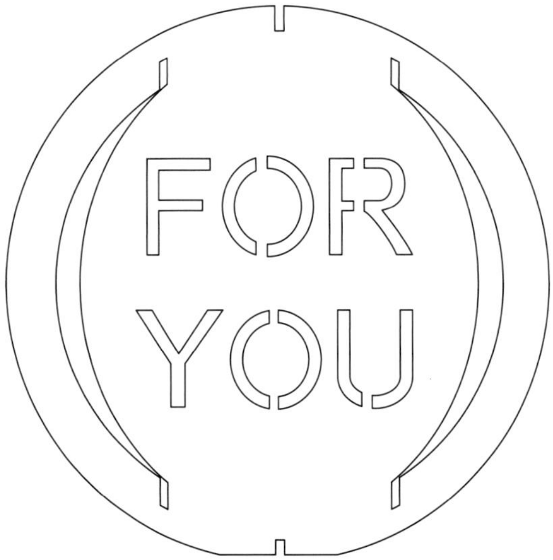

S. 10, 12, 13 • Karten: Kirschblüte, Rose, Schneeflocke, Weihnachtsbaum, Drei Sterne

Dies sind die Motive für die Mitte der kleinen Karten (Ring 2 in der Anleitung).
Siehe Anleitung auf S. 18.

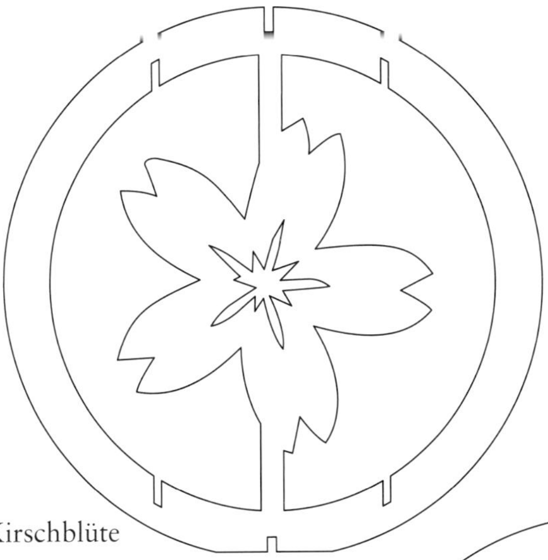

Kirschblüte

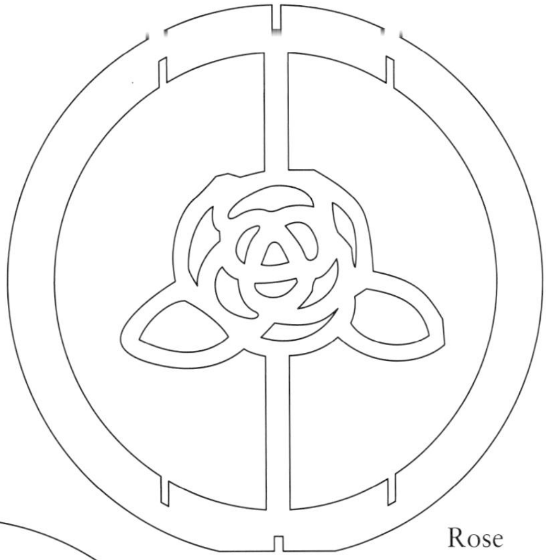

Rose

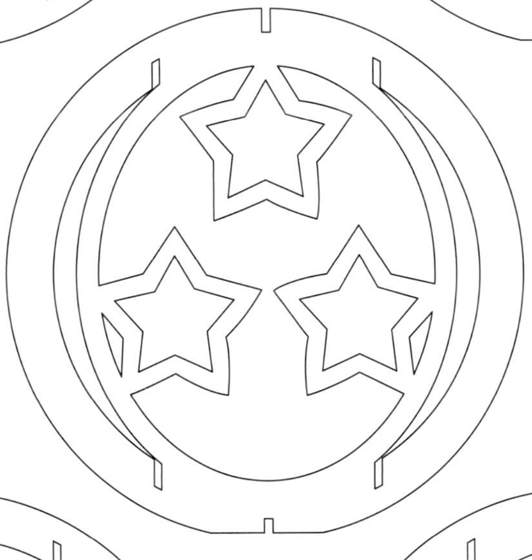

Drei Sterne

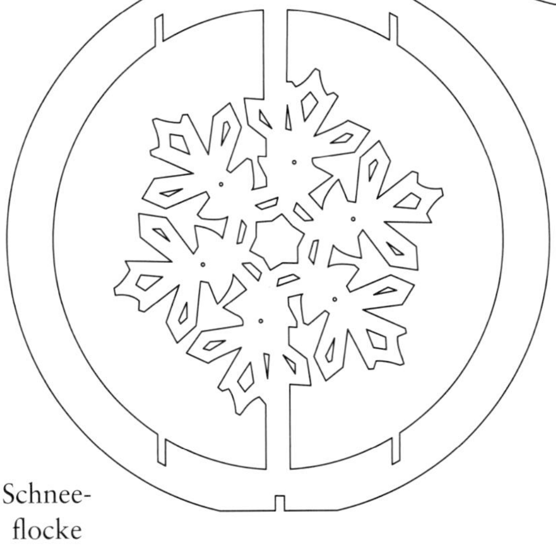

Schnee-
flocke

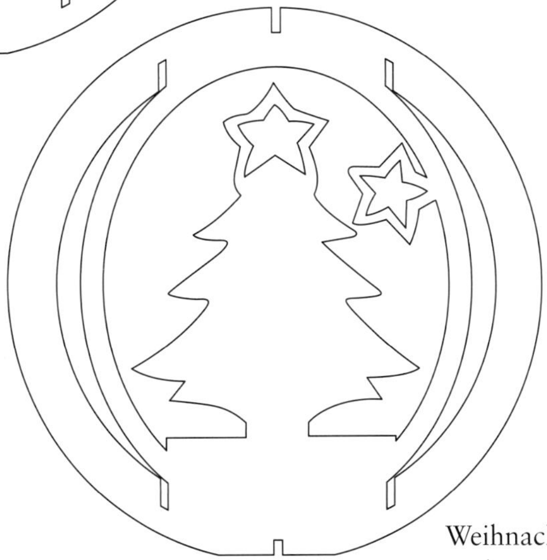

Weihnachts-
baum

S. 14, 15 • Karten: Krone, Vogel, Vierblättriges Kleeblatt, Herzen

Dies sind die Motive für die Mitte der kleinen Karten (Ring 2 in der Anleitung).
Siehe Anleitung auf S. 18.

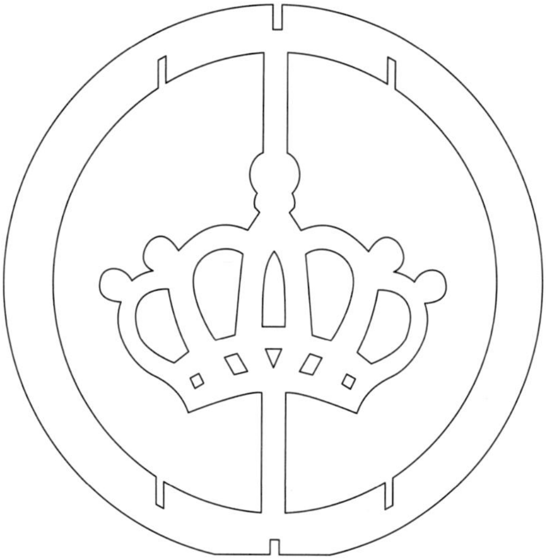

Krone

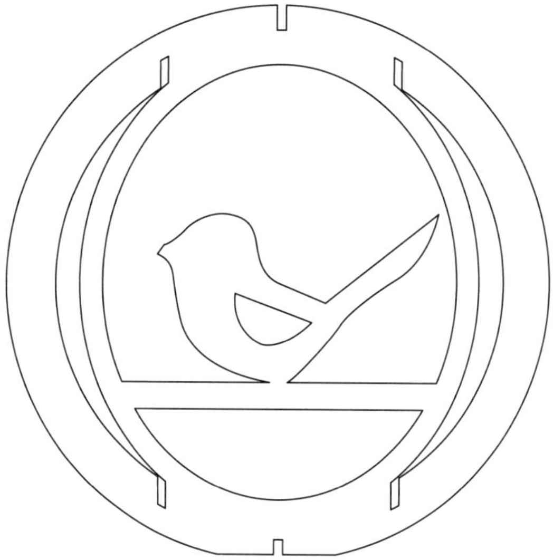

Vogel

Vierblättriges Kleeblatt

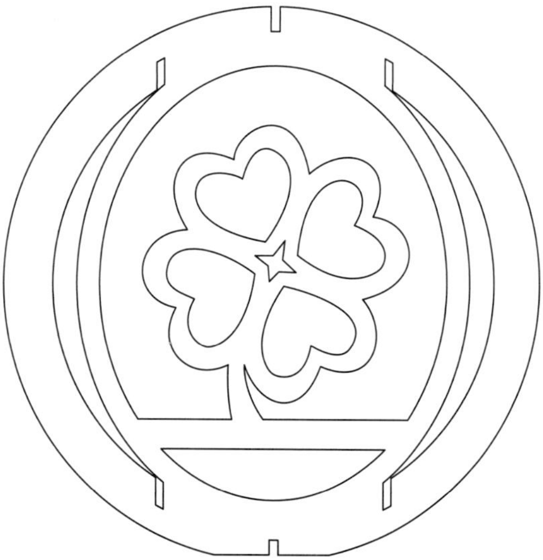

Herzen

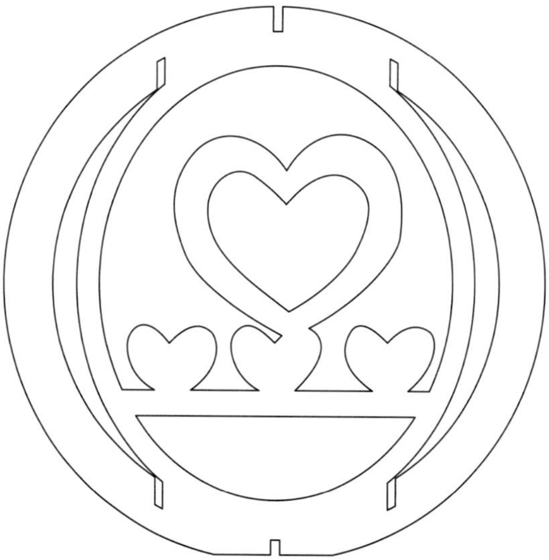

S. 20 • Mittelgroß 1: 4 einfache Ringe

Dies sind die Ringe für die Größe Mittelgroß 1. Alle benötigten Ringe, außer den Ringen 3, 8 und 9 (die das Motiv in der Mitte bilden), können für die Größe Mittelgroß 1 genutzt werden. Verwenden Sie die sechs Ringe auf S. 71 und 72.
Siehe Anleitung auf S. 28.

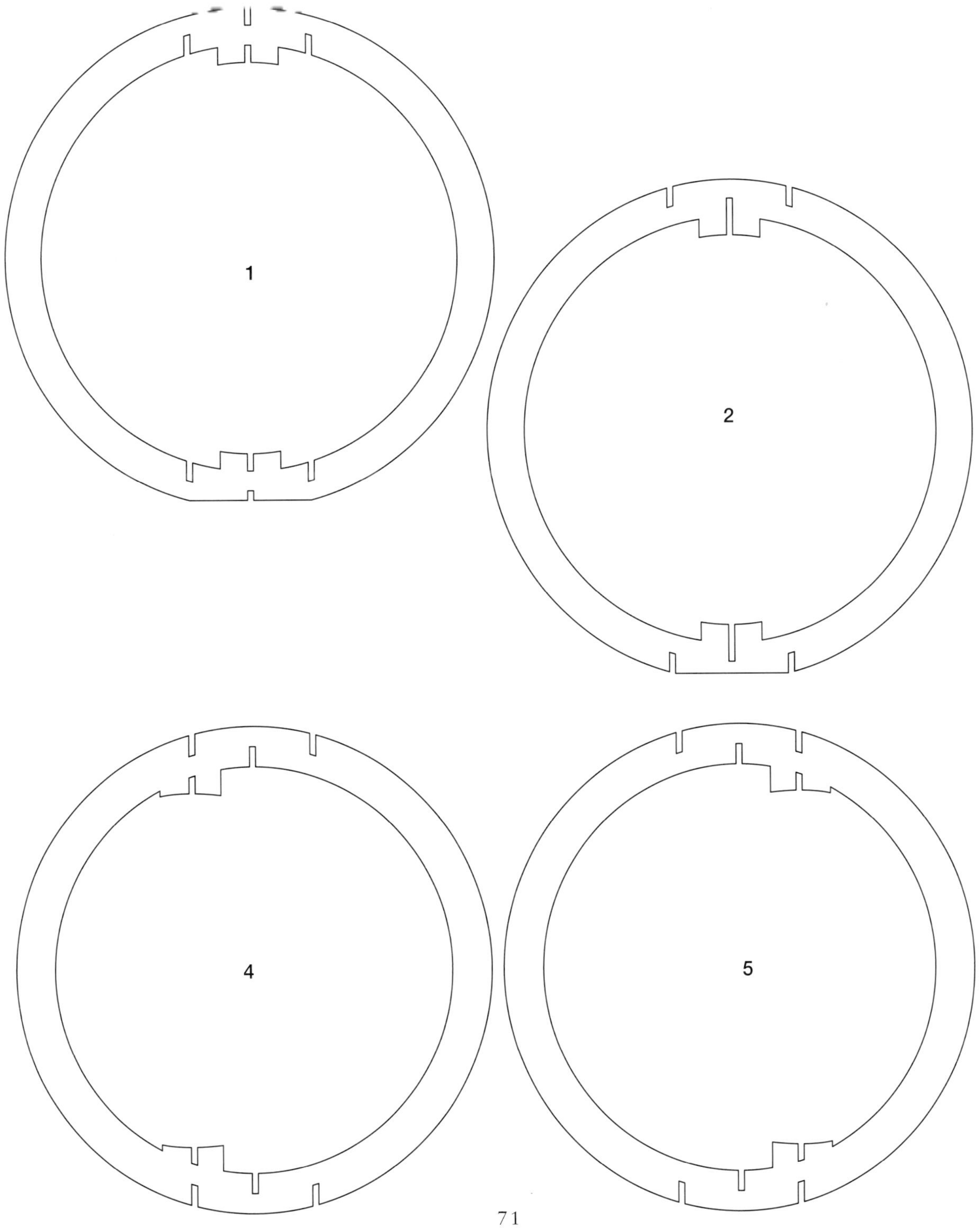

S. 20, 22 • Mittelgroß 1: 4 einfache Ringe und Geburtstagskarte

Dies sind die Ringe für die Größe Mittelgroß 1. Die beiden oberen Ringe sind einfache Ringe. Benutzen Sie sie zusammen mit den Ringen auf S. 71. Die unteren drei Ringe bilden das Motiv für die Geburtstagskarte. Sie werden in der Mitte eingesetzt.
Siehe Anleitung auf S. 28.

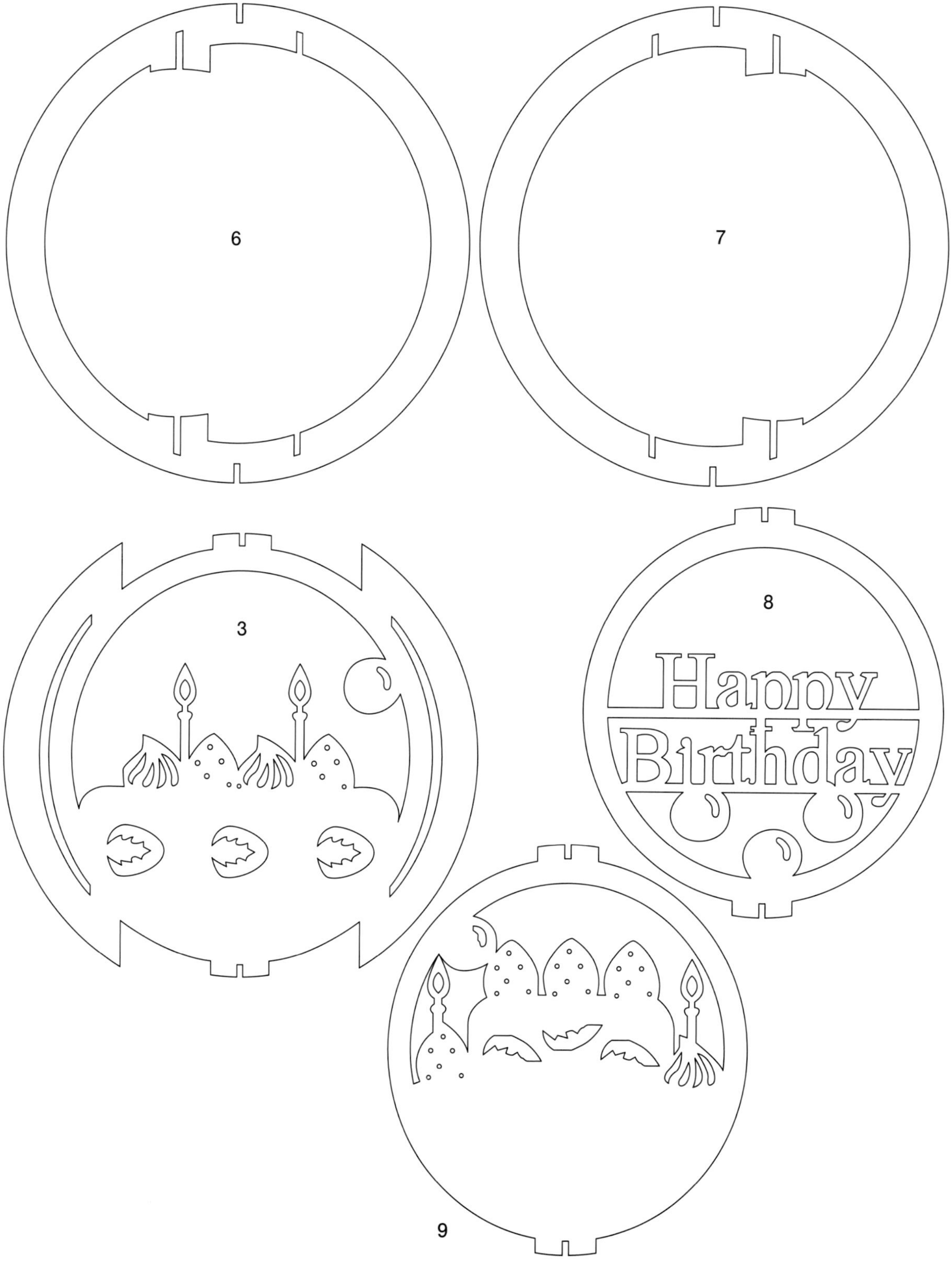

S. 23 • Karte: Geschenk

Dies sind die Motivringe für die Karte Mittelgroß 1 – Geschenk.
Siehe Anleitung auf S. 28.

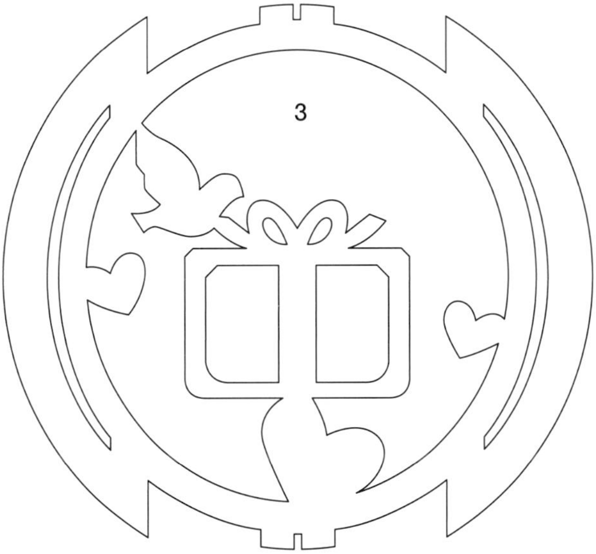

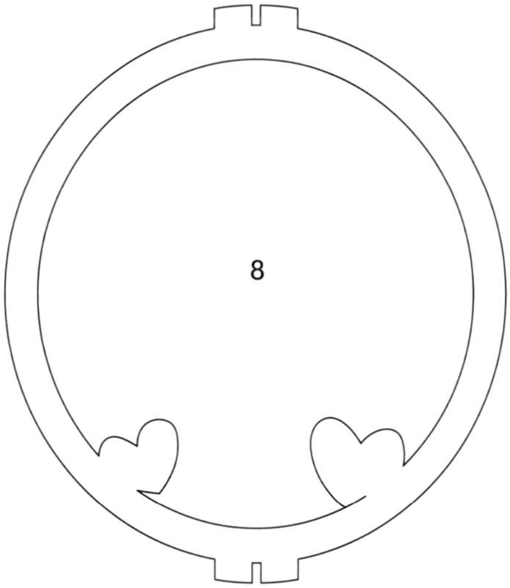

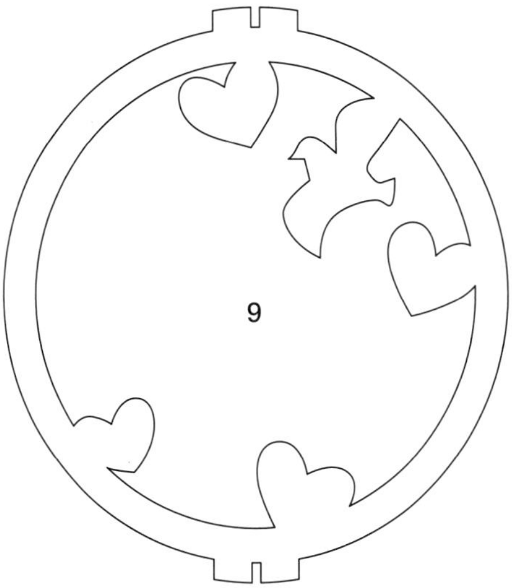

Dies sind die Motivringe für die Karte Mittelgroß 1 – Halloween.
Siehe Anleitung zum Zusammensetzen auf S. 28.

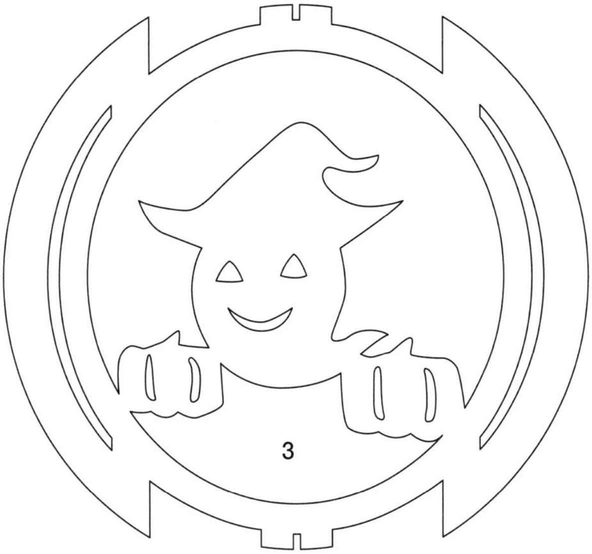

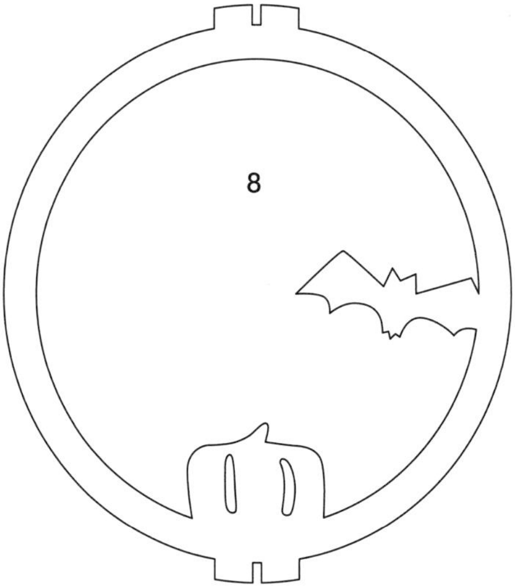

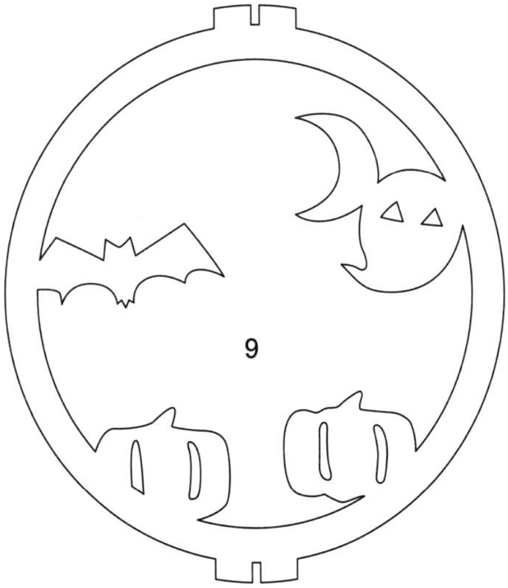

S. 25 • Karte: Merry Christmas

Dies sind die Motivringe für die Karte Mittelgroß 1 – Merry Christmas.
Siehe Anleitung auf S. 28.

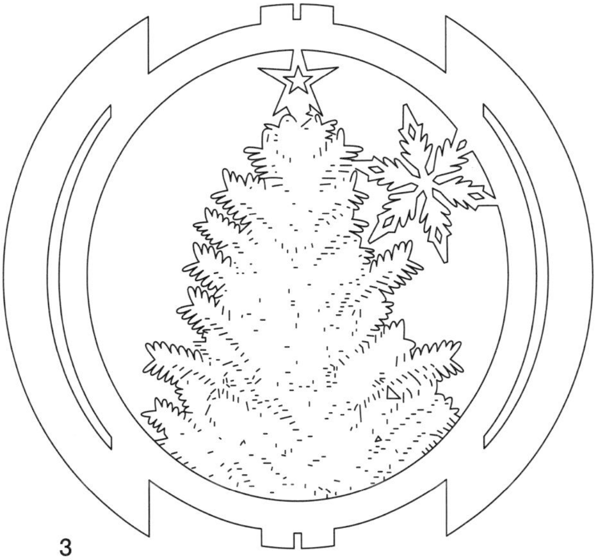

3

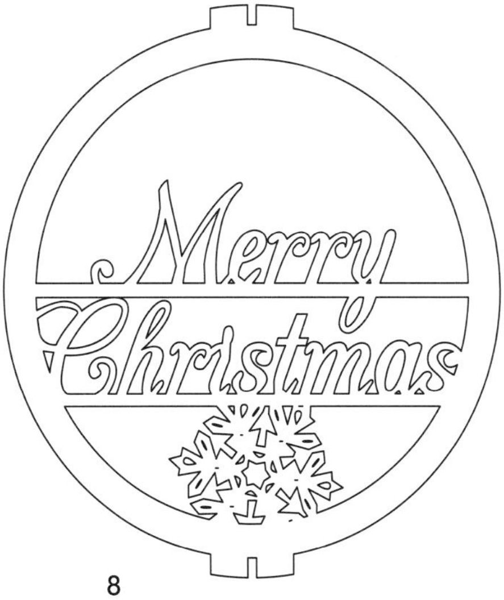

8

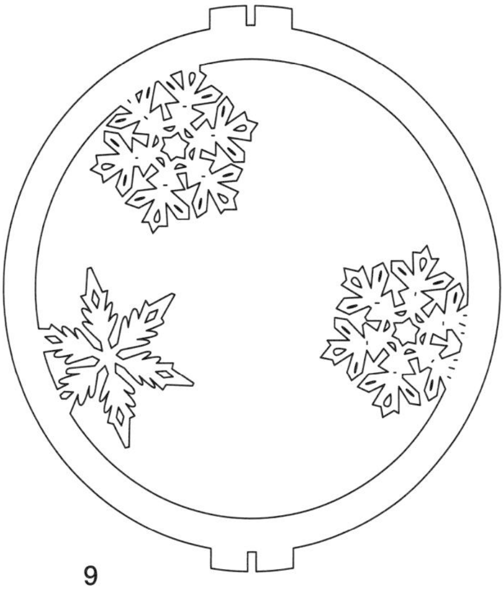

9

S. 26 • Karte: Maiglöckchen und Fee

Dies sind die Motivringe für die Karte Mittelgroß 1 – Maiglöckchen und Fee.
Siehe Anleitung auf S. 28.

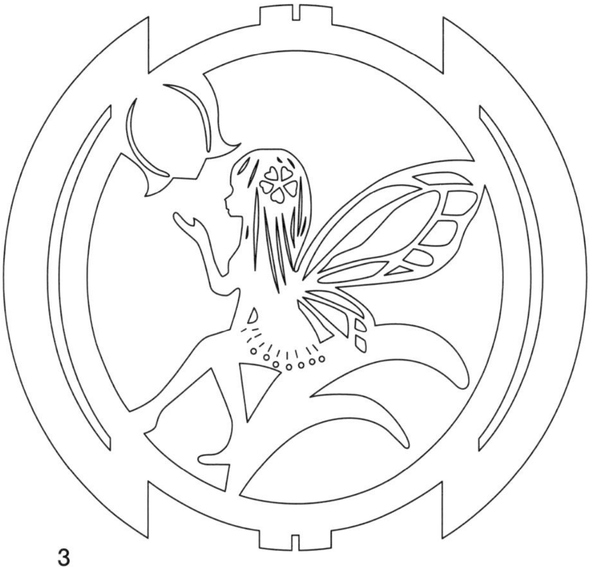

3

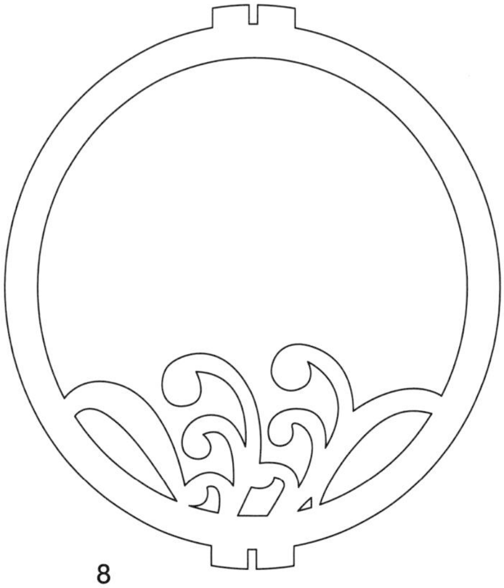

8

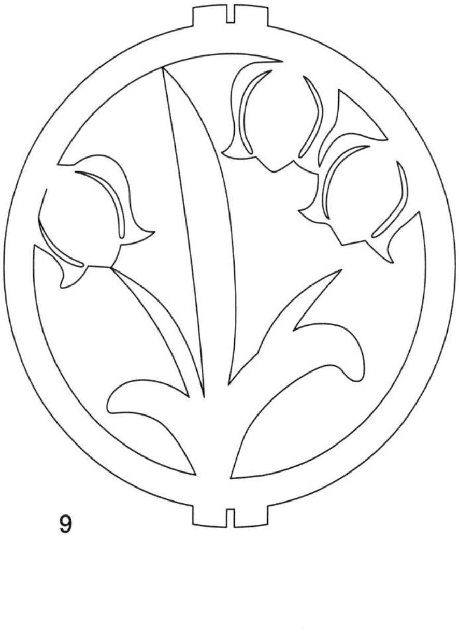

9

S. 30 • Mittelgroß 2: 4 einfache Ringe

Dies sind die Ringe für die Größe Mittelgroß 2. Diese Ringe werden neben dem Motiv eingesetzt. Die Motivringe werden nicht zwischen diesen vier Ringen eingefügt. Die vier Ringe werden für alle Karten der Größe Mittelgroß 2 verwendet. Deshalb sollten Sie auch alle vier Ringe ausschneiden.
Siehe Anleitung auf S. 42.

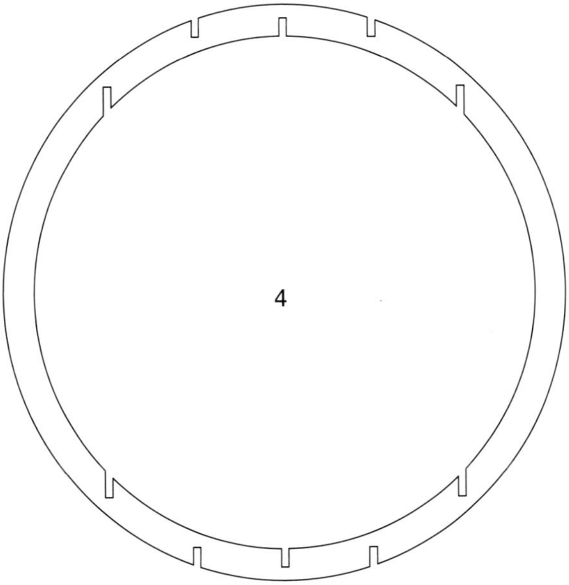

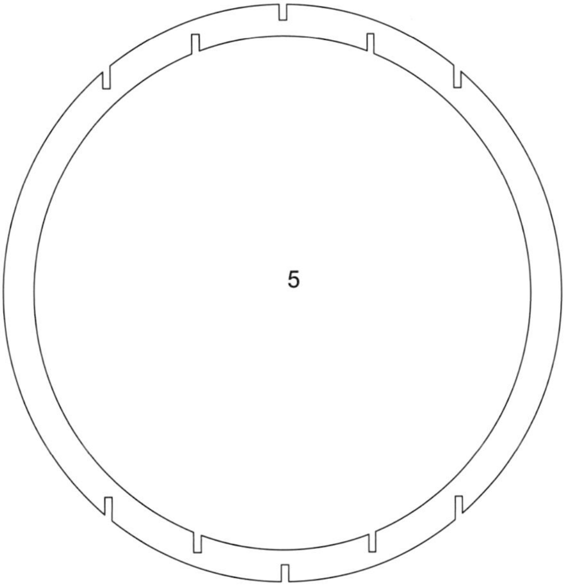

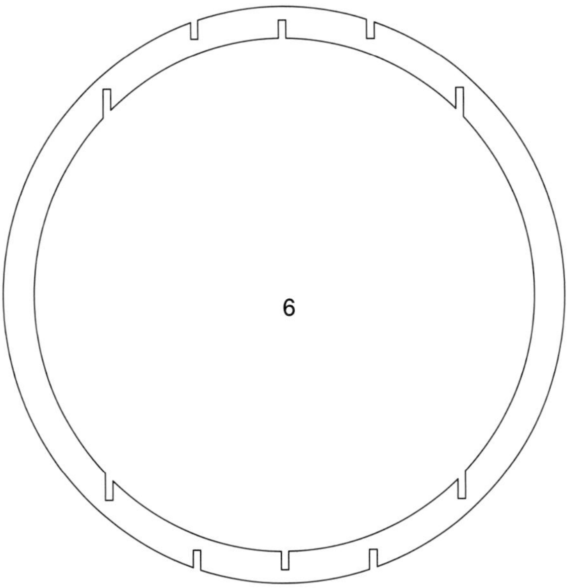

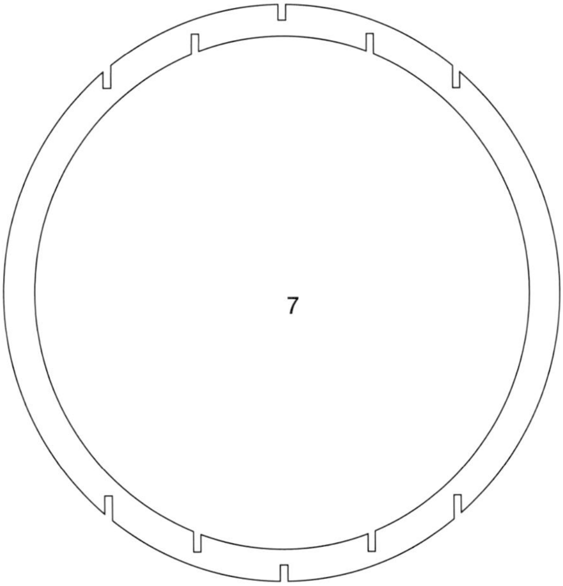

S. 32 • Karte: Hochzeit

Dies sind die sieben Ringe für das Kartenmotiv der Größe Mittelgroß 2 – Hochzeit.
Siehe Anleitung auf S. 42.

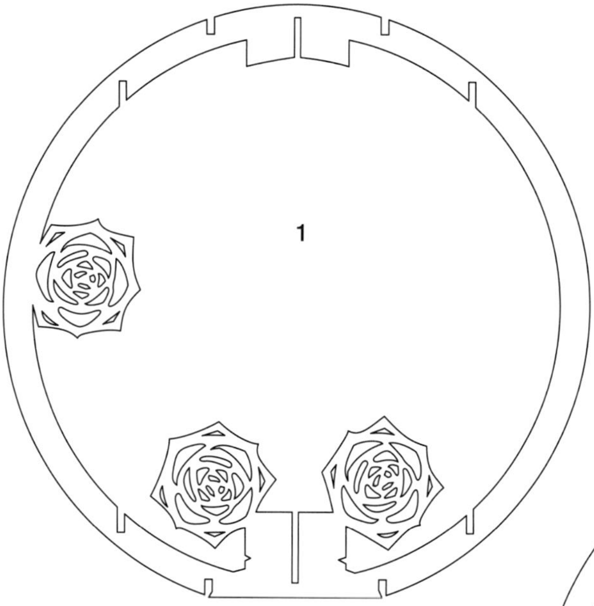

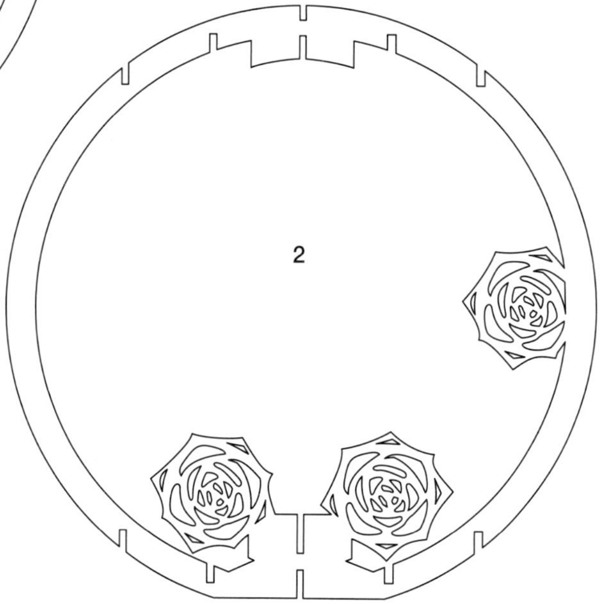

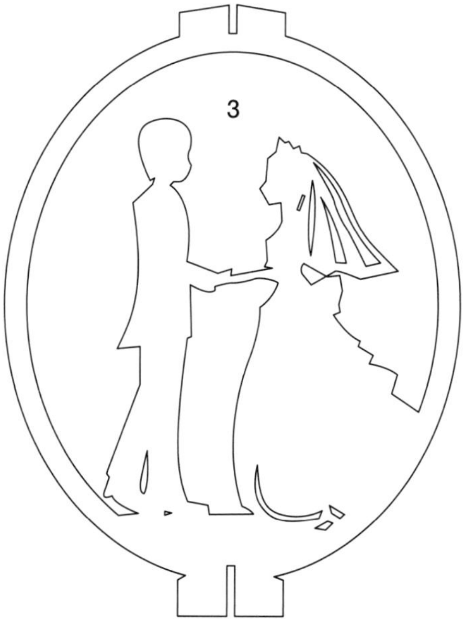

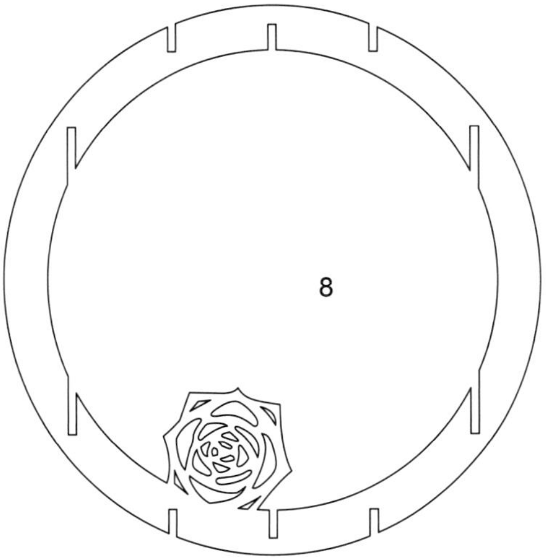
8

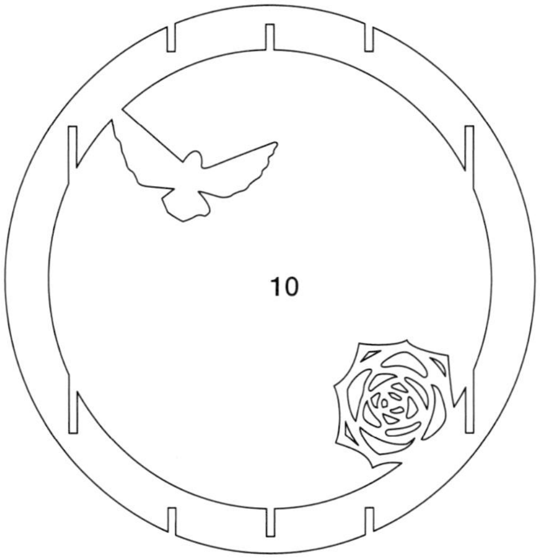
10

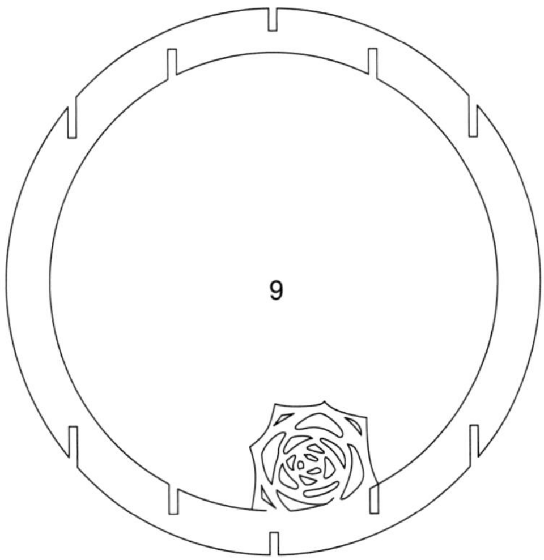
9

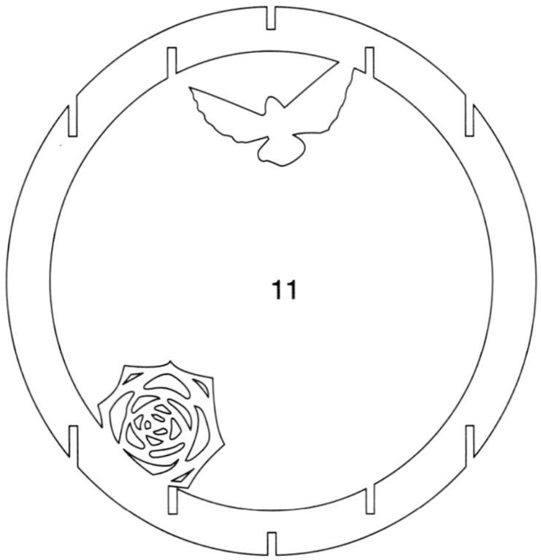
11

Vorlagen für die Größe Mittelgroß 2: fünf Ringe mit Motiv, zwei ohne.
Siehe Anleitung auf S. 42.

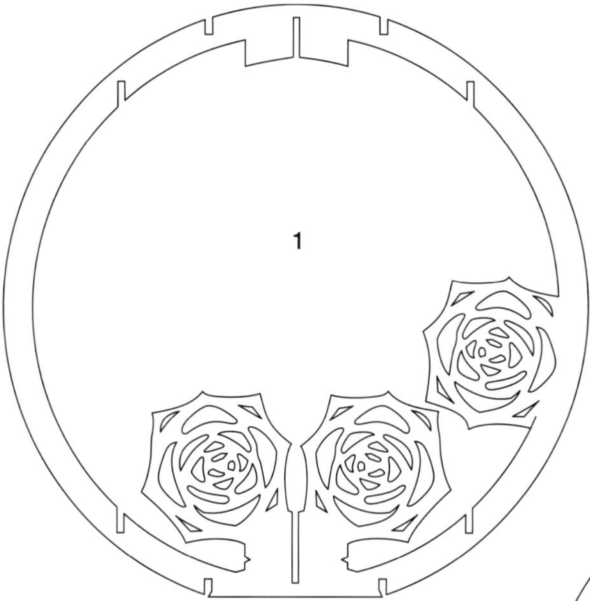

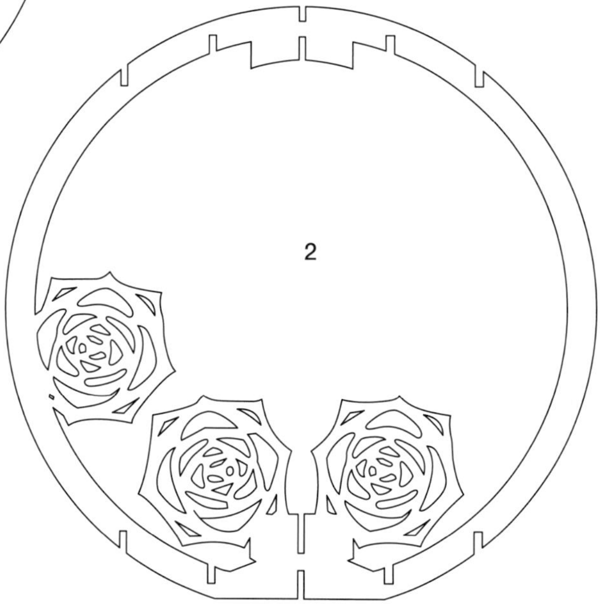

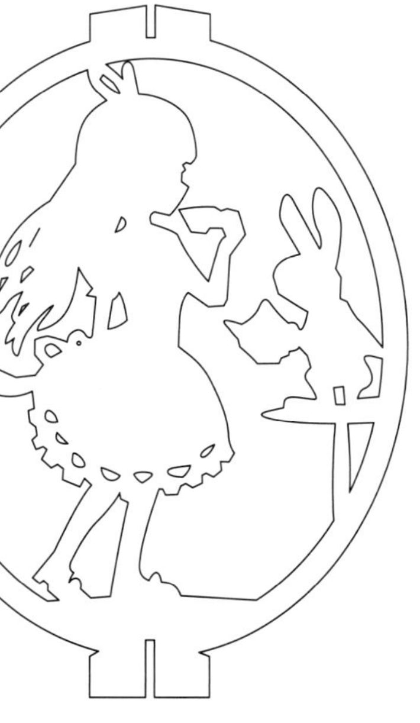

3

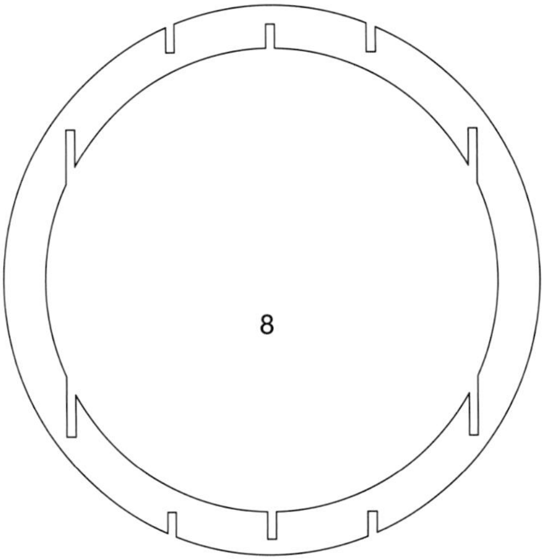
8

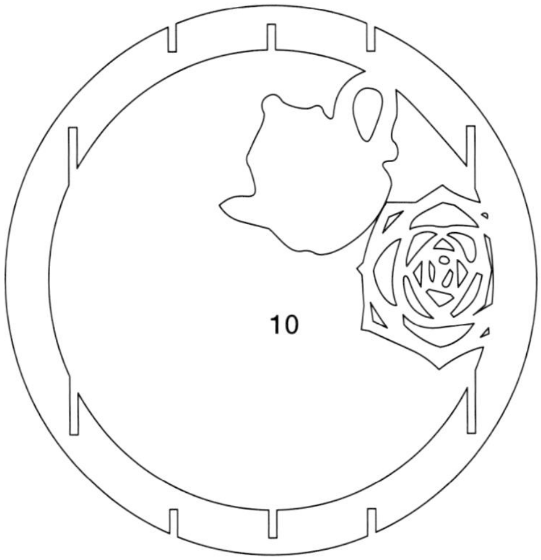
10

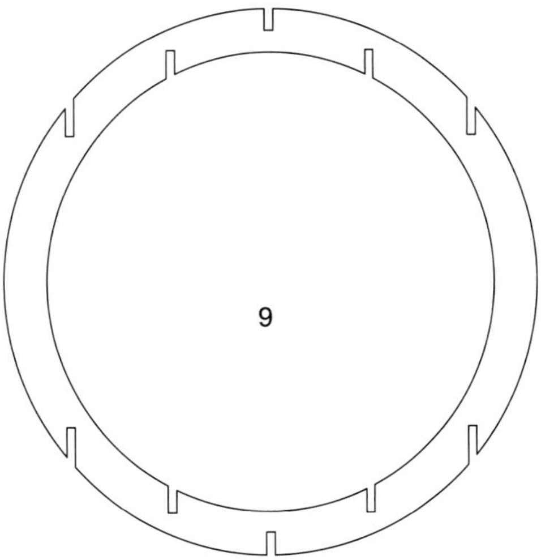
9

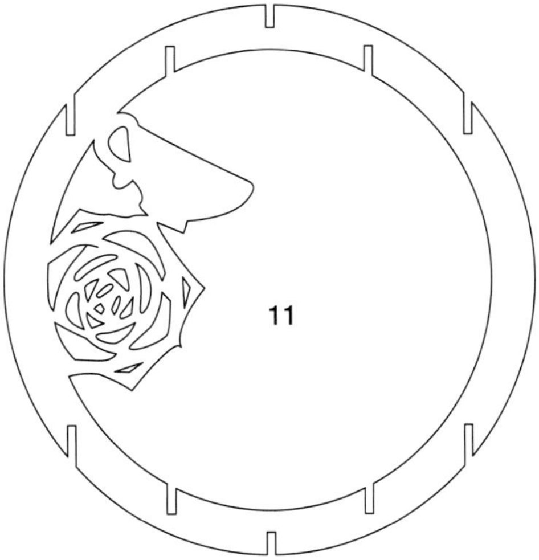
11

S. 35 • Karte: Rotkäppchen

Vorlagen für die Größe Mittelgroß 2: fünf Ringe mit Motiv, zwei ohne.
Siehe Anleitung auf S. 42.

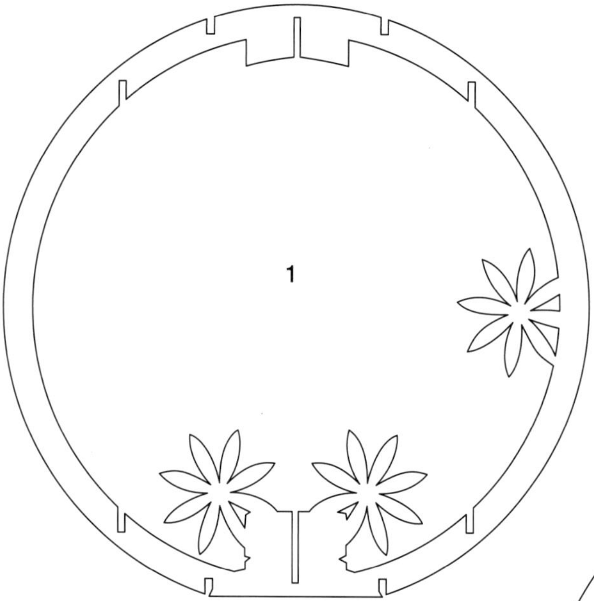

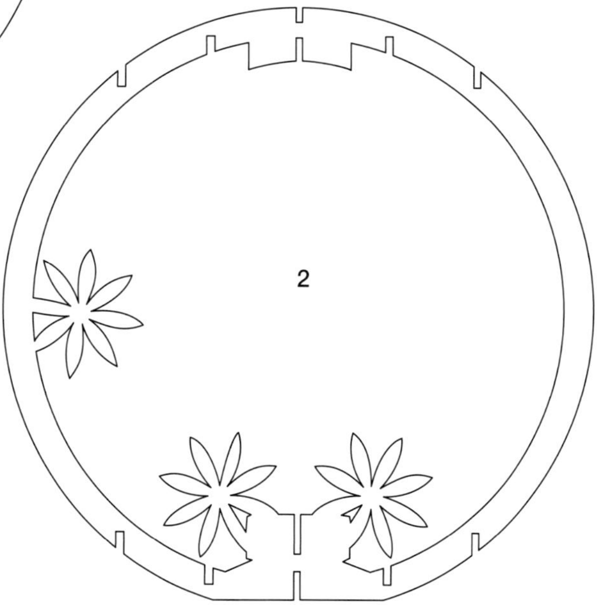

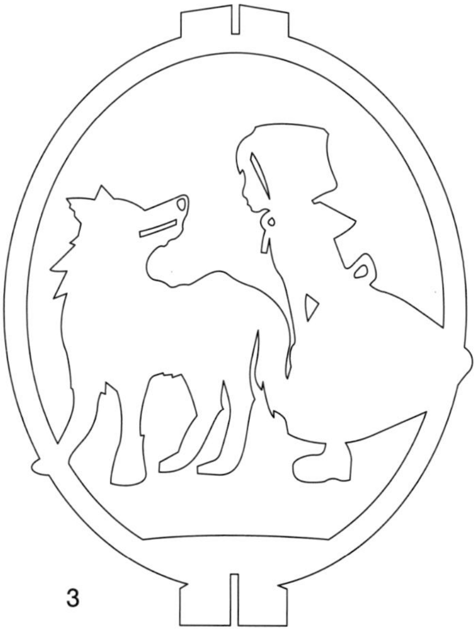

3

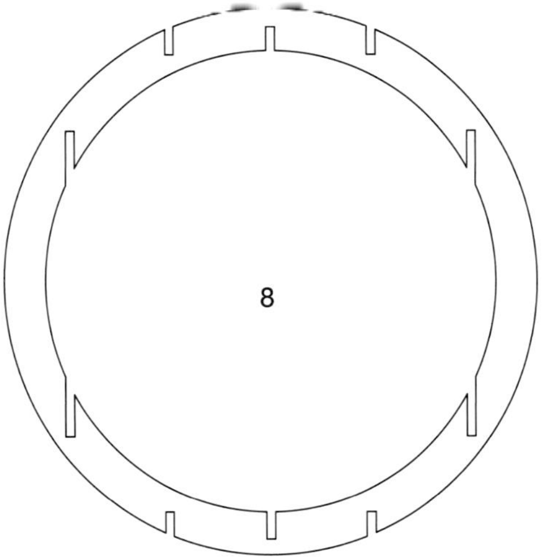
8

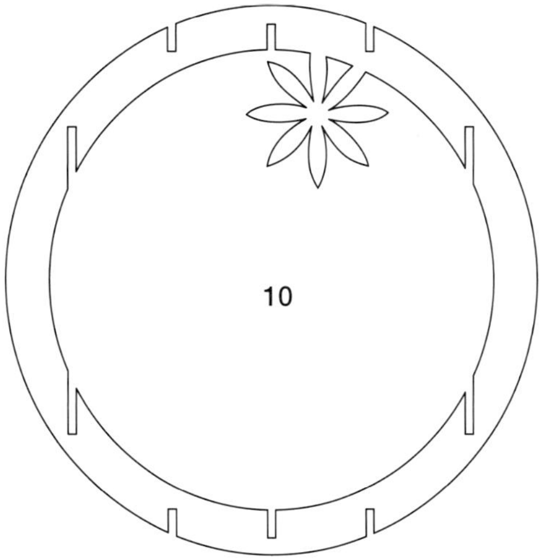
10

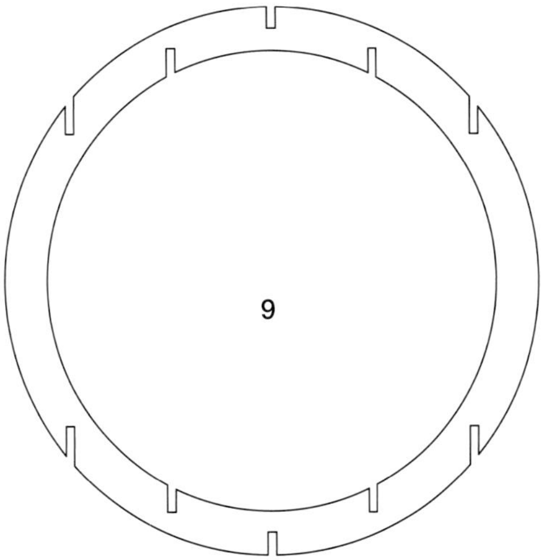
9

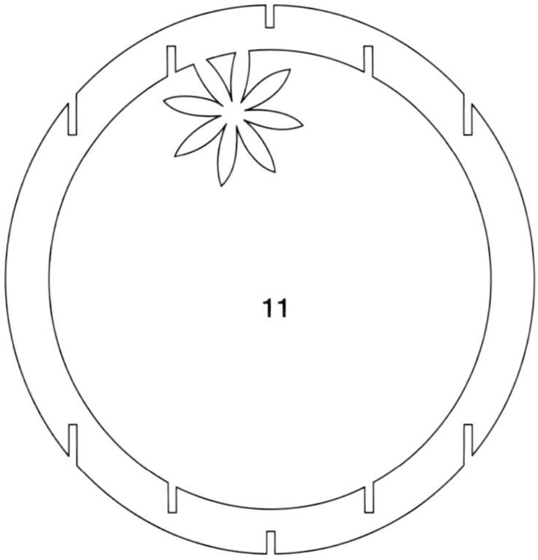
11

S. 36 • Alice und die Spielkarten

Vorlagen für die Größe Mittelgroß 2: fünf Ringe mit Motiv, zwei ohne.
Siehe Anleitung auf S. 42.

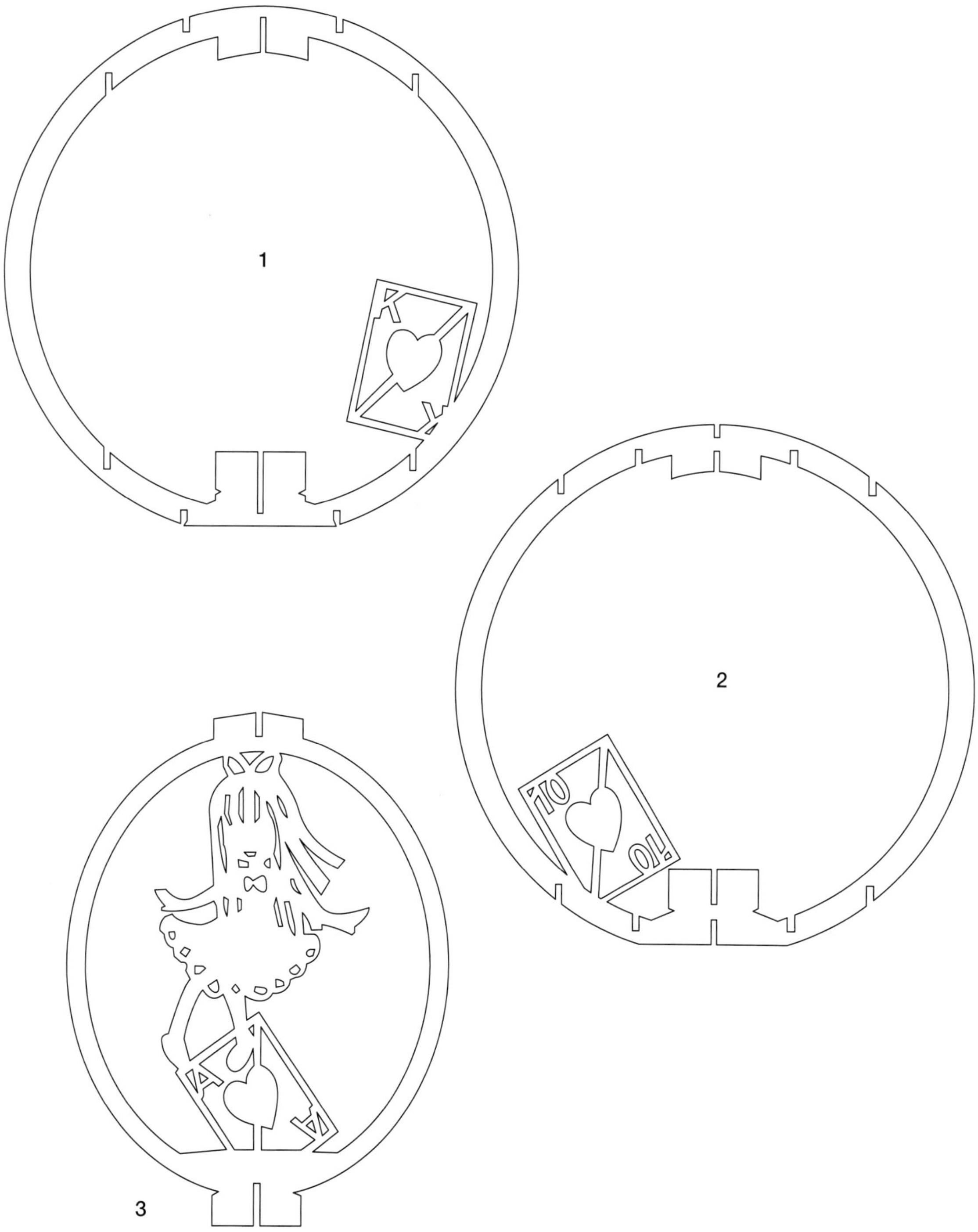

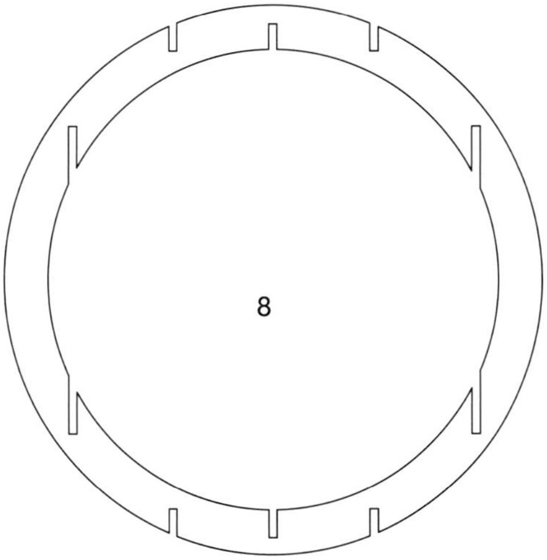

8

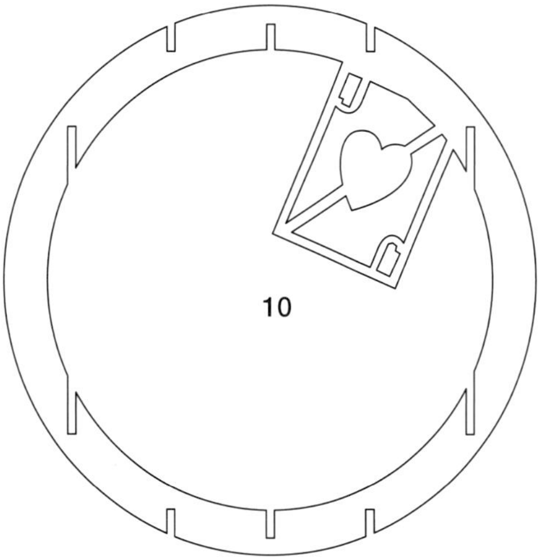

10

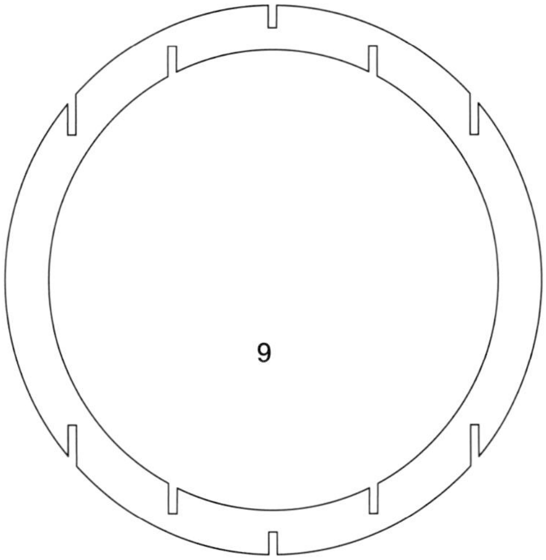

9

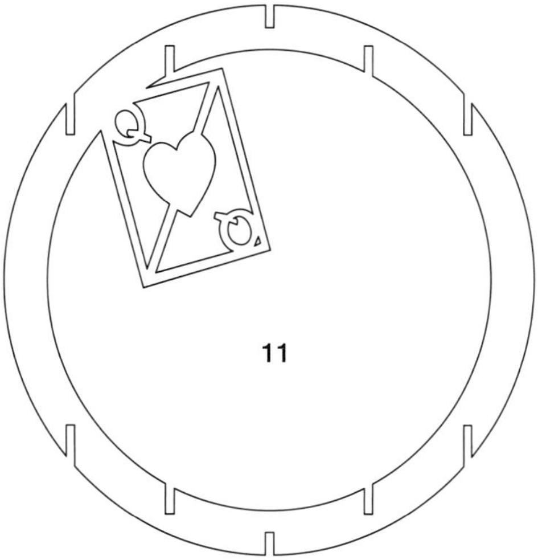

11

S. 38 ● Karte: Happy Birthday

Vorlagen für die Größe Mittelgroß 2: sieben Ringe mit Motiv.
Siehe Anleitung auf S. 42.

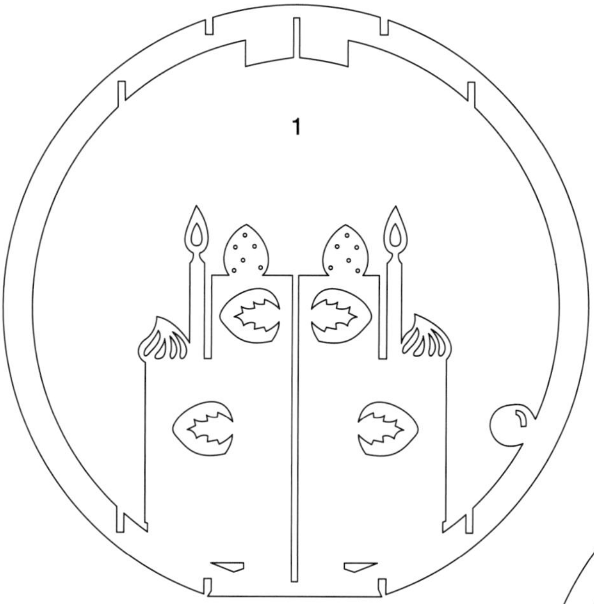

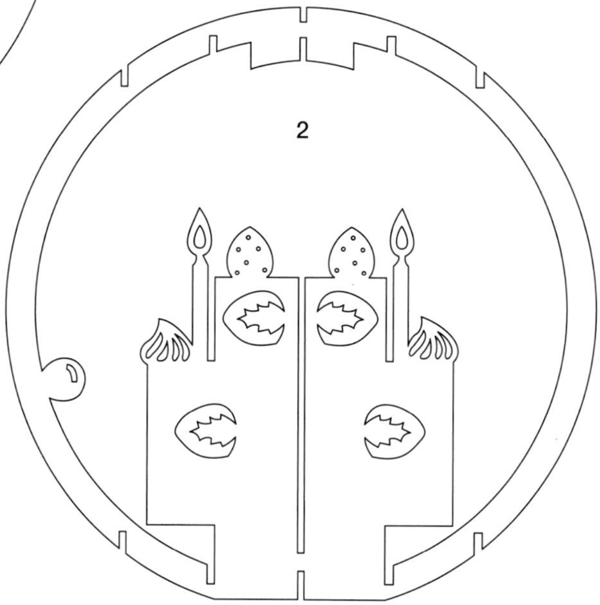

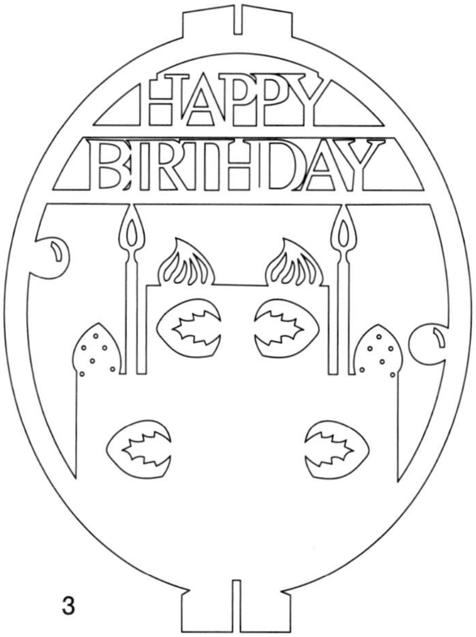

3

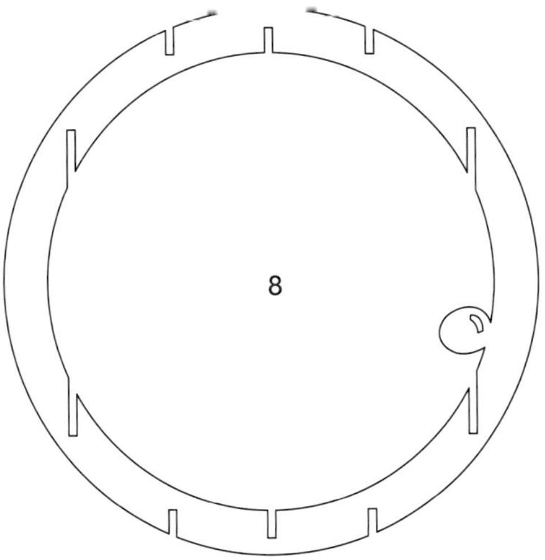
8

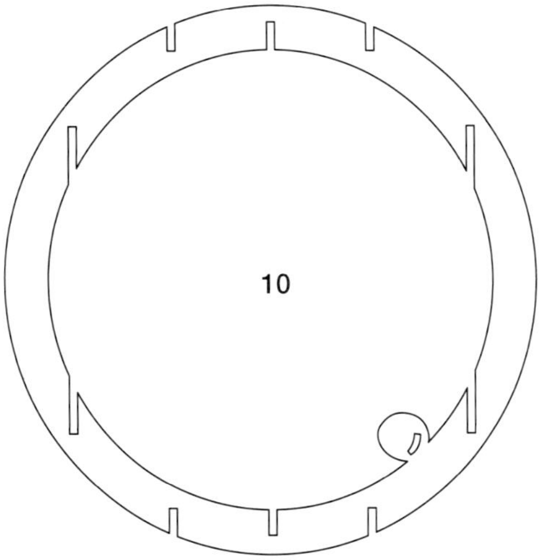
10

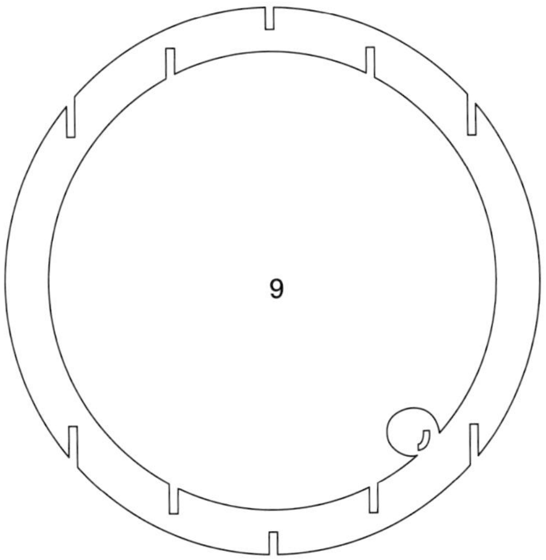
9

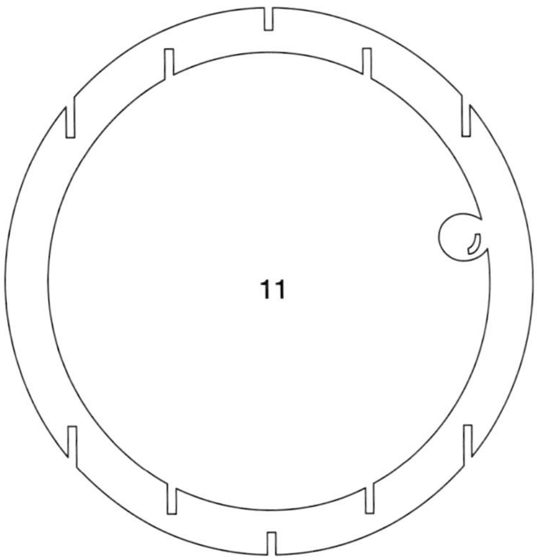
11

S. 46 • Groß: 18 einfache Ringe

Dies sind die Ringe für die großen Kugeln. Abgesehen von den vier Ringen für das Motiv in der Mitte sind es einfache Ringe. Verwenden Sie die auf S. 88–92 abgebildeten Ringe.
Siehe Anleitung auf S. 52.

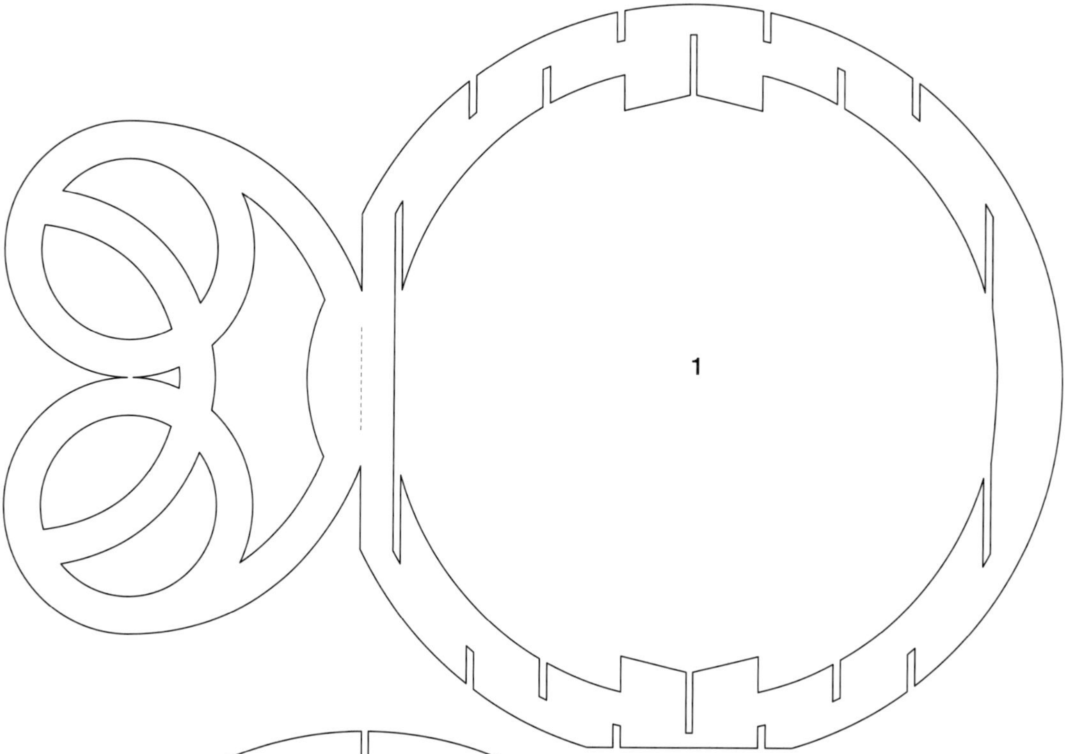

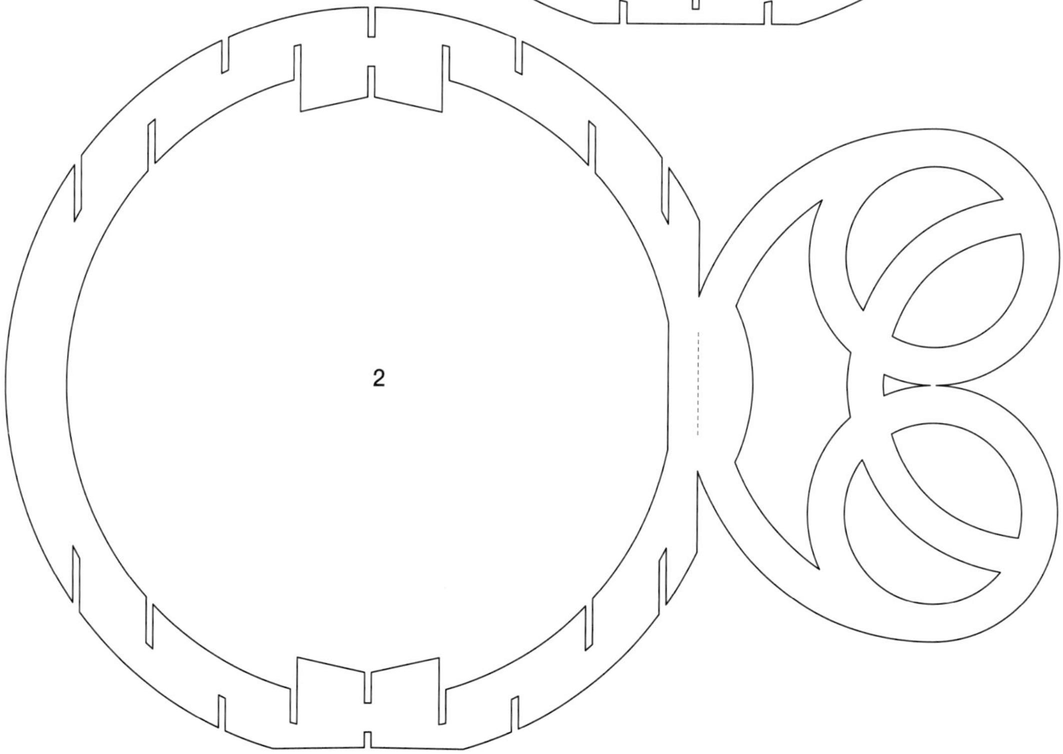

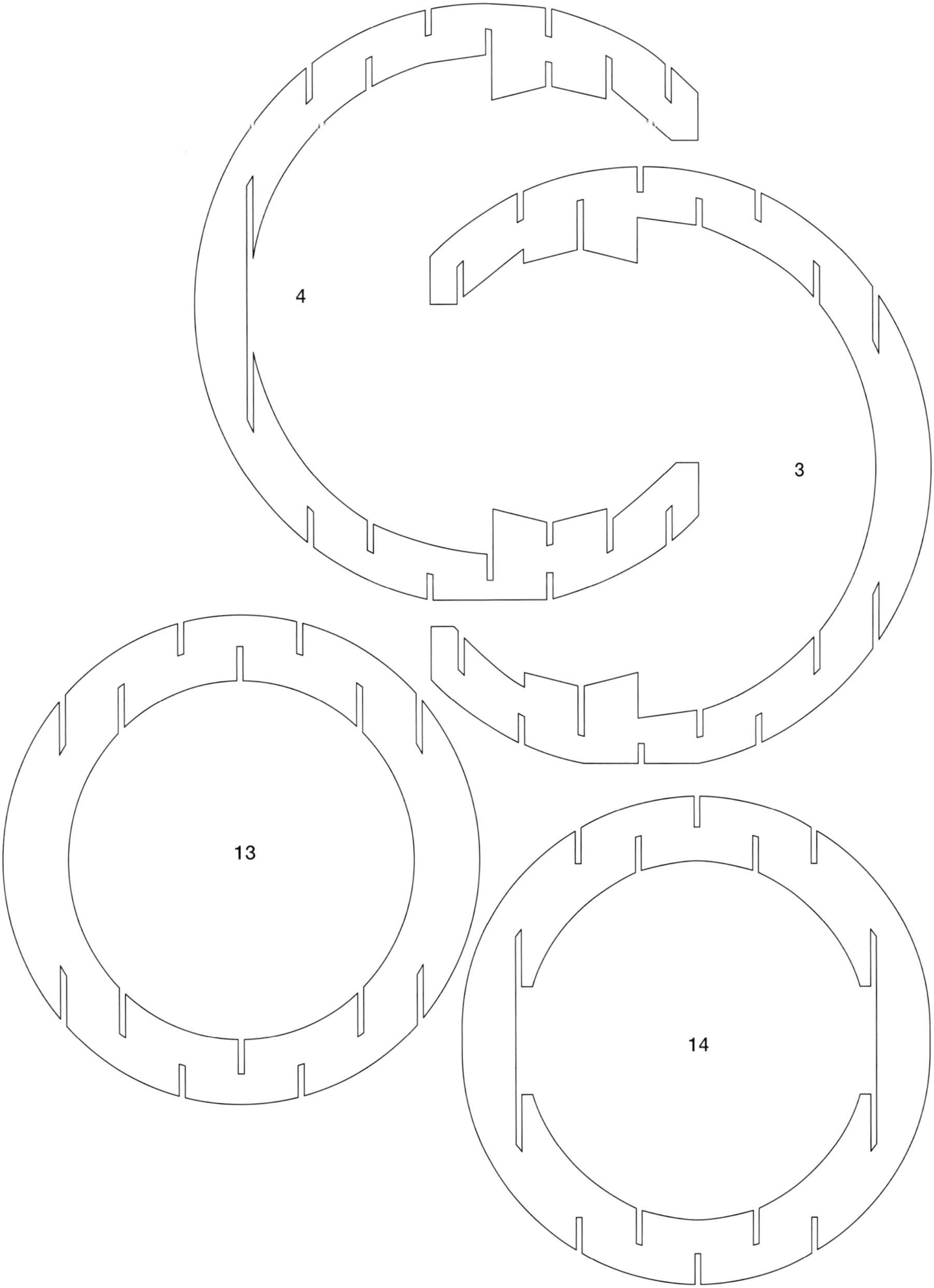
4
3
13
14

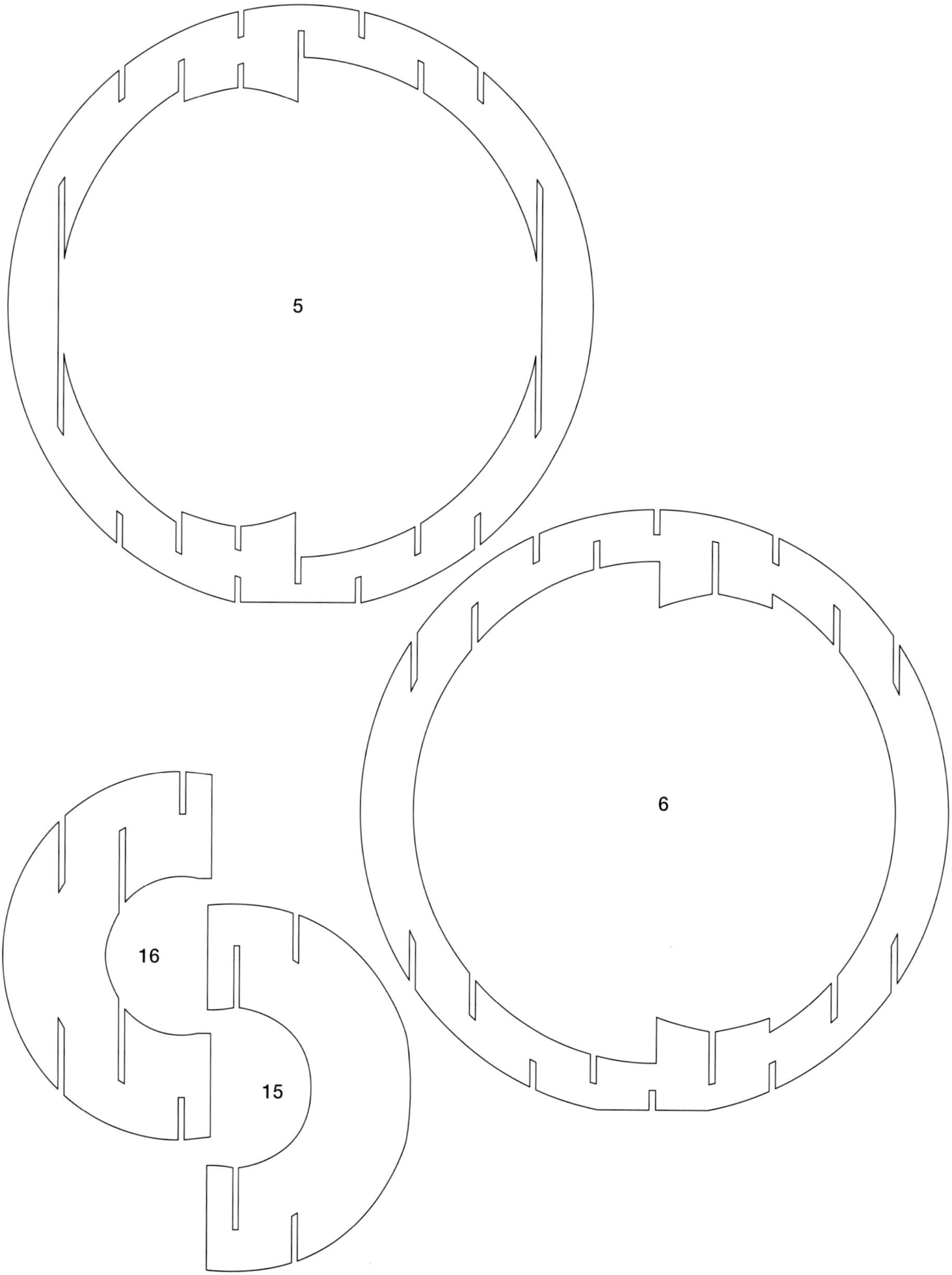
5
6
16
15

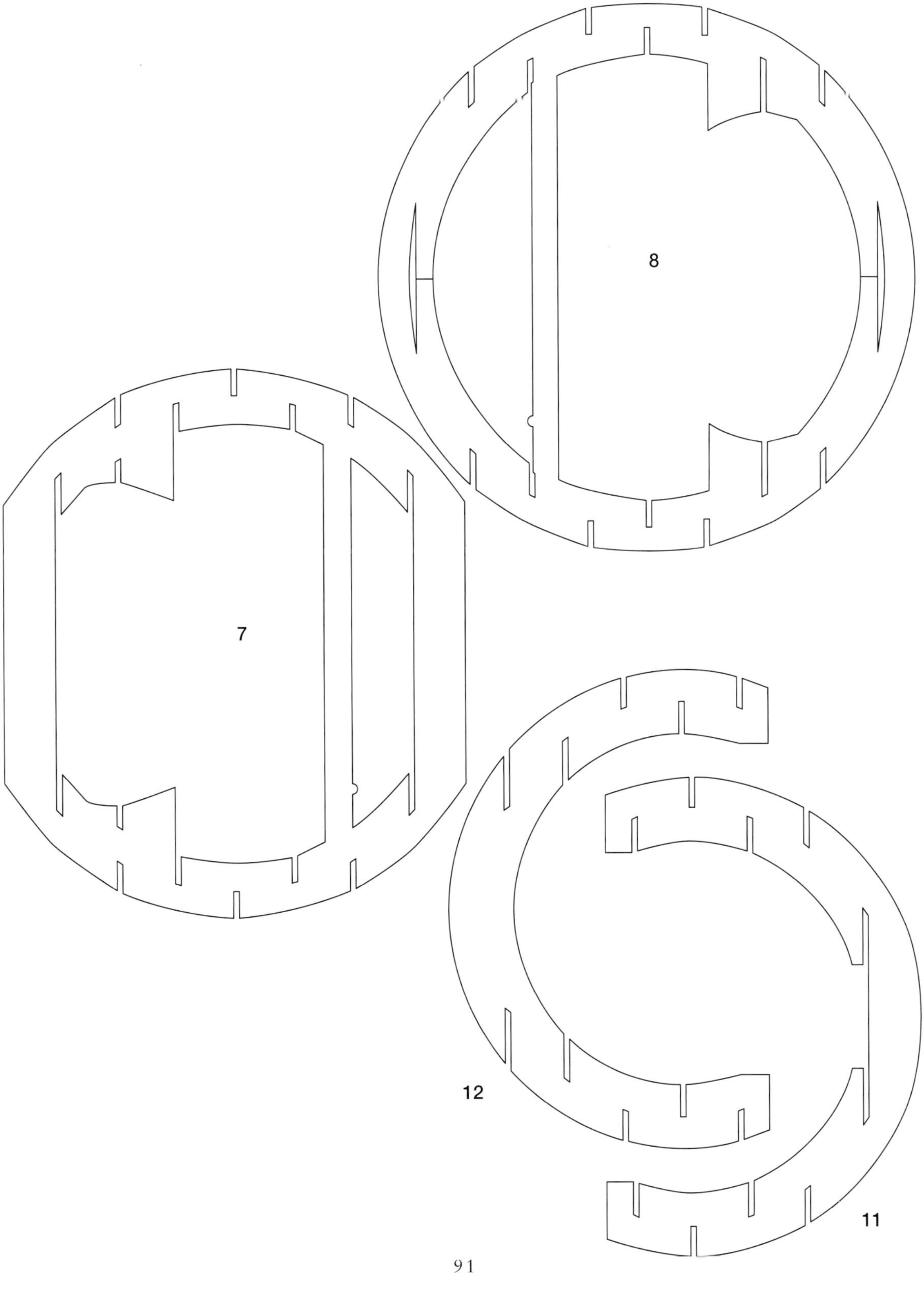
8
7
12
11

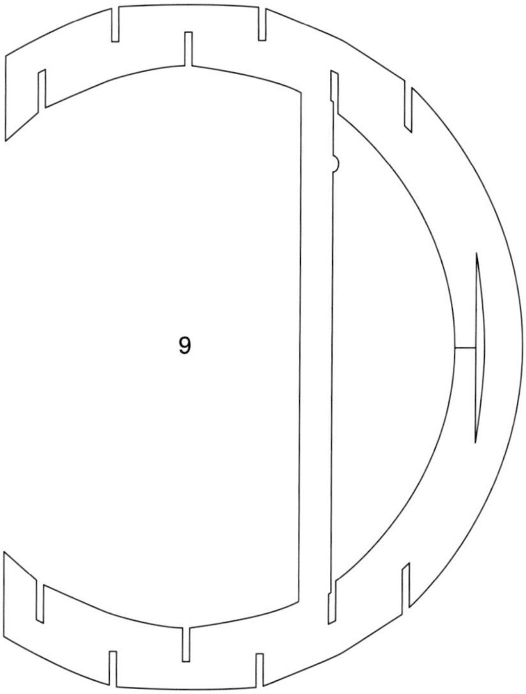
9

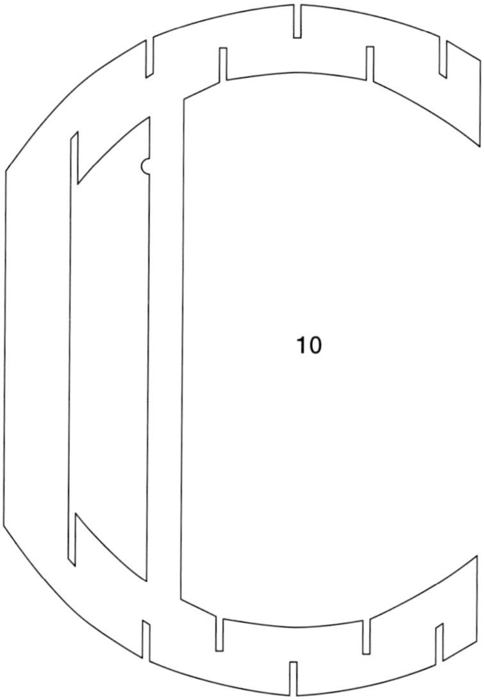
10

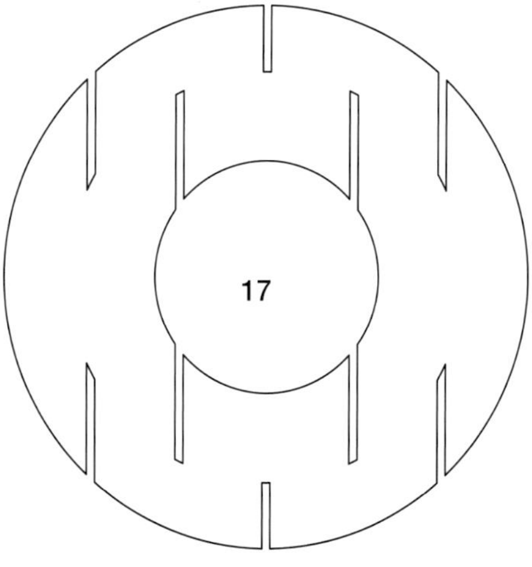
17

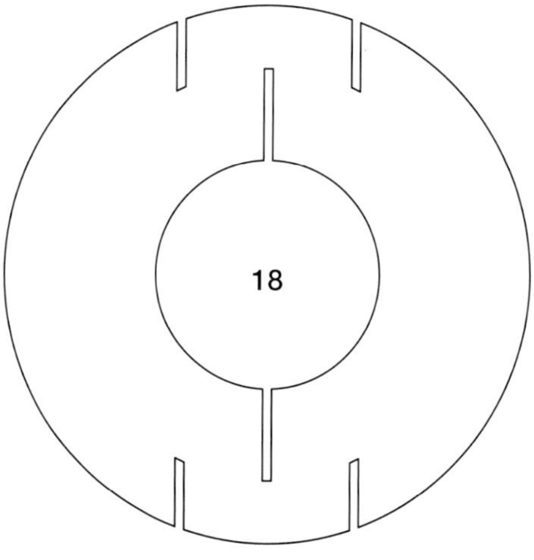
18

Die Mitte einer großen Karte. Vier Ringe haben ein Motiv.
Siehe Anleitung auf S. 52.

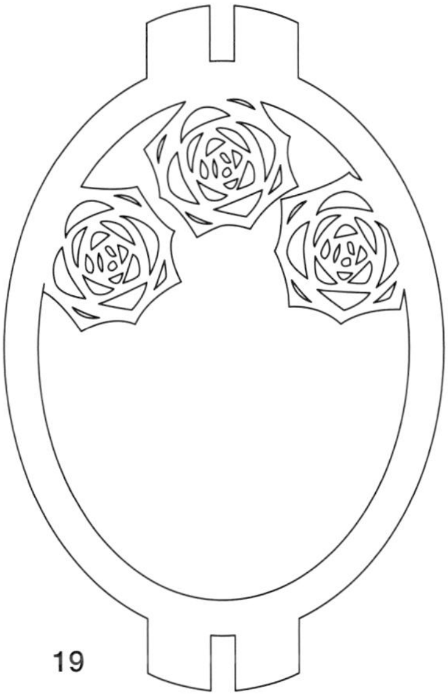

19

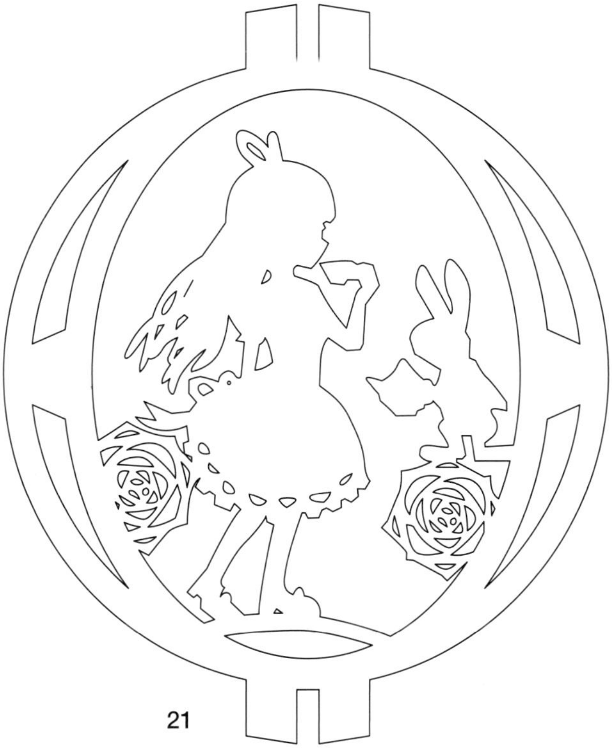

21

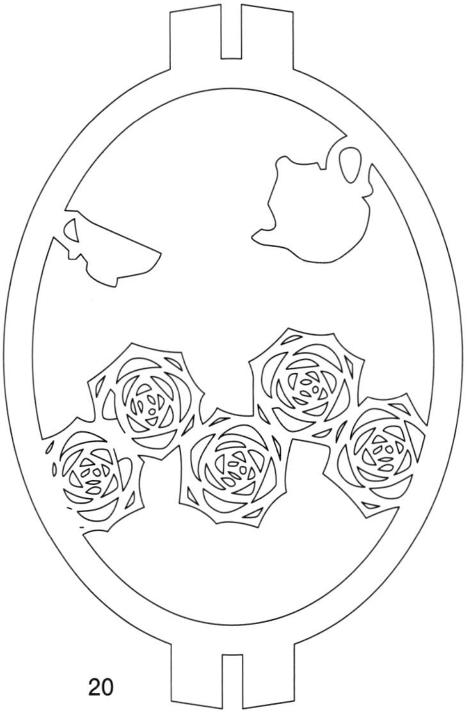

20

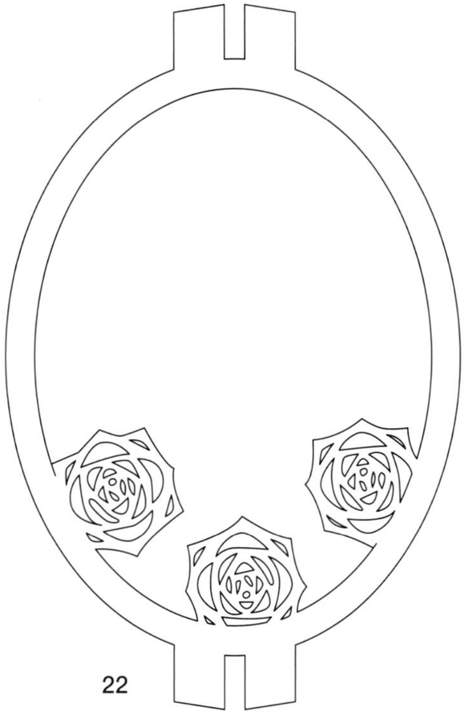

22

S. 50 • Karte: Happy Birthday

Die Mitte einer großen Karte. Vier Ringe haben ein Motiv.
Siehe Anleitung zum Zusammensetzen auf S. 52.

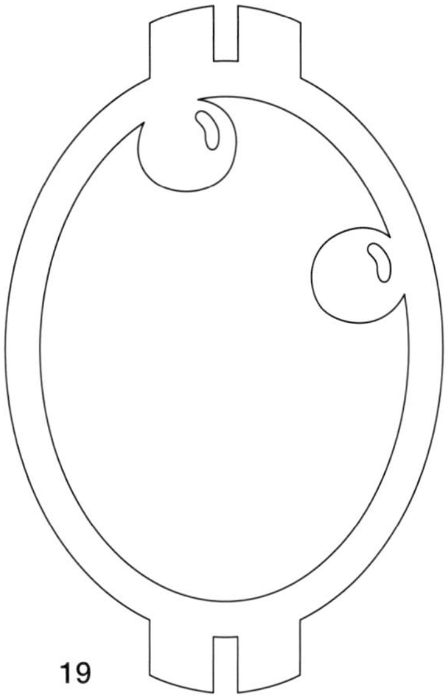

19

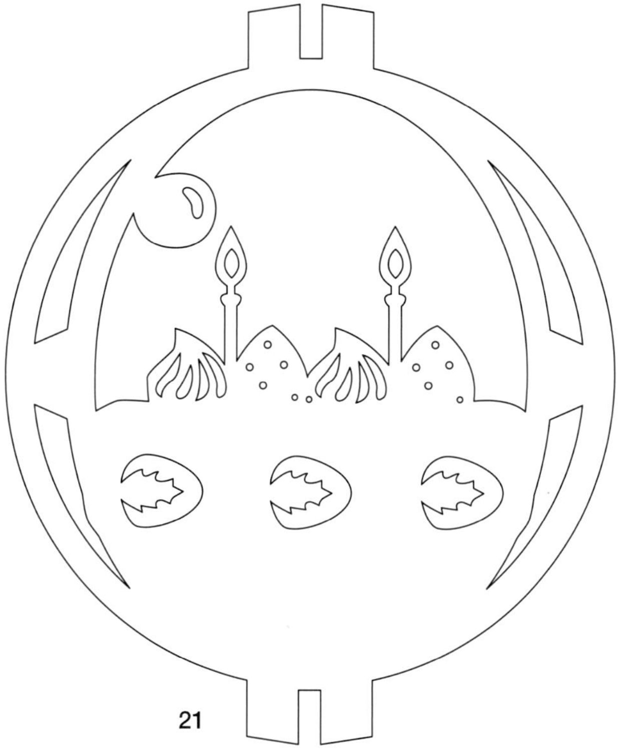

21

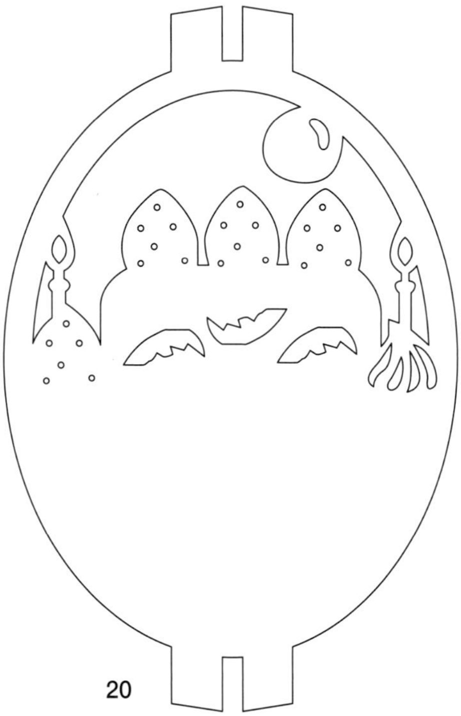

20

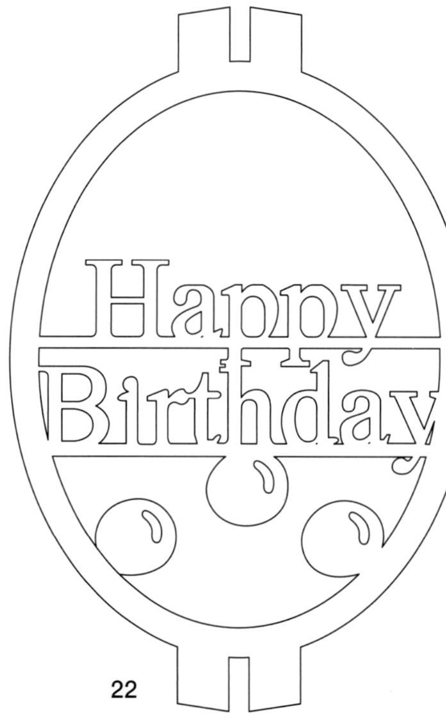

22

Die Mitte einer großen Karte. Vier Ringe haben ein Motiv.
Siehe Anleitung auf S. 52.

19

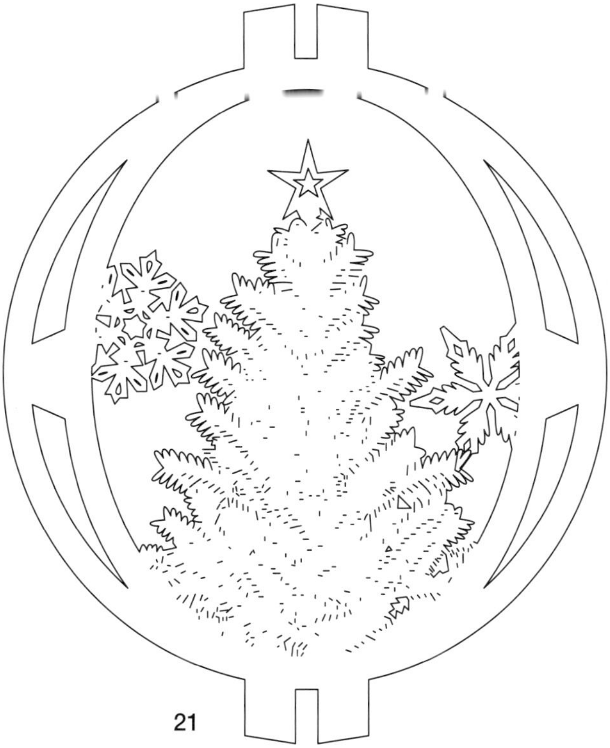

21

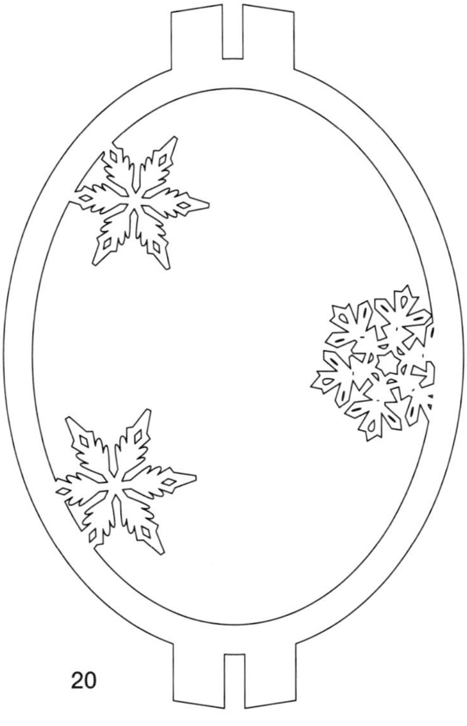

20

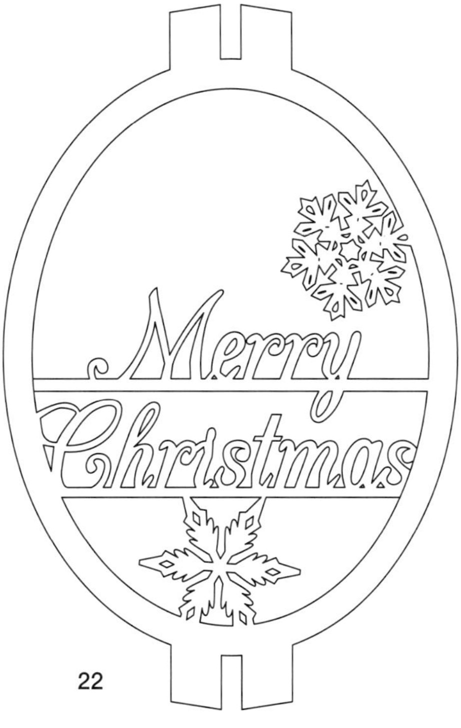

22

Der Papierkünstler Seiji Tsukimoto erschafft neuartige Ideen aus Papier und greift dabei Themen aus klassischen Kindergeschichten, Märchen und Folklore sowie aus seiner japanischen Kultur und aus westlichen Kulturen auf. Er sucht und kreiert ständig neue Formen des Pop-up-Designs. Seiji Tsukimoto lebt in Chiba, Japan.

Impressum

Für die deutsche Ausgabe:

Übersetzung aus dem Englischen: FSM Premedia GmbH & Co. KG, Birgit van der Avoort
Produktmanagement: Eva Schrecklinger
Lektorat und Korrektorat: FSM Premedia GmbH & Co. KG
Covergestaltung: Eva Hook
Herstellung: Katrin Röhlig
Satz: FSM Premedia GmbH & Co. KG

Die deutsche Ausgabe wurde 2022 in der frechverlag GmbH veröffentlicht.

Rechte für die deutsche Übersetzung von GRAPHIC-SHA PUBLISHING CO., LTD
über Japan UNI Agency, Inc., Tokyo.

Kreativteam der Originalausgabe
Fotos: Kazumasa Yamamoto
Art Direction & Layout: Satomi Nakata
Zeichnungen: Kyodo Kogeisha
Lektorat: Ayako Enaka (Graphic-sha Publishing Co., Ltd.)
Projektmanagement der fremdsprachigen Ausgabe: Takako Motoki (Graphic-sha Publishing Co., Ltd.)

1. Auflage 2022

ISBN 978-3-7724-4635-1 • Best.-Nr. 4635

Printed in POLYGRAF PRINT spol. s r.o.

MIX
Aus verantwortungsvollen Quellen
FSC® C023577

Penguin Random House Verlagsgruppe
FSC® N001967

S. 10 ● Klein: Kirschblüte

Schneiden Sie die Ringe aus und verwenden Sie sie für die Karte.
Siehe Anleitung auf S. 18.

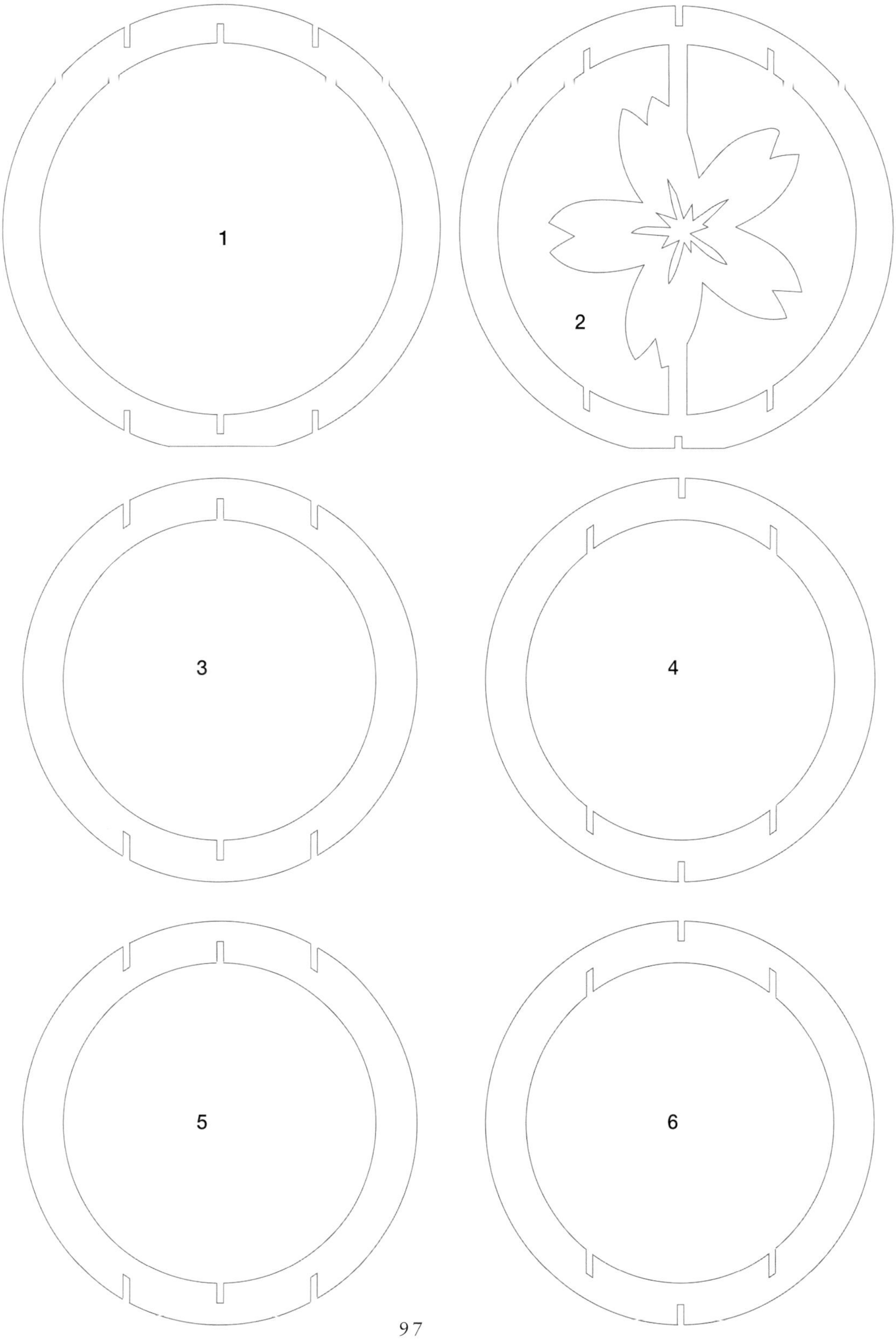

Hier schneiden

Hier schneiden

S. 14 • Klein: Krone

Schneiden Sie die Ringe aus und verwenden Sie sie für die Karte.
Siehe Anleitung auf S. 18.

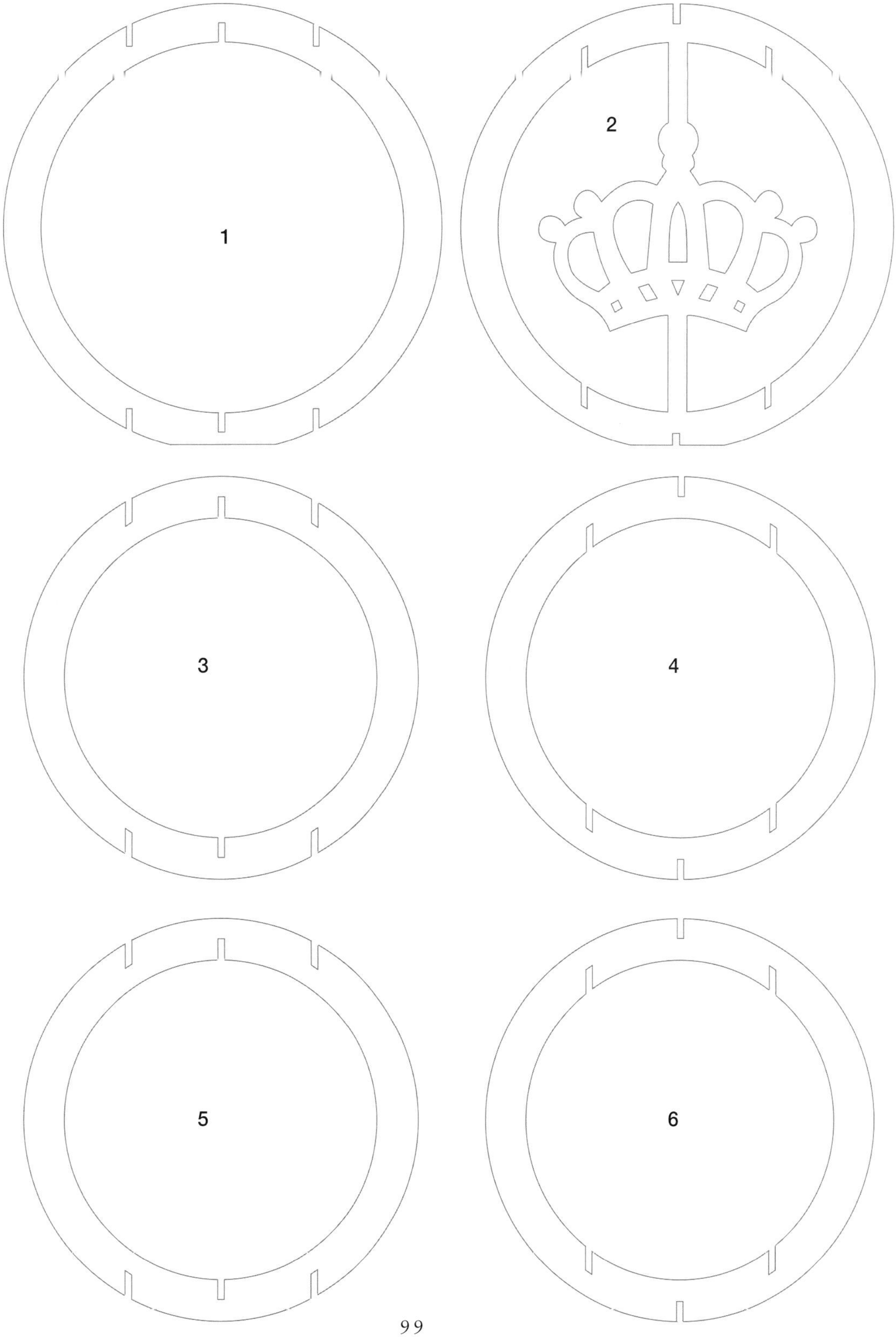

Hier schneiden

Hier schneiden

Hier schneiden

Trennen Sie S. 101–104 heraus. Schneiden Sie die Ringe aus und verwenden Sie sie für die Karte. Siehe Anleitung auf S. 28.

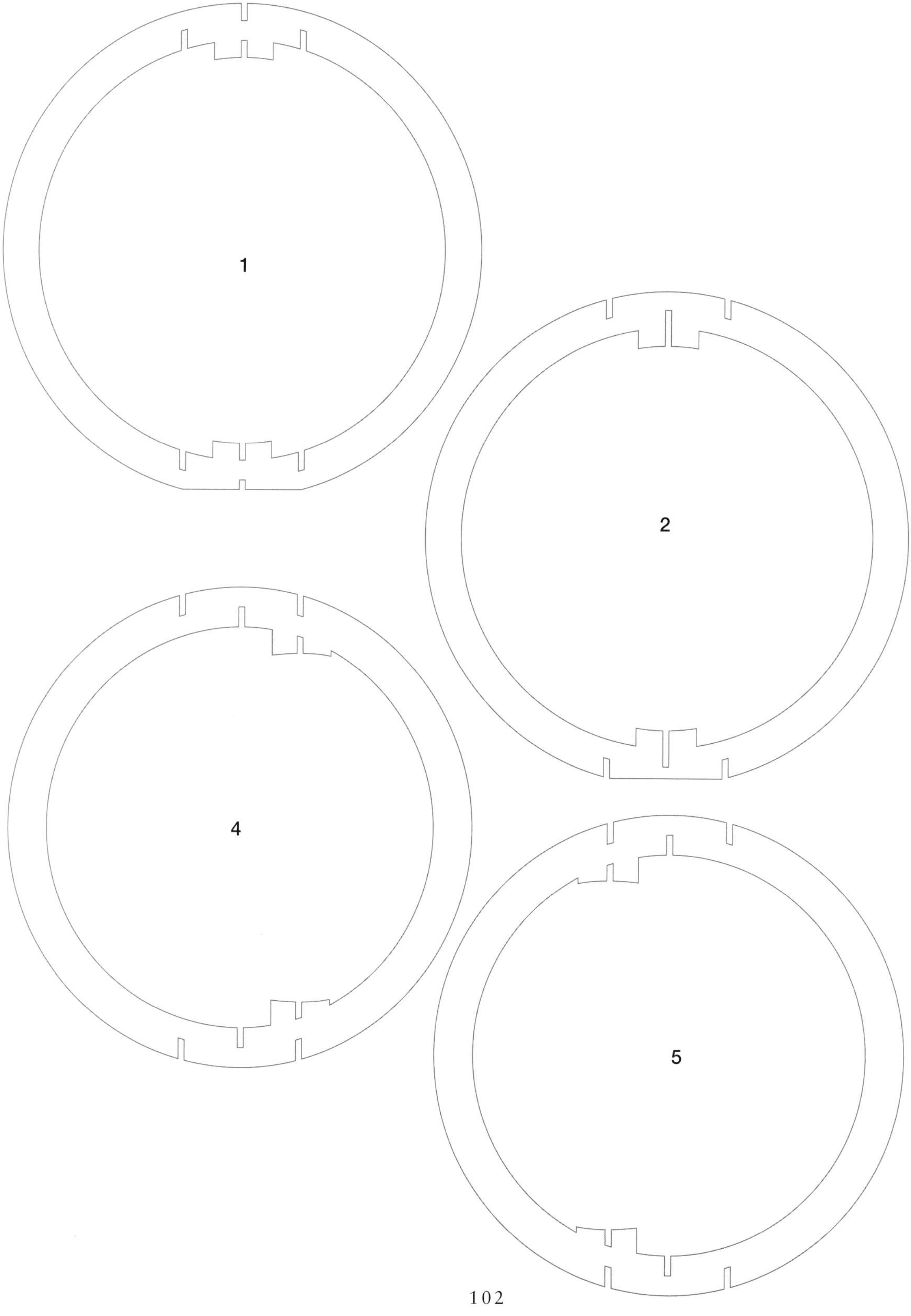

Hier schneiden

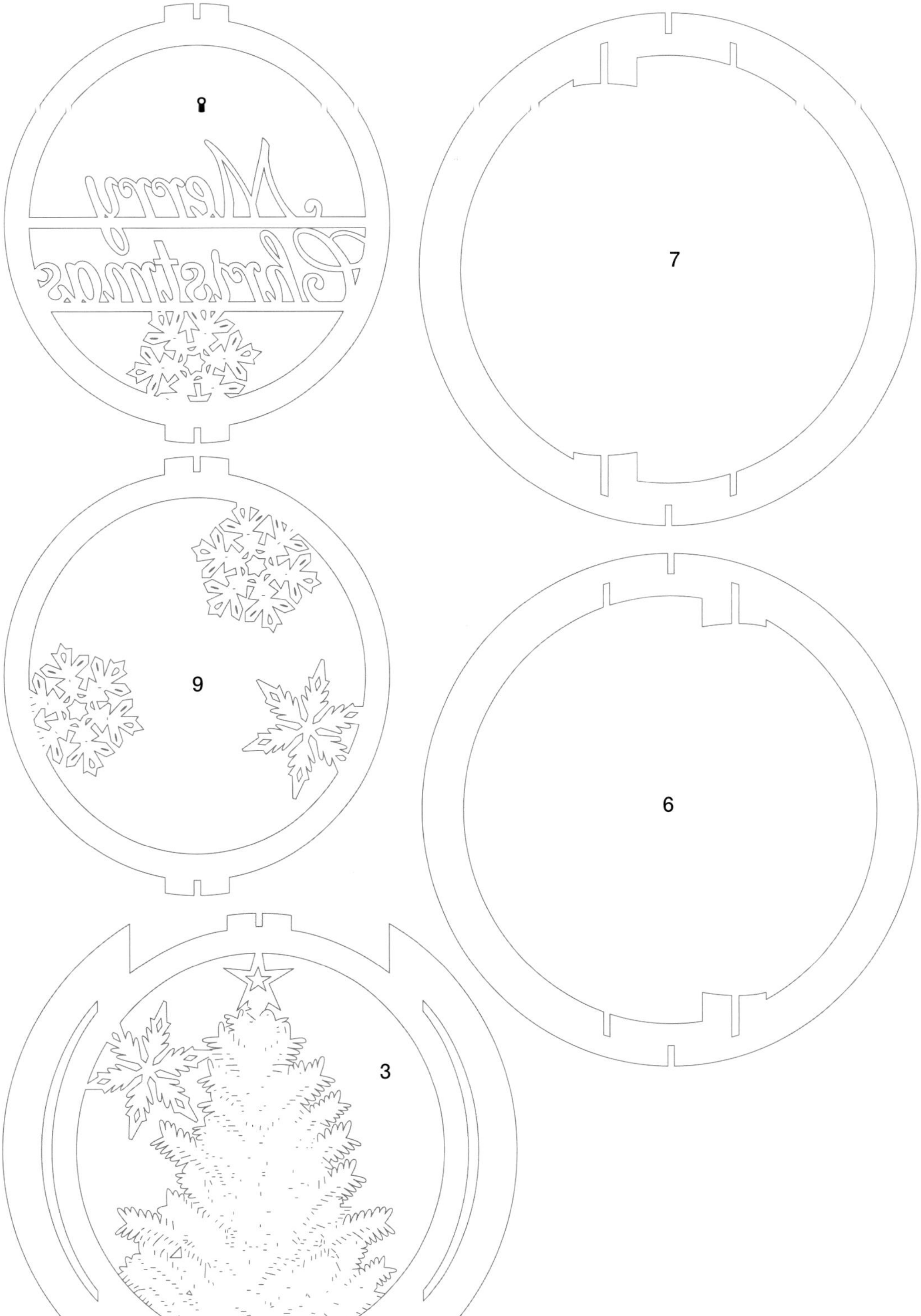

Hier schneiden

Hier schneiden

Hier schneiden

Trennen Sie S. 105–110 heraus. Schneiden Sie die Ringe aus und verwenden Sie sie für die Karte. Siehe Anleitung auf S. 42.

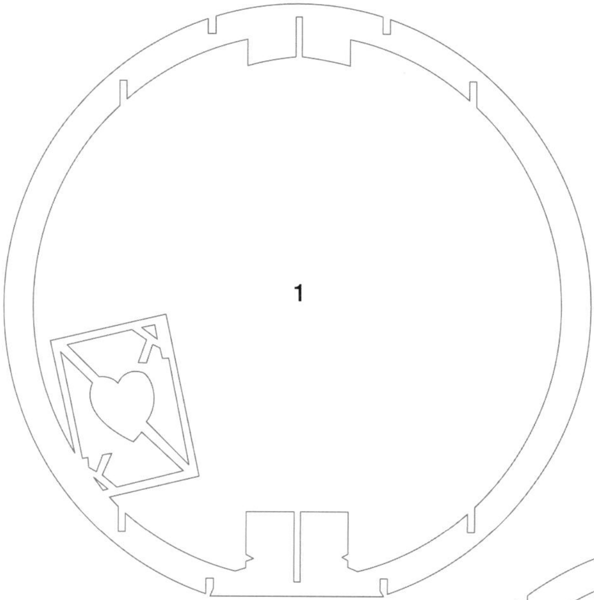

1

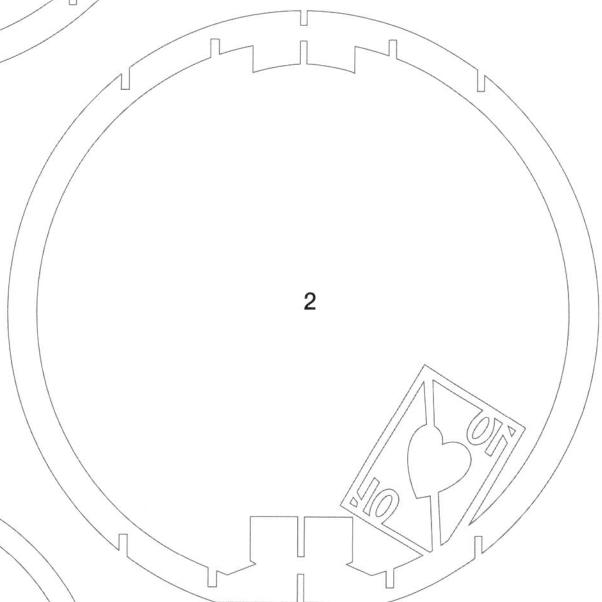

2

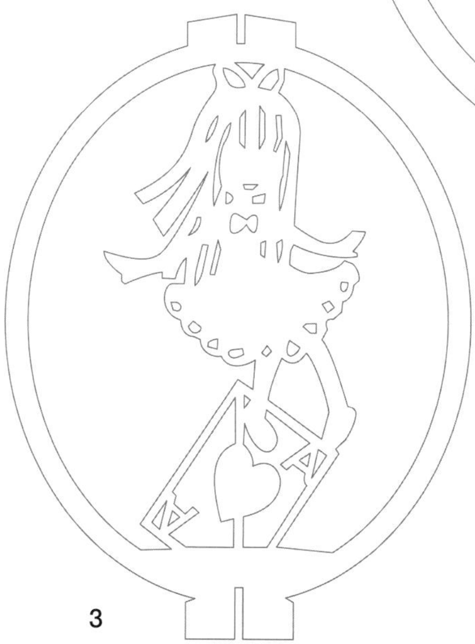

3

Hier schneiden

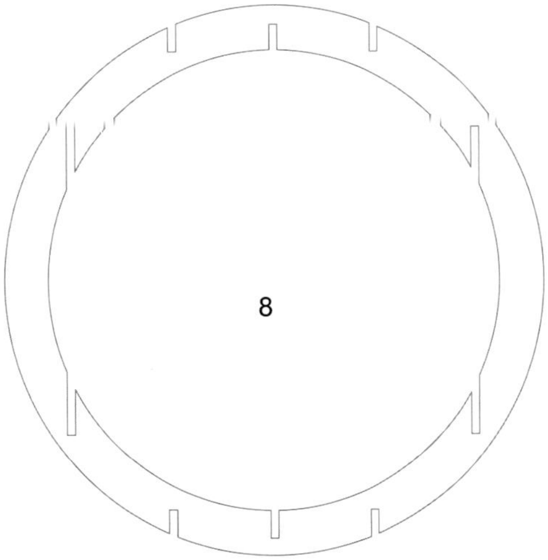

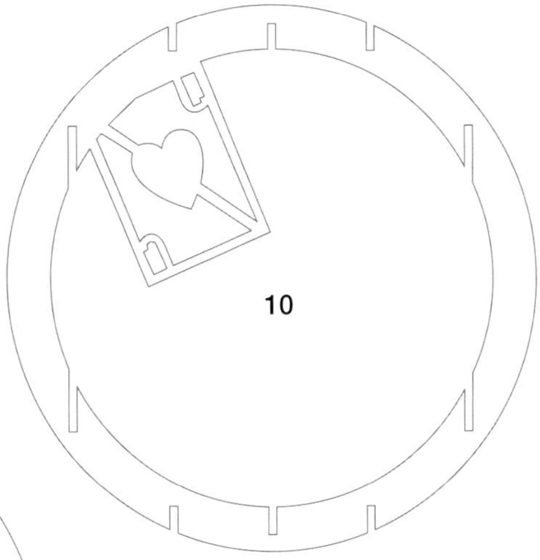

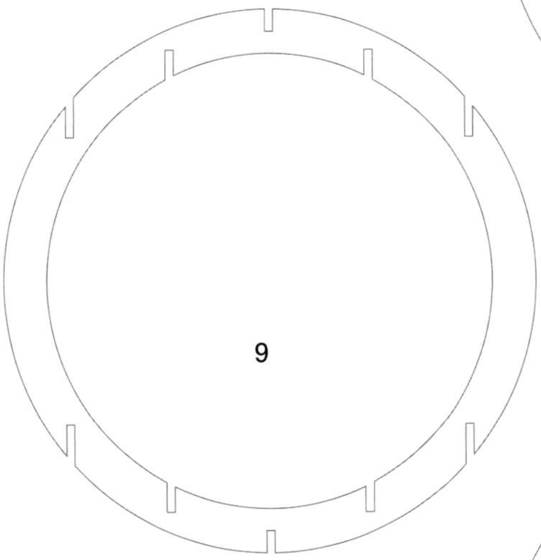

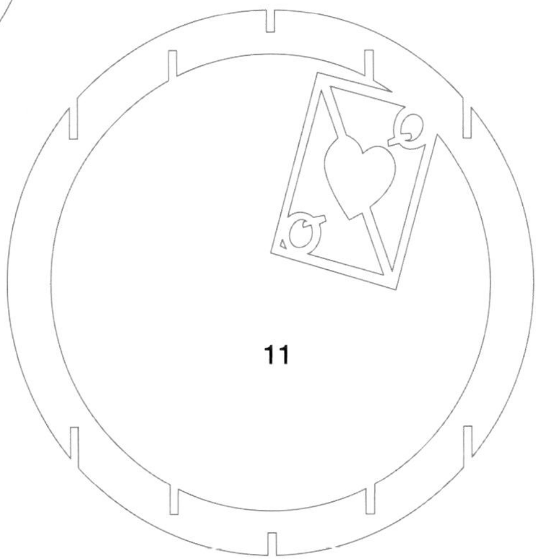

Hier schneiden

Hier schneiden

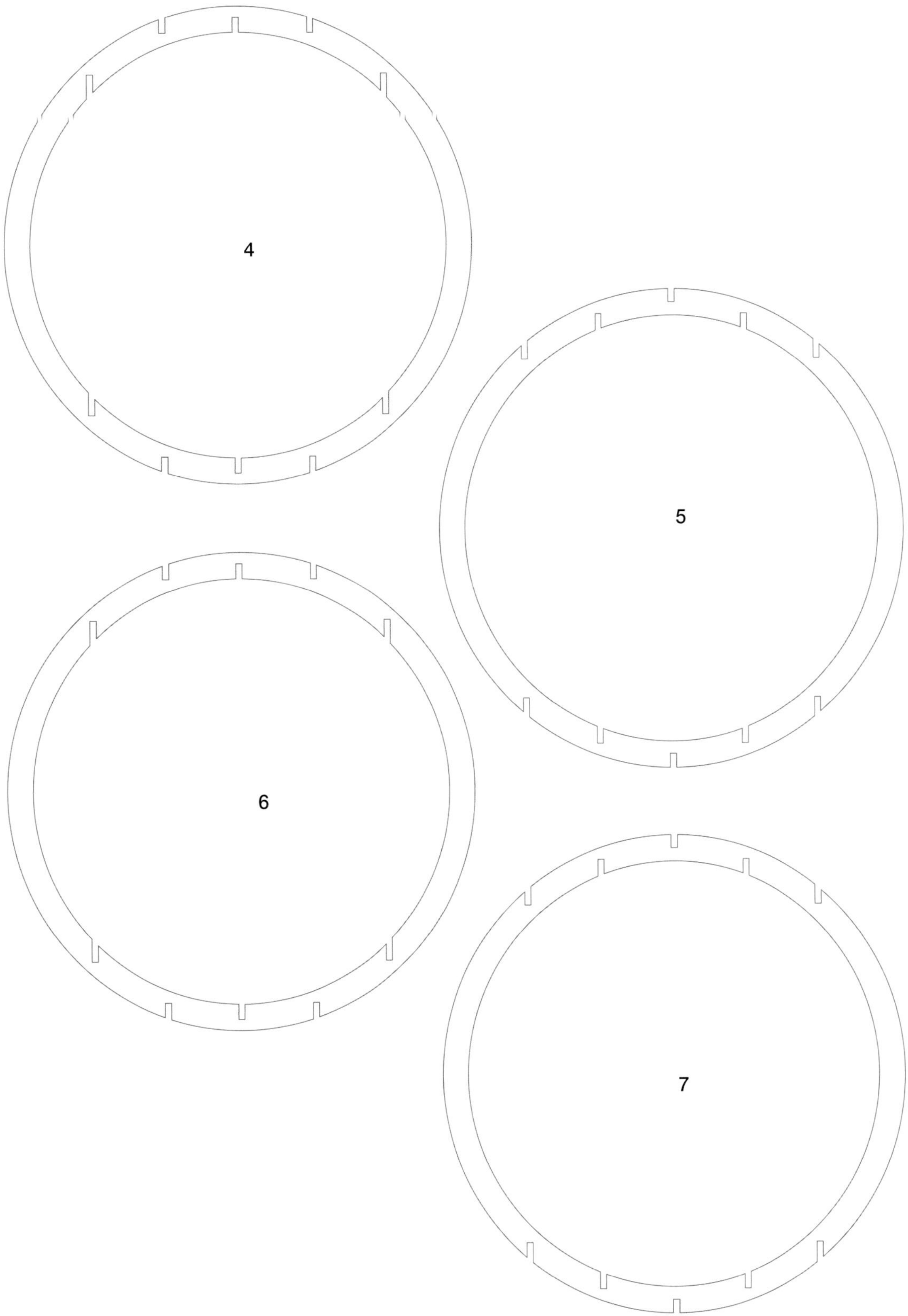

Hier schneiden

Hier schneiden

Hier schneiden

Trennen Sie S. 111–116 heraus. Schneiden Sie die Ringe aus und verwenden Sie sie für die Karte. Siehe Anleitung auf S. 42.

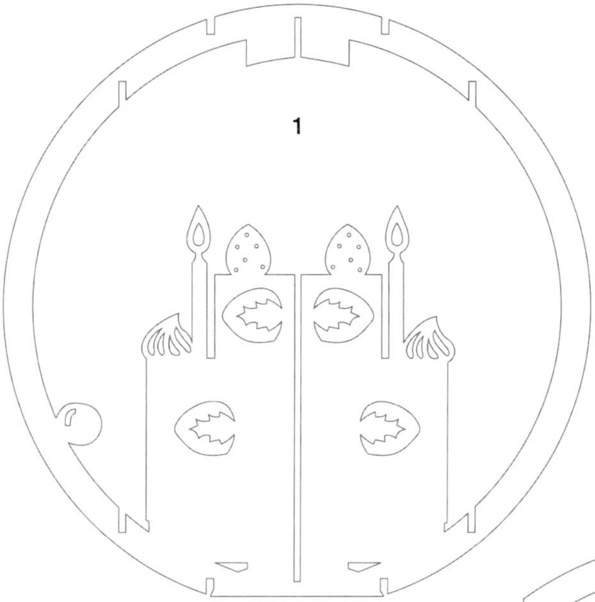

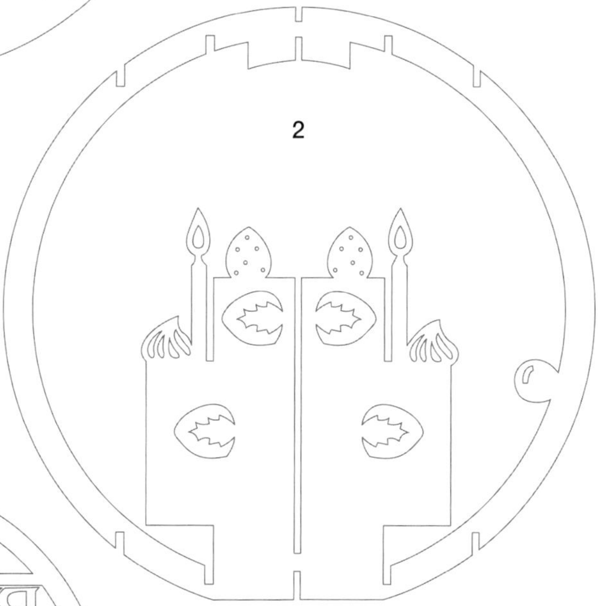

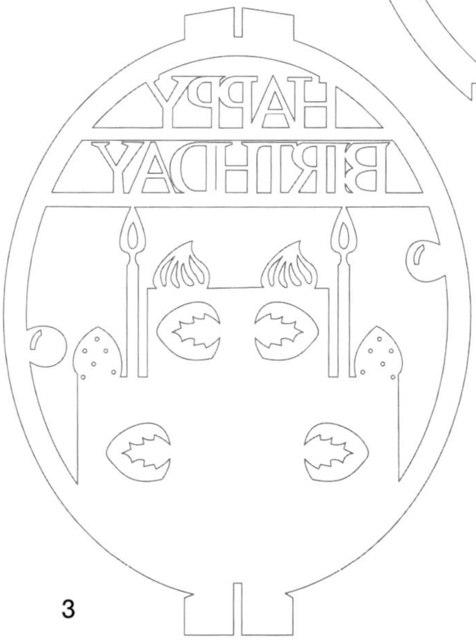

3

Hier schneiden

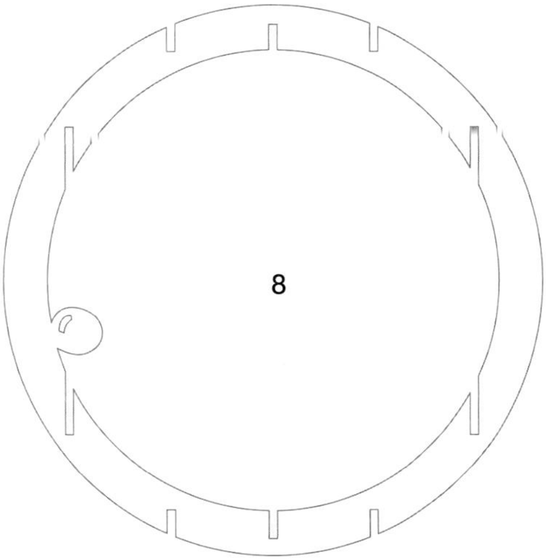

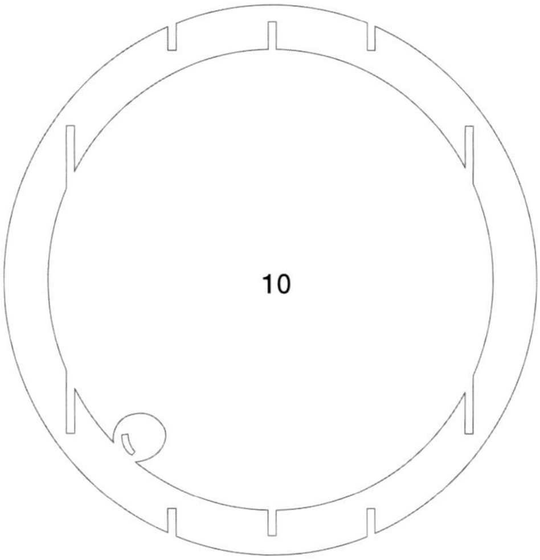

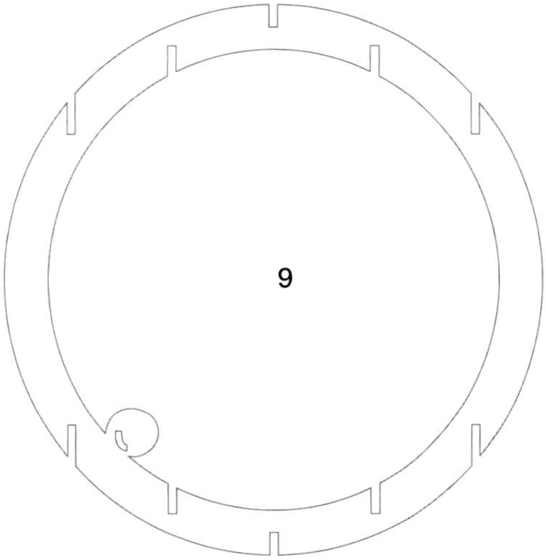

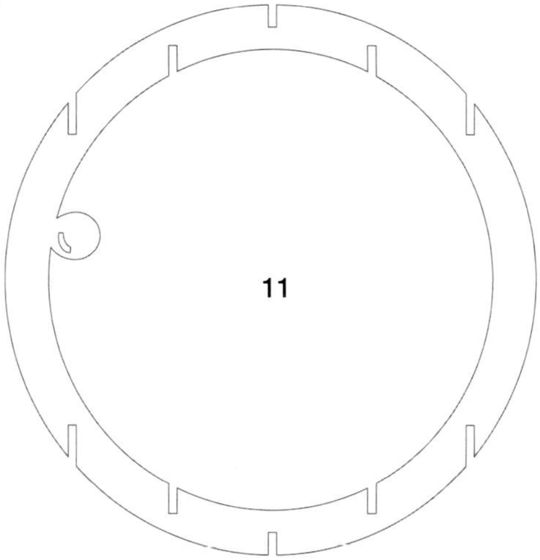

Hier schneiden

Hier schneiden

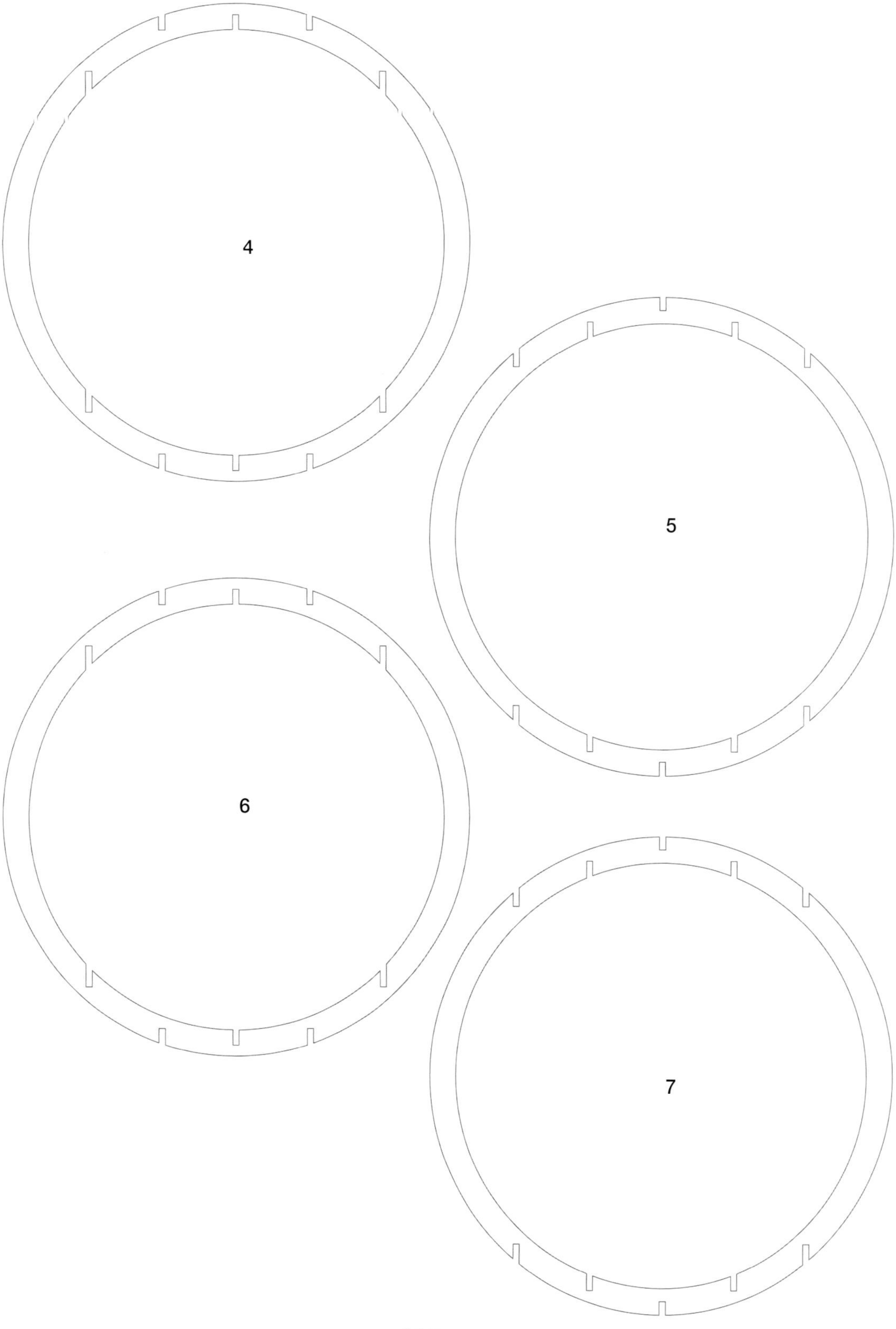

Hier schneiden

Hier schneiden

Hier schneiden

Trennen Sie S. 117–128 heraus. Schneiden Sie die Ringe aus und verwenden Sie sie für die Karte. Siehe Anleitung auf S. 52.

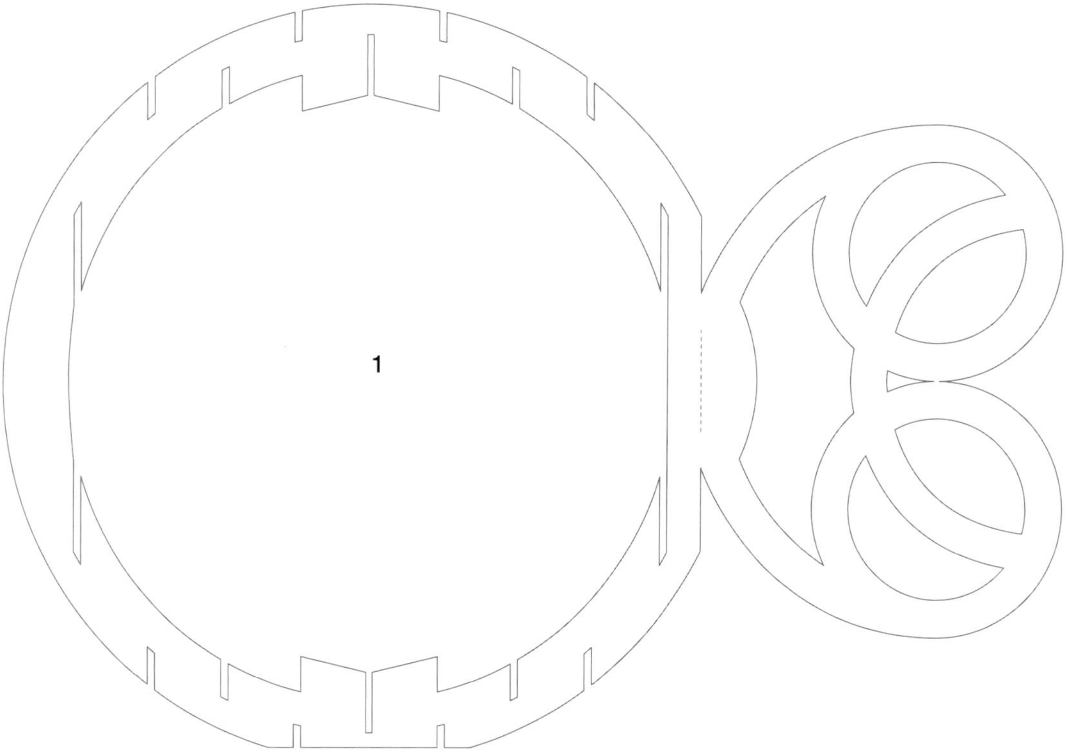

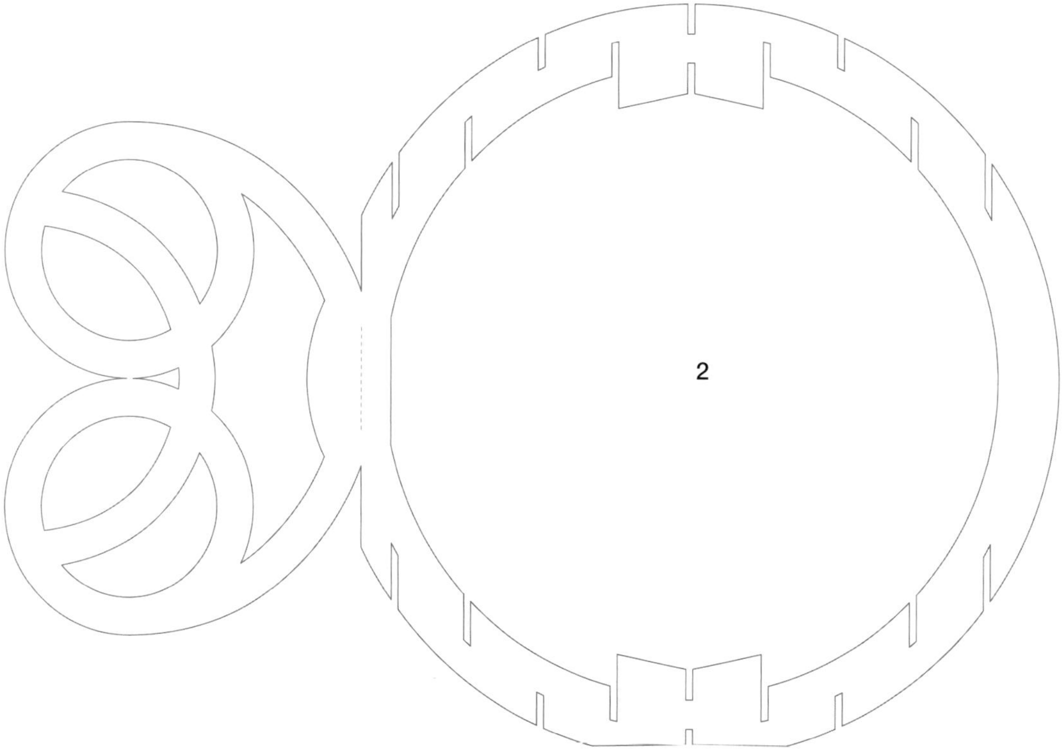

Hier schneiden

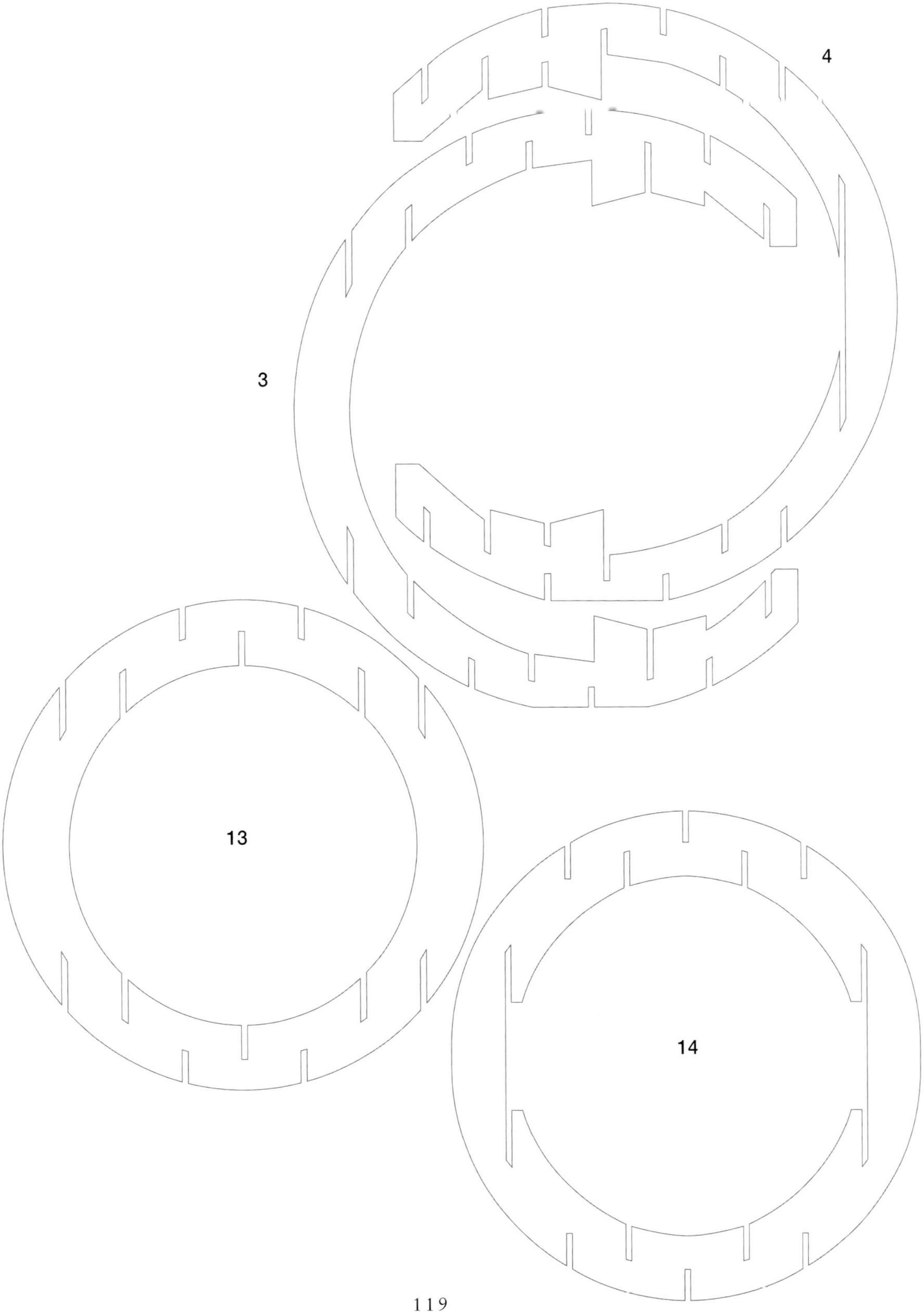

Hier schneiden

Hier schneiden

Hier schneiden

5

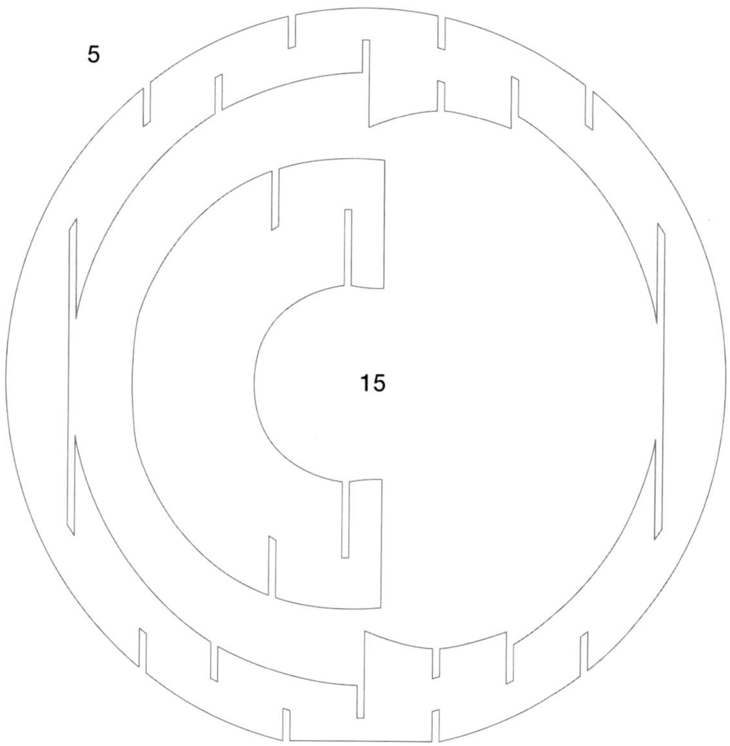

6

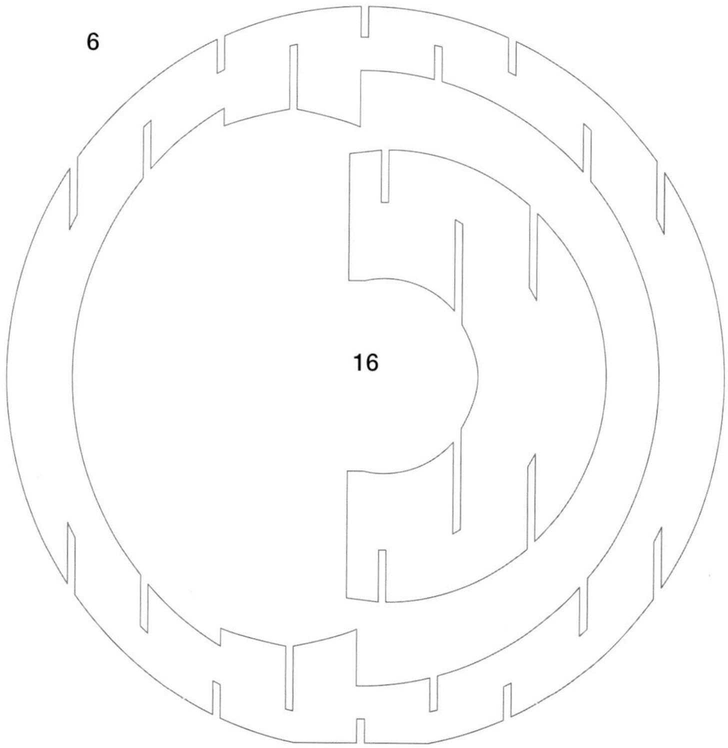

Hier schneiden

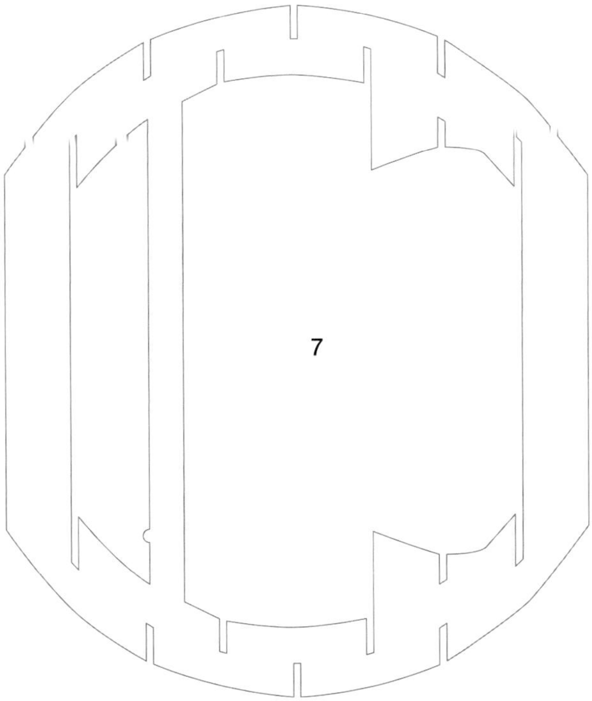

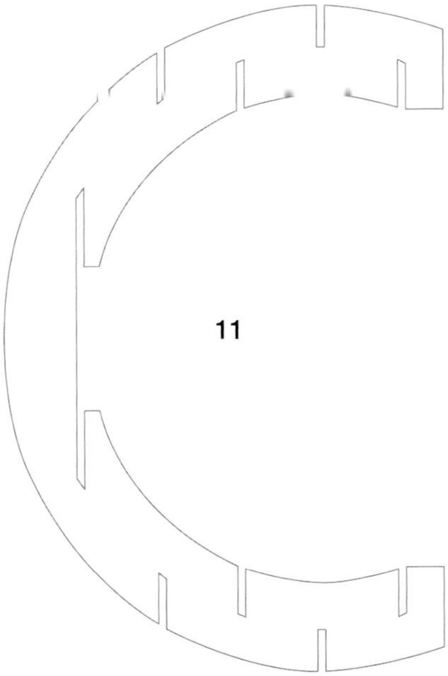

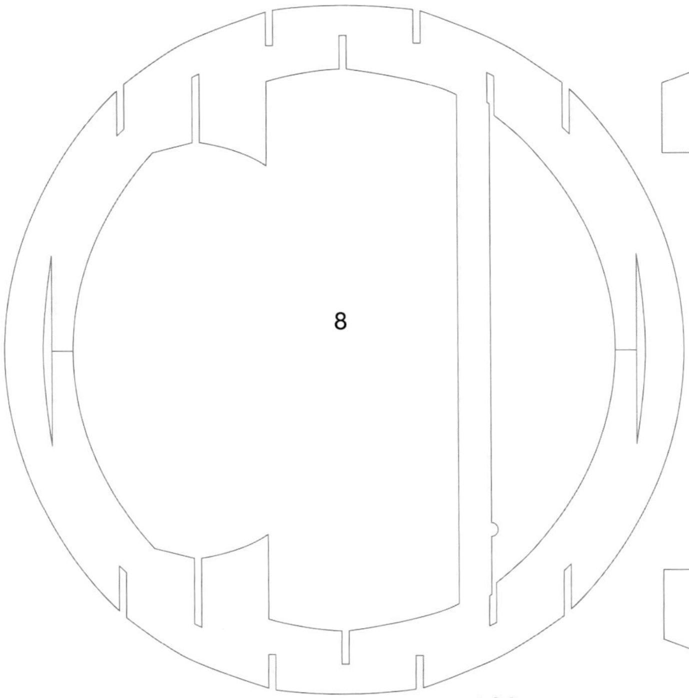

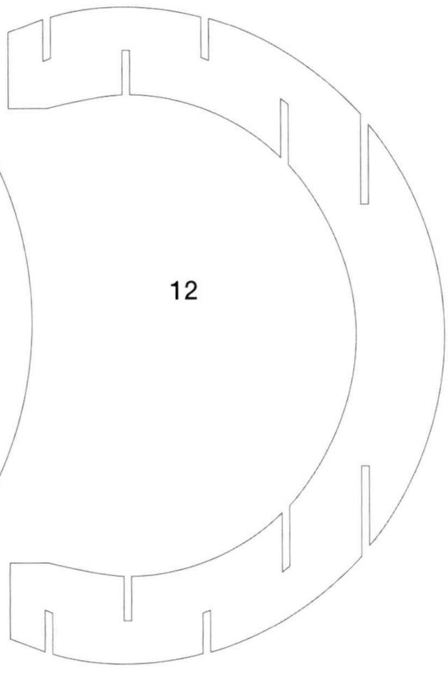

Hier schneiden

Hier schneiden

Hier schneiden

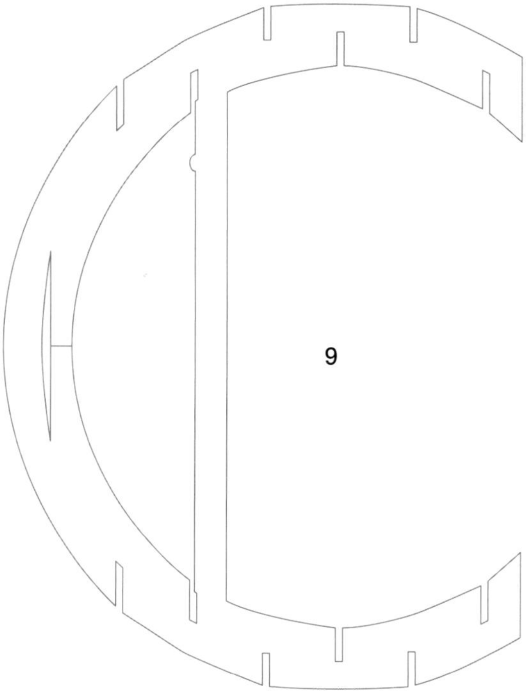

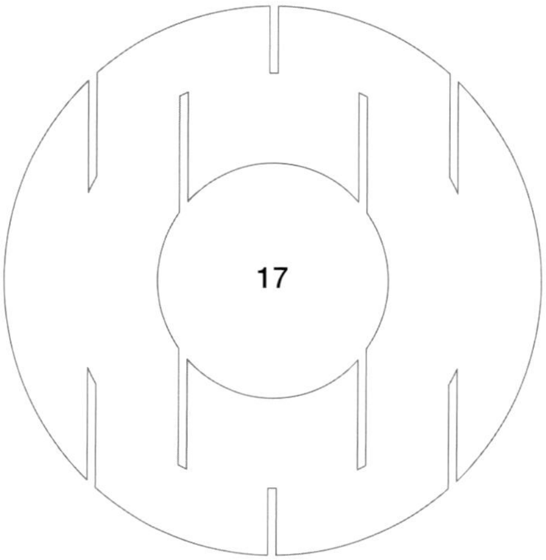

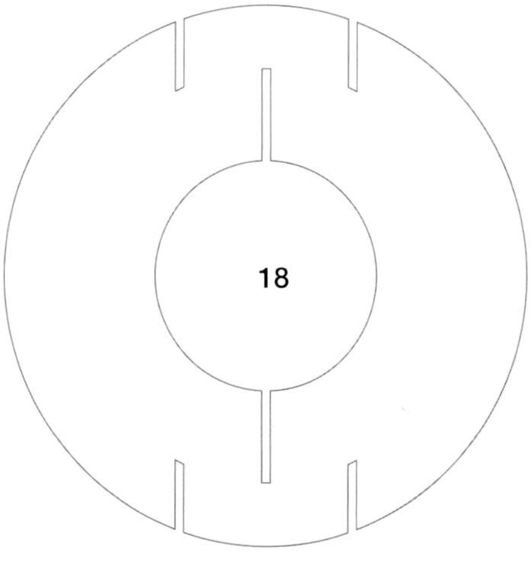

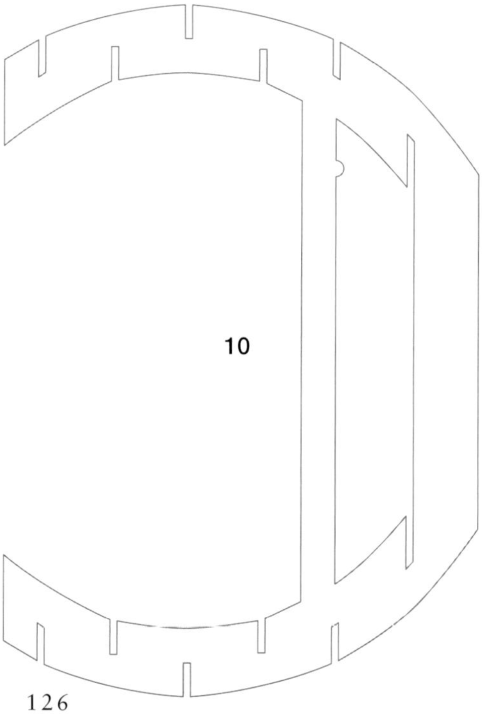

Hier schneiden

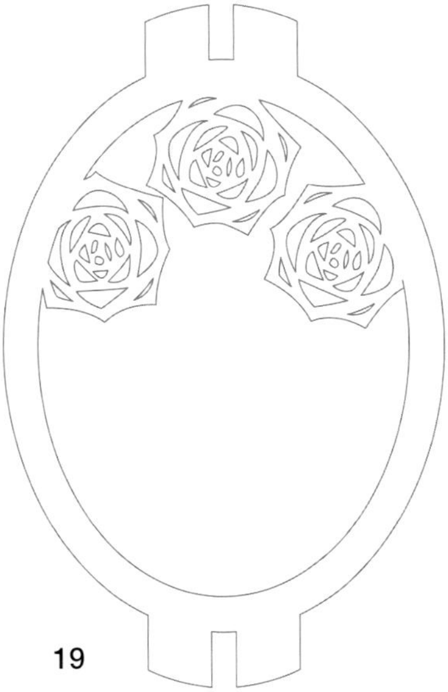

19

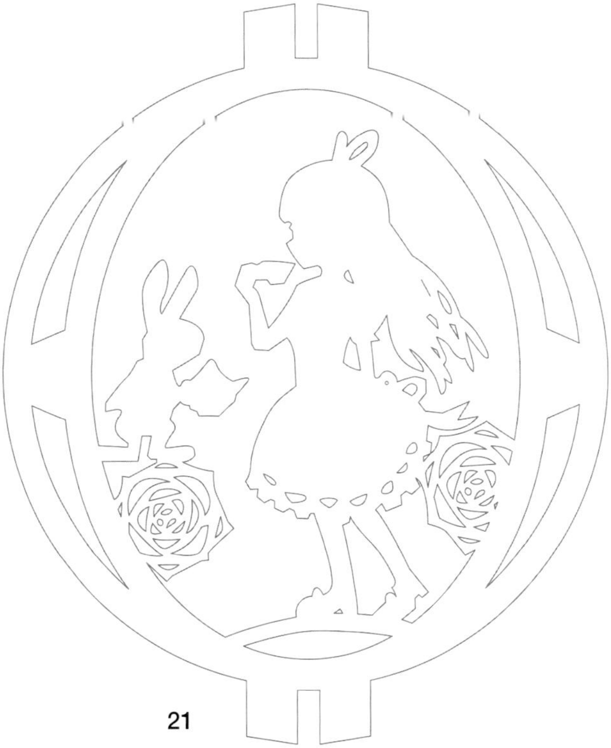

21

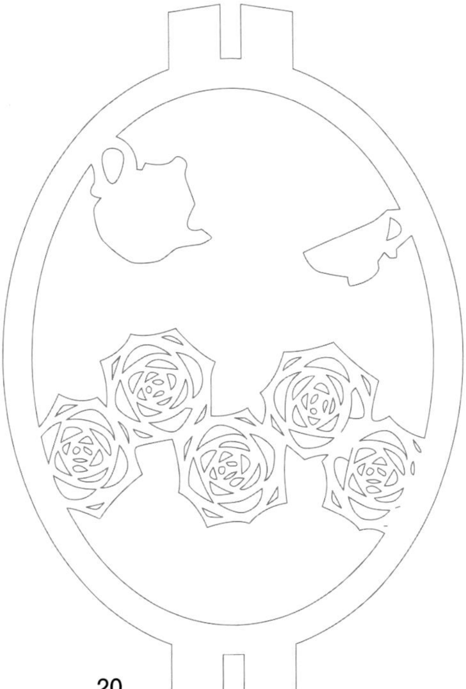

20

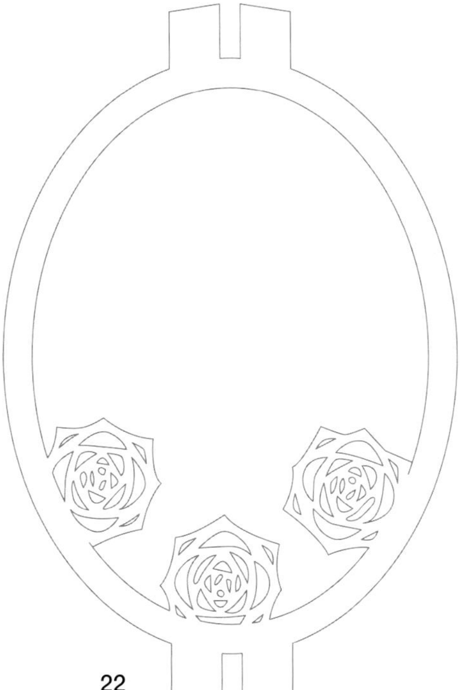

22

Hier schneiden

Hier schneiden